宋毅 著

風雲保定系

民国第一军校的十大将领

山西出版传媒集团
山西人民出版社

图书在版编目（CIP）数据

风云保定系：民国第一军校的十大将领／宋毅著.—太原：山西人民出版社，2015.1

ISBN 978-7-203-08909-4

Ⅰ.①风… Ⅱ.①宋… Ⅲ.①国民党军-将军-生平事迹 Ⅳ.①K825.2

中国版本图书馆CIP数据核字（2014）第302733号

风云保定系：民国第一军校的十大将领

著　　者：	宋　毅
责任编辑：	李　鑫　翟丽娟
装帧设计：	刘彦杰
出 版 者：	山西出版传媒集团·山西人民出版社
地　　址：	太原市建设南路21号
邮　　编：	030012
发行营销：	0351-4922220　4955996　4956039
	0351-4922127（传真）　4956038（邮购）
E-mail：	sxskcb@163.com　发行部
	sxskcb@126.com　总编室
网　　址：	www.sxskcb.com
经 销 者：	山西出版传媒集团·山西人民出版社
承 印 厂：	山西出版传媒集团·山西人民印刷有限责任公司
开　　本：	720mm×1010mm　1/16
印　　张：	18.75
字　　数：	234千字
印　　数：	1—4000册
版　　次：	2015年1月　第1版
印　　次：	2015年1月　第1次印刷
书　　号：	ISBN 978-7-203-08909-4
定　　价：	38.00元

如有印装质量问题请与本社联系调换

前言

保定军校是中国近代军事教育史上成立最早、规模最大、设施最完整、学制最正规的军事学府。1902年，晚清的直隶总督兼北洋大臣袁世凯在引进了东西方先进的军事科学技术和教育体制的基础上，开办了一系列军事学堂。1903年，袁世凯开办北洋陆军速成武备学堂，1906年改为陆军部陆军速成学堂，1911年改称陆军预备大学堂。1912年2月，袁世凯任大总统后，在保定速成学堂和预备大学堂的基础上，又开办了保定陆军军官学校，即人们俗称的保定军校。在保定军校开办的先后二十余年中，仅将军就培养出一千五百多人，堪称将星璀璨。其中许多人是中国近现代史上的风云人物，这些人被称作"保定系"。

随着政局的演变，"保定系"渐渐成为国民党军队中的一支重要派系。"保定系"将领往往能掌握国民政府、军队和各地方集团的实权。如曾任参谋总长和国民党副总裁的陈诚，陆军总司令顾祝同，空军总司令周至柔等人，都是蒋介石的心腹之人，嫡系中央军的支柱。桂系首脑白崇禧，晋系的傅作义，粤系的余汉谋，川军的刘文辉等人，皆为"保定系"出身，

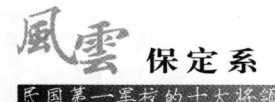

都是掌控一方的封疆大吏。这些人物均对近代中国的历史有所影响。在整个民国时期，"保定系"控制了中央和地方的军事实权与一部分政权，成为军政界的一支重要力量。即使后来崛起的"黄埔系"，也只能与之平分秋色，而未能完全取而代之。

  事实上，"黄埔系"与"保定系"有极深的渊源。黄埔军校创办后，其教育体制和训练方法多循保定军校，其教学内容也多与之相似。尤为引人注目的是黄埔军校的各级领导、教官，多为保定军校生。比如校长蒋介石，早年毕业于晚清的陆军部陆军速成学堂。陆军速成学堂即是保定军校的前身，蒋介石本人亦可算是半个"保定系"出身。在他之下，教授部主任王柏龄，教育长邓演达，学生队总队长严重，军事教官顾祝同、刘峙、周至柔等人均为"保定系"出身。在黄埔军校领导骨干力量中，"保定系"占为多数。这几乎影响了后来中国历史的走向。因此，民国以来许多重大事件和战争都与"保定系"有关。已故中国近代史学大家蒋廷黻甚至言道："要研究近代史，尤其是中国近代史，首先要研究保定军校发展史。"

目录

第一章 陈诚 / 001
1. 初识蒋介石 / 002
2. "一炮起家" / 005
3. 接掌第十一师 / 010
4. 组建"土木系" / 013
5. 开办训练团 / 017
6. "三昌将军" / 021
7. "杀陈诚以谢天下" / 024

第二章 顾祝同 / 033
1. 大战棉湖 / 034
2. "军中圣人" / 039
3. 不要派系 / 043
4. 兵败东北 / 046
5. "辅国大臣" / 049

第三章 刘峙 / 057
1. 凄凉少年 / 058

2. "菜包子"翻身 / 061

3. "福将" / 066

4. "长腿将军" / 070

5. 淮海之战 / 077

6. 从印尼到台湾 / 081

第四章 薛岳 / 089

1. 保卫总统府 / 090

2. 参加反蒋 / 093

3. "追剿"红军 / 097

4. 抗战威名 / 101

5. "战神"不复 / 108

第五章 白崇禧 / 117

1. 剿匪立功 / 118

2. 北伐名将 / 121

3. 反蒋战争 / 126

4. "送客"之道 / 131

5. 抗战岁月 / 134

6. 逼蒋下野 / 138

7. 去台之误 / 144

第六章 傅作义 / 151

1. 带兵有方 / 152

2. 苦守涿州 / 155

3. 涿州开城 / 161

目 录

  4. 长城抗战　/ 165

  5. "七路半"　/ 169

  6. 北平起义　/ 175

第七章　唐生智　/ 183

  1. 蒋百里得意门生　/ 184

  2. 编练"佛军"　/ 188

  3. 参加北伐　/193

  4. 投蒋反蒋　/ 197

  5. 南京保卫战　/ 202

  6. 走向光明　/ 207

第八章　余汉谋　/ 213

  1. 真仗假打　/ 214

  2. 赣南"剿共"　/ 218

  3. 两广事变　/ 222

  4. "余汉无谋"　/ 225

  5. 陆军总司令　/ 231

第九章　刘文辉　/ 237

  1. 堂侄提携　/ 238

  2. "多宝道人"　/ 241

  3. 合纵连横　/ 245

  4. "保定系"交恶　/ 249

  5. "二刘大战"　/ 252

  6. 经营西康　/ 256

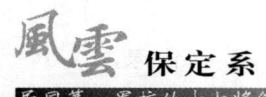

第十章　周至柔　/ 263

　　1. "土木系"干将　/ 264

　　2. 创建空军　/ 266

　　3. 航空抗战　/ 272

　　4. 轰炸日本　/ 277

　　5. 在台岁月　/ 281

后　记 / 288

第一章 陈诚

姓　　名：陈　诚

字　　号：辞　修

出生日期：1898年1月4日

逝世日期：1965年3月5日

出 生 地：浙江丽水青田县

发迹事由：在黄埔军校任炮兵科教官,得到蒋介石赏识,从而发迹。

最后结局：因肝癌病逝于台北。

一生总结：

光复志节已至最后奋斗关头,那堪吊此国殇,果有数耶!

革命事业尚在共同完成阶段,竟忍夺我元辅,岂无天乎?

——蒋介石所拟挽联

陈辞修是爱国的人。

——周恩来

1. 初识蒋介石

陈诚，字辞修，乳名德馨，别号石叟，1898年1月4日出生在浙江省丽水市青田县一个耕读之家。陈诚的父亲陈希文是一个晚清秀才，家有薄田，并不富裕。乡间秀才陈希文自"戊戌变法"后改习新学，毕业于杭州初级师范学校，任教于青田县初级小学，最后做到青田县敬业高等小学校长。他的长子正是陈诚。

1912年，陈诚小学毕业。父亲考虑到家庭经济拮据，打算留他在家里经营小本生意，让其二弟陈源考中学。陈诚年纪虽小，却深知只有读书才能改变命运的道理。为了以求学来改变自己的处境，年仅十四岁的陈诚自作主张，先在家温习功课一年，然后瞒着父母，以出外做小买卖为名，步行一百多里，来到处州（今丽水）莲城书院投考，结果被省立第十一师范学校录取。眼见儿子考上了，父亲陈希文只好改变初衷，让陈诚继续读书。

1917年，陈诚在省立第十一师范学校第二期毕业。当时，青田县敬业高等小学缺少体育教师，就家庭背景而言，对于陈诚来说，长大能当一名小学教师，就是最大的愿望。可惜，这样微小的愿望并没有实现。由于种种原因，陈诚没有去成。这时陈诚已经二十岁了，经同乡同学吴子奇媒介，陈诚和吴子奇的妹妹吴舜莲结婚。翌年，不甘认命的陈诚带着妻子的嫁妆钱到杭州闯荡，插班考入杭州体育专科学校，仅一个月就毕了业。随后，陈诚暂居杭州，看不到前途在何方。

正当陈诚为前途无着而苦恼时，父亲的老朋友、同乡杜志远当选为北洋政府国会议员，北上就职，途经杭州。陈诚得到消息，赶紧上

第一章 陈 诚

门拜访，请求父执提携。杜志远看到朋友的后辈找不到出路，又念他年轻，便将陈诚带往北京。在北京，陈诚听说了一条崭新的人生出路——保定陆军军官学校。

眼见第八期招生考试在即，陈诚赶忙借了一张处州中学的毕业文凭，冒名顶替报考保定陆军军官学校。可惜，陈诚的考试成绩差，身材又矮小，没有被录取。杜志远替陈诚出面，向陆军部军学司司长、主试官魏宗翰疏通，最终将他列为了"备取生"。所幸天无绝人之路，这一期考第一名的那名学生临时改变主意，没有入学。陈诚侥幸以备取第一名的身份补入保定军校第八期炮兵科，开始了他长达四十余年的军政生涯。那一年，是1919年。

1920年7月，直皖战争爆发，保定军校停办。陈诚南下广州，在新建粤军第一师第三团服务，并加入了国民党，这是他初经战阵。不久，保定军校复课，陈诚仍回校继续学业。两年后，陈诚从保定军校毕业，被分配到浙江绍兴的浙军第二旅第六团三连当见习官。不久，补为少尉排长。从这以后，陈诚就在少尉排长的位子上没能再挪动一步。一晃一年时间过去，陈诚眼见干了一年还没有晋升，明白在浙军中没有后台，很难有所作为，决计另找出路。

就在这一年，邓演达奉孙中山之命，到上海招募军官，准备到广州组建一支崭新的军队——国民革命军。陈诚从老乡那里得到这个消息，敏锐地意识到机会来了。在保定军校学习时，自己与邓演达有过一段师生之谊，这段师生之谊恰恰成了敲门砖。陈诚赶紧向团部请假，却没有被批准。事到如今，顾不上军纪的约束，陈诚径自跑到上海，投奔邓演达。果不其然，邓演达接纳了陈诚。就这样，陈诚随邓演达到了广州。

当时，邓演达在粤军第一师第三团任团长，陈诚被派为上尉副官，不久转任上尉连长，担负孙中山大元帅府的警卫任务。次年4

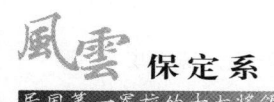

月,桂军司令沈鸿英背叛孙中山,反对广州革命政府,陈诚随军出征西江。在肇庆与桂军冯葆初部的作战中,陈诚胸部中弹负伤,被送进医院治疗。在医院里,陈诚第一次见到了对自己一生影响最大的人——蒋介石。蒋介石时任粤军参谋长,正巧来肇庆公干,乘此机会到医院慰问伤员。慰问伤员时,蒋介石见到了年轻的上尉陈诚,对他抚慰有加。陈诚也因而对蒋介石有了最初的认知。

1924年6月,黄埔军校正式建立,邓演达任黄埔军校教练部副主任。有了邓演达的推荐,陈诚被调到黄埔军校任上尉特别官佐(即候差军官),担任教育副官。第二年,黄埔军校设炮兵科,陈诚在保定军校是炮兵科出身,所以改任炮兵科教官,兼炮兵队区队长。就在这个时期,陈诚一生中最传奇的一桩发迹故事上演了。

某夜,陈诚随邓演达访友归营。天将黎明,不能再睡,陈诚坐在书桌旁,随手拿出一本《三民主义》翻翻,打发时间。碰巧校长蒋介石巡视路过,发现有一位年轻军官竟然正襟危坐,聚精会神地恭读《三民主义》,顿时大为感动。蒋介石停步问道:"你叫什么名字?"陈诚抬头一看,是蒋校长,赶紧立正回答:"炮兵科教官陈诚!"随后,蒋介石接连问道:"孙总理倡导的三民主义是什么?""你记得本校开学时总理对本校师生的训词吗?"陈诚记性不错,平时这些东西记得滚瓜烂熟,当下挺着胸脯,一一都背了出来,蒋介石听完连连点头。蒋介石翻阅了放在一边的《三民主义》,只见上面圈圈点点,显然读得很认真,遂在心里大为赞赏。他记下了陈诚的姓名和所属部队,拍拍陈诚的肩道:"好的,好的。诗曰'风雨如晦,鸡鸣不已',你努力吧!"①

1926年元旦,黄埔军校成立炮兵营,已经上了蒋介石重用名单的

---

① 孙宅巍:《陈诚传》,国际文化出版公司2011年版,第13页。

第一章 陈 诚

陈诚被任命为第一连连长。一个月后，黄埔学生军参加第一次东征，讨伐陈炯明。在强攻淡水的战役中，蒋介石亲自到炮兵阵地上督战。在蒋介石的注视之下，陈诚指挥炮兵，猛烈轰击，命中目标，摧毁淡水城墙多处，由教导第一、第二团官兵组成的奋勇队随即从缺口发起冲锋，一举攻下淡水城。东征初战告捷，陈诚的炮兵连受到蒋介石的赞许。

2. "一炮起家"

年少得志的少壮派军人领袖陈诚

1926年3月10日，陈炯明麾下林虎部，乘右翼的东征军久战疲惫，大举反攻。林虎是陈炯明的一员猛将，所部兵力在陈炯明军队中最多，也最剽悍。而黄埔学生军自出师以来，经一月余的突击猛攻，后方补给线已拉长至四百公里，万一后路被敌军切断，整个右翼的东征军将陷入进退维谷的境地，后果不堪设想。蒋介石命令教导第一、第二团布阵于棉

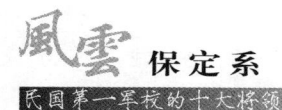

湖、鲤湖一带。团指挥所设在整个阵地北面的一个山头上,居高临下,能够俯瞰全阵地,蒋介石坐镇团指挥所督战。陈诚的炮兵连配合第一团作战,炮兵阵地设在第一团指挥所附近。

3月12日拂晓,蒋介石下达总攻击令。3月13日上午9时半,教导第一团在棉湖郊外的河南乡和林虎所部主力遭遇,当即展开了极其惨烈的战斗。当时,教导第一团以千余之兵力,独挡二万多敌军,情况十分险恶。战线从南到北逐渐延伸到七八里长,阵地变换几十处。敌军成堆成团地向教导团阵地扑来,陈诚的炮兵连竭力轰击,企图用火力压制敌军进攻。可就在关键时刻,六门大炮一门都打不响,急得陈诚不知如何是好。炮声一停,林虎部的进攻就更加疯狂,并逐渐占据了有利地形,发起了波浪式的一次又一次密集冲锋。

下午,又一处阵地被敌人突破,整个阵线几乎崩溃,甚至有敌军冲到团部指挥所附近,大喊"活捉蒋介石和苏俄顾问"。在团指挥所的苏俄顾问鲍罗廷束手无策,极感忧虑。蒋介石更是急得像热锅上的蚂蚁,在指挥所里反剪着双手,急速地踱来踱去,嘴里面不停地唠叨着:"娘希匹,林虎这杂种,想置我于死地!想置我于死地!"

着急不是办法,蒋介石焦急地和苏联顾问鲍罗廷驱车赶到炮兵阵地,气得冲陈诚吼道:"娘希匹!你的几门山炮都哑了吗?你这个炮兵连长也不想想办法,把炮架起来打打看!"

陈诚此时右臂负伤,一副狼狈相。但他深知,绝对不能在蒋校长面前表现得没有办法。陈诚一咬牙上了炮台,说来也巧,他将一门山炮稍加调整,装上炮弹,亲自拉火,"轰"的一声响了——炮弹落在向教导第一团指挥部蠕动的敌人中间,随即有几个敌军士兵被炸死。陈诚喜出望外,立即命令士兵将其他五门炮都架起来调试,结果均打响了。全连炮兵看到连长打响了,个个抖擞精神,纷纷向敌军开炮,阻止敌军的进攻。炮弹雨点般地落在敌群之中,敌人纷纷弃阵而走,

第一章 陈 诚

炮兵大显神威。黄埔学生军阵地上的官兵看到这戏剧性的一幕，顿时精神一振，立刻对敌人发起反击，林虎部遂即阵脚大乱。在指挥所的蒋介石从望远镜里看到敌军被炮火轰散，四处奔逃，高兴地对鲍罗廷道："这个连长不错，打得准！"

后来，蒋介石在日记中写道："棉湖一役，以教导第一团，御万余精干之敌，其危实甚；万一惨败，不惟总理首创之党军尽歼，广东策源地亦不保。"时人言道，棉湖之役最终能够获胜，陈诚的炮兵连起了至关重要的作用。就连一向与陈诚作对的何应钦都在日后回忆："棉湖之役在今天看来，是一个很小很小规模的战斗，但在当时，却是吃力的一仗，那时的炮兵不像现在，有马匹或车辆拉拽，那时的炮，要由人扛抬。在那种情况下，身为炮兵连连长的辞公（即陈诚），不论步兵行军多么快，他总使他的炮兵跟得上，每次都能完成任务。炮弹有限，但他弹无虚发，对促使这一次战役的胜利，可以说是最有功的人士之一。"

在棉湖之役中，何应钦和陈诚都是值得称道的人物。何应钦认为棉湖之战是其得意之笔。3月12日成为蒋介石与何应钦同生死、共患难的纪念日。从此，蒋介石对何应钦真有"生我者父母，知我者鲍叔"之感。每逢这一天，何应钦都出面邀请参加过棉湖战役的黄埔师生聚餐，以示庆祝。而关键时刻陈诚打响的第一炮，则经常成为聚餐中的话题。有人说，别人打不响，陈连长一拉就响，很是奇怪。

陈诚也颇为得意，时常对人夸海口："我的炮兵只有几尊旧式大炮，炮弹少得可怜，但每发必中，有如神助。"其实，六门炮质量都是好的，当时之所以打不响，造成战局危机，是由于连续射击，撞针受热发软而失灵，成了"哑炮"。待陈诚亲自拉火打炮时，已间隔了不少时间，撞针经过冷却，又变硬了，恢复了功能，故能打响，而不是陈诚有什么神力。但通过这次战役，陈诚更让蒋介石欣赏和信任。

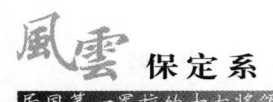

1925年6月,国民革命军出师平定桂军刘震寰部和滇军杨希闵部的叛乱。6月13日,败退增城的杨希闵部胡思舜旅,突然回师广州,反攻观音山。正率炮兵连在广州北校场出操的陈诚,见事态危急,当机立断,命炮兵向滇军轰击。第一发炮弹就击倒了胡思舜旅的军旗。敌军惊恐,四散奔逃。黄埔学生军教导团闻警赶去,将胡思舜旅歼灭。陈诚再立一功。

1925年9月,广州革命政府决定进行第二次东征,彻底消灭陈炯明部。双方以惠州为中心展开了一场激战。惠州有天险之称,前临西湖,后枕东江,三面环水,"有宋以来,从未攻下"。《惠州县志》称惠州"铁练锁狐身,飞鹅水上浮,任凭天下乱,此地永无忧"。此役仍由蒋介石亲自督战,先锋队接近惠州城垛时,敌军正面火力点全力开火,东征军死伤枕藉。陈诚亲率山炮一连,推进到北门外距城楼约四百米处,直接瞄准轰击,将敌军的机枪火力点悉数摧毁,掩护登城部队攻克惠州。陈诚又一次立下战功,获赏银五百元。此役之后,他更受到蒋介石的器重,被提升为炮兵第二营营长。次年春,邓演达任黄埔军校教育长,严重任教练部主任,陈诚被调任炮兵科长。几个月后,陈诚又升任严重的第一补充师筹备处主任兼第三团团长,前途可谓一片光明。

国民革命军誓师北伐后,陈诚率第三团随北伐军从广州一路打到南京,积功升任第二十一师少将副师长兼第六十三团团长。陈诚三年来升得很快,但他没想到的是,前面有一个重大的选择在等待他。如果选对了,未来的升迁之路会比过去还要快。

1927年4月12日,蒋介石发动"四一二政变",全面"清党"。陈诚来到师长严重的官邸打听时局,请求方略。严重对陈诚道:"我要解甲归田,你自己拿定主意吧。"

陈诚想到自己进入黄埔军校以来,深受蒋介石的赏识。陈诚更是

第一章 陈　诚

深知蒋介石的手腕，思前想后，他预测政变一定会成功，国民革命军内的共产党势力一定会被铲除。因此，当陈诚受到蒋介石召见时，他当面斩钉截铁向蒋介石表示："要与钧座共进退，坚决拥护总司令的英明决策！"

陈诚这一步走对了。严重不愿继续追随蒋介石，于是托病请假，保荐陈诚任第二十一师代理师长。蒋介石毫不犹豫，立即照准。陈诚心中大喜，但要将冷静保持到最后一刻，万万不敢喜形于色。第二天，陈诚又前去探望严重，故意愤愤不平道："现在凡是积极肯干的就被视为共产党，这样谁还敢干？！"接着又含泪道，"师长，你走了，我是没法干了。"严重被陈诚感动，慰勉他道："这是一支革命的部队，你要好好地维持下去。我虽然离开，当尽力帮你的忙。"如此，陈诚顺利与严重办完了交接，当上了第二十一师代理师长。

5月，蒋介石继续北伐。陈诚奉命率第二十一师由镇江渡江北上，相继占领清江浦、海州、徐州等地。6月下旬，他奉调回师南京。这时，唐生智挥师东下讨蒋。陈诚又率部前往徐州云龙山一线，掩护北伐军总退却，并再次受到蒋介石的嘉许。等到7月，年仅三十岁的陈诚被正式提升为第二十一师师长。次年3月，复职不久的蒋介石，任命陈诚为总司令部的中将警备司令兼炮兵指挥官。陈诚下辖警卫第一团、第二团、第三团，以及宪兵第一、二团，另外还指挥炮兵第一、二团。陈诚手下的实力，比外面的一个军还要雄厚。

陈诚从进黄埔军校到参加北伐战争，仅仅四年的时间，就由一个上尉特别官佐升到中将警备司令。同时，他与黄埔军校学生建立了紧密联系。黄埔二期炮兵大队学生在陈诚的炮兵连见习，黄埔四期炮兵大队学生与他是师生关系。这样的人脉，为陈诚日后在黄埔系中创建属于自己的"土木系"打下了基础。

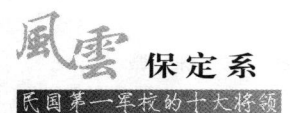

3. 接掌第十一师

　　1928年8月，军事编遣会议结束之后，蒋介石的国民革命军第一集团军被整编为六个师，以刘峙、顾祝同、钱大钧、蒋鼎文、方鼎英、曹万顺分任第一、二、三、九、十、十一师师长，除第十一师曹万顺是北伐初期投诚过来的，其他五个师长都是黄埔教官出身，为蒋介石之爱将。蒋介石为控制十一师，最初曾拟任陈诚为十一师师长，但遭到何应钦的反对。何应钦认为陈诚资历太浅，不配与刘峙（保定军校二期）、顾祝同（保定军校六期）、钱大钧（保定军校六期）等为伍，只能任副师长。同时，蒋介石也顾虑过早把降将换掉，会影响以后各派系部队的归附。于是，蒋介石任命陈诚为十一师副师长。陈诚闻讯后，大为不满。在此之前，他是南京总司令部中将警备司令，统领七个团，实力大于一个军，现在却要屈就一个副师长。此外，他认定这是何应钦从中作梗，有意与自己过不去。因此，陈诚愤而出走上海，不愿屈就。

　　蒋介石已有意栽培陈诚，希望他将来能成为自己的心腹干将，并在黄埔系内部以少壮势力与何应钦形成牵制均势。后来事实证明，蒋介石这一着棋的目的达到了。陈诚从抗战中后期开始，即成为与何应钦争权夺利的军事强人。蒋介石派随从副官把陈诚找回南京，当面"交底"——副师长只是过渡，日后必有重任，并给予人事、经济等实权。陈诚恍然大悟，这才赴浦口就职。

　　第十一师的大部分已是蒋介石的嫡系部队，军官多为陈诚的熟人。比如师参谋长罗卓英、旅长林蔚等人是陈诚在保定军校的同学，

第一章 陈 诚

肖乾、关麟征等旅团军官均为黄埔一期毕业生，与陈诚有师生关系。陈诚在第十一师办事认真，以身作则，并采取措施，整肃军纪，严禁嫖赌，还经常与师部官佐共进早餐，以期改变旧军阀风气。因而在第十一师，陈诚的威望颇高。师长曹万顺自知是过渡人物，不愿得罪陈诚，对陈诚的所作所为也听之任之。如此，陈诚实际上成了第十一师说一不二的人物。

1929年，因为编遣问题，蒋介石先后与桂系李宗仁、西北的冯玉祥展开激战。曹万顺因在蒋桂战争中"处事失当"，被蒋介石调任新编第一师师长，陈诚旋即正式升任第十一师师长，终于如愿以偿。陈诚时年三十一岁，成为一颗引人瞩目的将星。他对第十一师加紧整顿，裁汰曹万顺的旧部，大批起用黄埔学生。凡是黄埔毕业生，来该师多委以重任。陈诚公开提出用人条件——不贪财，不怕死，会带兵，能打仗，没有不良嗜好，忠于总裁，服从命令。他同时对部队加强整训，提高作战能力。经过陈诚的一番努力，第十一师成为了蒋介石嫡系部队中的劲旅。[①]

蒋桂、蒋冯战争结束不久，唐生智又于12月在郑州通电反蒋，蒋唐战争爆发。蒋介石毫无准备，急调陈诚等人迎击唐生智。两军在河南确山遭遇，就地展开厮杀。适时正值隆冬，积雪深厚，双方部队作战都很艰辛。陈诚探听到消息——唐生智的五个师中，有三个师是广东师，即从前的粤系部队。陈诚与粤系的张发奎、薛岳等人素来交好，最善于与广东人打交道。于是，陈诚派人到前线向唐生智的广东师喊话——你们为什么走反革命的路啊？不做革命军人了？

广东师喊回来——我们也不要做反革命啊，我们也想革命，我们是不得已。陈诚这边喊——我们可以商量商量。一来二去，两个广东

[①] 胡必林：《民国高级将领列传》，解放军出版社2006年版，第34页。

师居然投诚了过来。无奈之下，唐生智派自己的一个嫡系师去监督剩下的那个广东师，战力因而被抵销殆尽。结果一仗没打，唐生智即被迫退兵。

紧接着，在各路蒋军的进攻下，唐生智宣布下野，陈诚收编了唐部三个团。1930年初，陈诚率第十一师开赴武汉，将驻武昌的曹万顺残部第六十六团包围，实施武力解散，军官全部资遣回籍，士兵则拨补第十一师所管辖各团。4月，陈诚又奉蒋介石命令，收编湖北的徐声钰独立第十三旅，将第十一师由原来的两旅六团扩充为三旅九团制的甲种师，实力大为增强。

没多久，中原大战爆发。陈诚又成功招降了冯玉祥的部下刘茂恩，使蒋军未费一枪一弹，即占领了河南的宁陵和睢县，并得到了九个步兵团和一个炮兵团的兵力及装备。就连冯玉祥的得力干将孙连仲也通过陈诚，归降南京政府。陈诚率第十一师每天以一百二十里的速度，赶到兖州，直趋曲阜，与守城部队内外夹击，击溃晋军李生达第四军，解了曲阜之围。7月底，总攻开始后，他又率部相继击溃晋军丰玉玺部、李生达部，激战傅作义部，沿铁路线向济南追击。8月15日，陈诚的第十一师在蒋光鼐、蔡廷锴的第六十一师、第六十师之后进入济南。克复济南后，蒋介石犒赏各军，第十一师领到奖金二万元，陈诚晋升为第十八军军长，仍兼第十一师师长。陈诚时年三十四岁，与顾祝同、蒋鼎文等战将平起平坐，成为后起的少壮派军人领袖，人们戏称他"童子军"。

8月下旬，蒋介石与冯玉祥、阎锡山在郑州展开决战。陈诚的第十一师与夏斗寅师编为一个纵队，担任前锋穿插任务。他们以郑州为目标，运用锥形战术，从西华、鄢陵和临颍、许昌的中间地区向北挺进，大胆实施突袭。夏斗寅进攻受阻，陈诚却率军一路突进，前后纵深七十里。10月6日傍晚，陈诚率第十一师最先进入郑州。当日黄昏，上官云相的第四十六师便衣队也曾搜索到郑州东站，但没有进城，错失拿下郑州的良机。

蒋介石收到第十一师最先占领郑州的电报大悦，向陈诚发来褒奖电："子牧集开战胜之端，曲阜挽垂危之局，郑州结胜利之果。"然后，蒋介石立即发给陈诚奖金二十万元。

陈诚懂得分寸，连忙向外界表示"不称功，不贪财"。他给蒋介石发去回报："职师得以首先占领郑州，上赖钧座指挥有方，下靠官兵用命和友军协助之力，赏金不敢独受，拟分半数给四十六师。"陈诚将自己所得奖金十万元，发给每个官兵二元，约用去四万元，其余收作公积金。后来，陈诚用这些钱创办了"十八军南通残废军人工厂"和"吉安农场"，以收容残废军人和老弱士兵。这样，陈诚既拉了上官云相一把，又博得了蒋介石的信任。

4. 组建"土木系"

中原大战之后，陈诚开始用心构建自己的军内派系。他的第十八军最初只是一个架子，只有第十一师一个师，陈诚为军长兼师长。1931年初，在蒋介石的干预下，陈诚收编了钱大钧的教导第三师，改编为十八军所属第十四师，自兼师长，以保定军校同学周至柔为副师长，第十一师副师长罗卓英升任该师师长。陈诚又以武汉要塞工程营和工兵营改编为一个工程旅，以李延年为旅长。至此，第十八军共辖两师一旅，其规模成为名副其实的军。

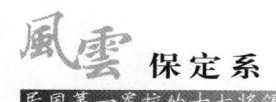

从此，陈诚自己的派系渐渐成形。陈诚的派系被称作"土木系"，原因是陈诚以第十八军第十一师起家，"土"拆开为"十一"，"木"拆开为"十八"，故而得名。陈诚"土木系"的骨干成员，大都在第十一师或第十八军任职。比如自1931年起，"土木系"的干将罗卓英、肖乾、黄维、彭善、胡琏、方靖等人先后任第十一师师长。从1934年春起，罗卓英、黄维、彭善、方天、罗广文、胡琏、杨伯涛先后任第十八军军长。有趣的是，由于最初的第十八军还有一个工程旅（也称"攻城旅"），因此，"土木系"亦被称为"土木工程系"。

陈诚在第十八军军长任内，以种种借口，采取各种手段，收编杂牌部队，拼命为"土木系"扩充实力。1931年7月，蒋介石亲任总司令，坐镇南昌指挥向中央苏区的红军发起第三次"围剿"。陈诚受任追击军第二路指挥官，带领第十八军从湖北开到江西抚州前线。结果，陈诚仗没怎么打，反而趁机扩军。9月，陈诚奉命接过被红军打垮的第五十二师番号，以第十一师独立旅和第十四师工程旅合编成一个师，自兼师长，以周至柔为第十四师师长。不久，陈诚又以两个旅和两个团的兵力，对驻吉安西南地区的第四十三师采取包围态势，威逼其师长郭华宗离开，让刘绍先为师长，归第十八军节制。后来，按照蒋介石的授意，陈诚再将川军张英的第五十九师包围于永丰，除李弥团逃往抚州外，其余全部缴械。不到三年的时间，第十八军就扩充到六个师，二十九个团，共八九万人。

经过陈诚的苦心经营，"土木系"的实力不断扩充，至抗战前夕，逐渐形成国民党军队内部一个巨大的派系。"土木系"的成员，无不出自保定军校、黄埔军校和陆军大学。尤其是保定军校，乃是首选。陈诚身为"保定系"出身而后在"黄埔系"中发迹的代表人物，对其他"保定系"人物大加重用，其中代表性人物即是罗卓英和周至柔。以"保定系"为依托，"土木系"先后出了五个一级上将，四个

第一章 陈 诚

参谋总长，两任海军总司令，一个空军总司令，一个联勤总司令，二十多个军长，可谓将星闪烁、冠盖云集。至抗日战争初期的淞沪会战前，"土木系"已发展至第十八军、第五十四军、第七十九军、第八十七军、第九十四军、第九十九军等六个军。到抗战结束时，"土木系"又发展至十个军，一时风头无双。蒋介石的嫡系中央军部队中，共分胡宗南系、陈诚系、汤恩伯系三派，时人戏称为"胡陈汤"。在"胡陈汤"中，正是以陈诚的"土木系"势力最为强大。①

但事情不会一帆风顺，陈诚很快迎来了人生中的一大挫折。1933年1月，蒋介石调集兵力，对中央苏区展开第四次大规模"围剿"。陈诚任中路军总指挥，以第五军军长罗卓英指挥的第一纵队、第四军军长吴奇伟指挥的第二纵队、第八军军长赵观涛指挥的第三纵队，采取"齐头并进，分进合击"的方针，准备消灭红军主力于黎川、建宁地区，尔后进击广昌。结果，陈诚连遭败绩。先是第五十二师在黄陂、蛟湖附近受到红军拦腰攻击，经过两天激战，全被歼灭，师长李明负伤被俘。第二天，第五十九师在霍源附近与红军接触，师长陈明骥受陈诚指令率部亡命冲击，结果全师大部被歼，师长亦作了红军的俘虏。最后，"土木系"起家的第十一师在草苔冈、徐庄一线被红军一、三、五、七、九军团全力围攻，伤亡过半，剩下不到三千人。至此，第四次"围剿"被打破。蒋介石不得不承认：第四次"围剿"全面失败。

第四次"围剿"失败后，陈诚遭到同僚各方面的攻讦。何应钦大骂陈诚是"饭桶"，要求蒋介石严惩陈诚。江西省主席熊式辉电告蒋介石：陈诚为人骄横，目中无人，不听劝阻，所以失败。要求蒋介石将陈诚撤职，裁撤第十八军。顾祝同、杨永泰也趁机向陈诚发难。蒋

---

①孙宅巍：《陈诚传》，国际文化出版公司2011年版，第48页。

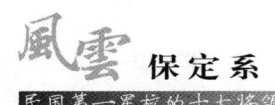

介石为避免国民党内部离心倾向进一步发展，不得不给了陈诚降一级、记大过一次的处分。陈诚明白自己威信扫地，无颜见人，只得打电报给蒋介石辞去自己的全部职务，回家思过，闭门不出。

  蒋介石当然清楚，陈诚这是在代自己受过。于是，他召见陈诚，当面道："此次'围剿'失利，责任在我，你就不必多介意了。"陈诚自有分寸，不承认也不否认，只是道："我没为委座争光。"

  这时，蒋介石向陈诚出示熊式辉要求裁撤第十八军的密件。陈诚一见，险些压不住火气，对蒋介石道："委座如不需要十八军，请干脆撤销此番号，何必改成三师八团？否则，悉凭钧裁。"蒋介石却对陈诚道："予以改编为两军八师。"

  陈诚大惊。原来，蒋介石的意思不是裁撤，竟是补充，第十八军的实力反比惨败前大为增加。陈诚深知蒋介石对自己的信任，赶忙与蒋介石谈起第五次"围剿"红军的计划。蒋介石道："辞修，这回你要重整旗鼓，整编好十八军，再由你出任总指挥。"

  陈诚回到杭州，迅速拟订了方案。为了适应军事形势，陈诚将总指挥部移驻崇仁，主力仍摆在中路军方面，调罗卓英回第十八军任副军长。他从适应山地战的特点出发，把该军两旅六团制的师，改编成三团制的师，建议蒋介石恢复第五军建制，并保荐薛岳任该军军长；将吴奇伟所率张发奎的第四军，由两千多人扩充为三团制的两个师。如此，在第四次"围剿"中严重受挫的"土木系"实力，又得到恢复和扩充。

第一章 陈 诚

5. 开办训练团

　　1933年7月,蒋介石在庐山开办军官训练团,自兼团长,陈诚任副团长,主持实际工作。陈诚把开办军官训练团当成了难得的机会,下令抽调在江西的国民党部队团长以下军官受训两个星期,并抽调部分副师长、旅长担任营长,以加强思想教育,鼓舞士气。陈诚一上庐山就立即表示,要以"决死的精神",痛改错误,克服堕落,从颓丧中振奋起来,为蒋委员长效力。陈诚负责处理军训团的重要事务,协调顾问、教官和营长的工作,指挥政治和军事训练的正常进行,侍奉经常来团训话的蒋介石和来团观察的其他党政要人,对教官和学员作精神和军训讲话。在这期间,陈诚先后作了三十多次讲演、训话,强调要"服从统帅","信仰领袖"。陈诚在《军队政训工作之检视》中指出:"我们认识领袖,信仰领袖,并不想利用领袖。"在《服从领袖的真谛》这篇讲话中,陈诚更是提出了几个"怎样才算真诚服从"的标准——"要认定服从领袖为革命党员当然之天职,不能附带任何条件,或任何企图";"要牺牲个人的自由平等来服从领袖"。

　　更有甚者,陈诚干脆将蒋介石比作"一块宝石",认真对学员道:"大家都是爱护宝石的,可是爱护宝石的出发点各人有不同,珠宝商想把它做成装饰品去赚钱,强盗想把它抢去变卖发财,只有正人君子,才能以晶莹坚润的宝石之种种德性为法而涵养其高贵的人格,完成其事业。"他要求学员凡听到"蒋总司令"、"蒋委员长"时,要立即肃静立正。陈诚自己最是"以身作则"。每次做报告时,陈诚一提到"委员长"三字,总要肃然立正,将那特制的高底深筒、带有铜扣

的皮靴碰得响亮。每次陈诚带人进入自己办公室,一见到蒋介石像,也总要立即行"注目礼"。不仅如此,陈诚在接电话时,也养成了这一习惯——只要是蒋介石来的电话,他听出蒋介石的声音后,总是马上肃立恭听。时间久了,身边的人从陈诚立正听电话的皮鞋响声中,即可判断出他是在与蒋介石通话。

由于庐山军官训练团办得好,蒋介石一年之后索性令陈诚暂时将第五次"围剿"的前方军事指挥权由罗卓英代理,调陈诚再上庐山办训练团。陈诚不辱使命,将这一次训练团办得声势更大,除西南、西北等地方军队外,全国各部队均抽调少校以上军官轮流受训,以军长、总指挥担任营长,师长担任连长,副师长、旅长担任连附、排长。1935年3月,蒋介石在武昌成立军委会委员长行营陆军整理处,综理陆军整理事宜,陈诚被任命为处长。他一面派员到附近各省区校阅部队,一面在武汉设立军官训练团,轮训各部队的军官,并选调高级将校为整理处干部。以办训练团而言,陈诚绝对是蒋介石最得力的助手。①

在训练团中,陈诚无时无刻不在想办法维护蒋介石的权威,阐释蒋介石的思想。办前几期训练团时,陈诚反复向学员宣传蒋介石的"攘外必先安内"的方针。陈诚在演讲中道,虽然有许多的同志、朋友来信指责,也只好求近舍远,先打了红军再说。等到1937年春,陈诚任军政部政务次长兼武汉行营副主任时,有训练团的学员提问:现在内战停止了,国家总算统一了,国共两党曾经合作北伐,今后是否能合作抗战?陈诚口风很紧,只是回答:"抗日迟早要抗日,但委员长的政略、战略思想,不是我们能够揣度的。我们只有服从命令,不好随便揣测。"

---

①孙宅巍:《陈诚传》,国际文化出版公司2011年版,第85页。

第一章 陈 诚

蒋介石与副团长陈诚(右)检阅受训军官

1937年7月初,蒋介石兼团长,陈诚为教育长,又在庐山办训练团,轮训部队的中、上级军官和文职人员里的中学校长、国民党各省市党部委员,以及县长、专员等,以统一国民党内对抗战的思想。可是只办了两期,"八一三"淞沪抗战爆发。以此为标志,陈诚进入了自己的抗战岁月。

蒋介石任命陈诚为第三战区前敌总指挥,兼第十五集团军总司令,增调部队赴沪参战。上海、南京相继失守后,国民政府军政领导机关大部分迁移武汉。1938年春,蒋介石成立武汉卫戍总司令部,陈诚任总司令。同时,陈诚还奉命兼任军事委员会总政治部部长、湖北省主席、航空委员会委员、中央训练委员会主任委员、三民主义青年团中央团部书记长、中央训练团教育长等职。一时之间,国民党内部称陈诚是"蒋介石的替身"、"第二号人物"。

武汉是中国内地水陆交通之枢纽,成为当时抗战的军事、政治、经济中心。1938年7月7日,抗战爆发一周年,当日出版的《武汉日

报》刊发了一篇陈诚署名的文章——《以全力保卫大武汉》。陈诚写道:"中华民族斗争史上最光荣的日子,是抗战建国发轫的双七纪念节……今日武汉已成为第三期抗战中最重要的据点,这里是我们雪耻复仇的根据地,也是中华民族复兴的基石……"陈诚此文,一时在武汉争相传阅,好不热闹。武汉人从中窥见国民政府最高军事当局全力保卫大武汉的决心和部署。而陈诚更是早先猜透了蒋介石的决心,才写出了此文。

此后,陈诚带领他的作战班子,制订了第九战区作战计划,以幕阜山、九宫山为根据地,在永修、武宁、通山、咸宁构筑坚固据点,以积极行动策应武汉大会战。7月22日夜,日军从鄱阳湖滨的姑塘登陆,继而侵占九江,武汉会战由此爆发。陈诚全力投入会战的指挥当中,达两个月。1938年9月20日,蒋介石将武汉卫戍总司令部改归军事委员会直辖,陈诚改任第九战区司令长官,全心指挥江南战事。

10月初,日军两个师团各一部迂回至江西德安西南的万家岭,企图从侧背进攻。陈诚调集第四、第三十二、第六十六军在万家岭一带组织包围反击。在此次战斗激烈之际,陈诚赶赴前线,亲临阵地。为激励将士用命攻敌,陈诚提出对有功将士将予以五万元犒赏。从10月8日到10日拂晓,激战两夜三天,日军"尽遭格毙,陈尸满谷,弃械遍野"。此战即是武汉会战中著名的万家岭大捷。

此役胜利时,陈诚以"限一小时到"之急电,飞报当时正在汉口的蒋介石。蒋介石收到捷报,立即致电前线各部队长官,称:"查此次万家岭之役,各军大举反攻,歼敌逾万,值得嘉慰……"蒋介石特意在电报中说明:"关于各部的犒赏,除陈长官当赏五万元外,本委员长另赏五万元,以资鼓励。"

第一章　陈　诚

6."三昌将军"

不过，万家岭大捷并不能阻止日军进攻武汉的脚步。此后的十几天里，武汉外围第二防御阵地各要点多已为日军占领，蒋介石不得不下令陈诚弃守武汉。如前文所言，多年以来，陈诚有一个过人之处，就是他能够代蒋介石受过。因为这一点，他深得蒋介石的赏识。武汉沦陷，本是蒋介石下令撤守，其作为委员长需要承担一定的责任。但是，陈诚将责任全揽到了自己身上。他将第九战区指挥权交由薛岳代理，自己前往陪都重庆，自请处分。他向蒋介石报告："以兼职过多，不仅招致物议，抑且有误事公。请就可能，畀以专职，或可无大遗误。"蒋介石何等聪明，当即命令："以办理政治部事宜为主，鄂省主席则令严立三兼代。"实际上，蒋介石仍不时派陈诚赴湘、粤、桂等地指挥战事。

抗战期间，陈诚一度被戏称为"三昌将军"。先是武汉会战失利，武昌失陷。1939年春，国民政府军事当局在策划长沙战役的同时，陈诚也在策划对南昌的反攻。4月17日，蒋介石电令陈诚沿南昌至九江的南浔线进攻日军，但激战未有重大进展，南昌久攻不下。5月7日，陈诚致电蒋介石引咎自责。两天后，蒋介石下令停止攻击南昌。这是陈诚抗战来的第二次败绩。1940年10月12日，日军攻占宜昌。蒋介石随即命令陈诚奋力反攻。10月17日，日军撤出宜昌，陈诚命第十八军随后进驻。但日军刚撤出就发动反攻。10月24日，宜昌再失。

宜昌失守后，"三昌将军"名声坐实，陈诚再次向蒋介石自请处分。蒋介石并未给他处分，只是淡然道："宜昌守不住，早已在我意

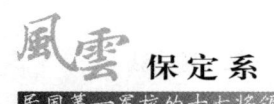

料之中。当时五战区的情况就是那样,我是因为没办法了,才叫你去抵挡一阵子的。对此,你不必过疚。"外人这才恍然大悟——原来,陈诚还是在代蒋介石受过。

1943年3月23日,蒋介石审定了军政部云南练兵的具体计划,命令有关部队向云南集中。随后陈诚带领大批人员到云南,在楚雄建立了"远征军司令长官部",将楚雄以西所有军队指挥权从昆明行营的系统分割出去。这是陈诚在抗战后期参与的最重大工作,他办起滇西战时工作干部训练团,拟定远征军作战计划,更让"土木系"的罗卓英等人成为远征军的重要指挥官。不过,蒋介石对此亦有防范。11月23日,就在反攻缅甸即将开始之际,蒋介石任命在成都赋闲的原第一战区司令长官卫立煌为远征军代理司令长官,全权指挥远征军作战训练。①

抗战期间,陈诚主持军政以雷厉风行的作风自居,还断了几件大案。在三战区时,监利县长黄向荣用公款做棉花生意,被省参议员傅鹤琴向陈诚作了检举。陈诚立即将黄向荣逮捕法办。湖北省保安司令部的人与黄向荣关系较好,又同情他是初犯,所以延迟半年,迟迟未办。1943年陈诚调任远征军司令长官,动身前夕,省保安司令部将拟判黄向荣十二年徒刑的判决书匆匆送陈诚审阅,意欲保黄过关,免其一死。不料陈诚阅后,勃然大怒,拍着桌子连骂几声"混蛋",在签呈上赫然批了四个大字:"即予枪决。"原想成全黄向荣的一纸签呈,反成了送黄向荣下地狱的催命书。对黄向荣的处置是否过重,人们说法不一。但陈诚做出此举,"雷厉风行"四个字算是坐实了。

还有,宜昌县长武长青,在颁发鸦片烟膏新旧牌照的交替期间,经过请示行政督察专员吴良琛,同意商人们的捐赠在达到一定数额款

---

① 陈诚:《陈诚回忆录》,东方出版社2009年版,第125~134页。

第一章　陈　诚

项的前提下，可先无照营业。有人把这件事告到陈诚那里，正逢陈诚召开县长会议。陈诚跟武长青有同学之谊，县长们对此拭目以待。陈诚一听，先下令将武长青逮捕。到了会议结束的那天，陈诚下令："宜昌县长武长青贪污有罪，立即枪毙。"主办法官踌躇良久，鼓足勇气向陈诚直言："武长青的案件还没有审讯，可否等审问清楚了再枪决？"陈诚大怒，吼道："什么审讯不审讯，马上枪决，不准迟疑。"据说武长青临刑前，大呼冤枉。冤枉不冤枉尚在其次，陈诚是用这条人命堵住了所有人的嘴，树立起了自己的威。

陈诚的"土木系"在抗战结束后发展至顶峰。1946 年 5 月，国民政府接受美国军事顾问团团长巴大维的建议，成立国防部，撤销原军事委员会及所属军令部、军政部及何应钦的陆军总司令部，将军令、军政大权集中到国防部。经过一番较量，老资格的白崇禧出任国防部长，陈诚任参谋总长。名义上参谋总长在国防部长领导之下，但实际上参谋总长掌握实权，指挥一切。蒋介石撤销何应钦的陆军总司令部以剥夺其兵权，是因为何应钦在中央军中资历、威望极深。蒋认为何应钦会功高震主，况且何本人在黄埔系将领中具有一定的号召力。蒋介石扶植陈诚以抑制何应钦，实际上是在玩弄二臣争宠的手法。陈诚当上参谋总长，管辖陆、海、空三军和联勤四个总司令，除陆军总司令顾祝同外，海军总司令桂永清、空军总司令周至柔、联勤总司令郭忏均为陈诚的亲信，在国防部参谋本部形成了强大的"土木系"势力。

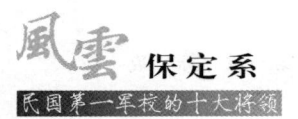

7. "杀陈诚以谢天下"

陈诚此时大权在握，红得发紫。权力的膨胀使他利令智昏，越发飞扬跋扈，不可一世。加之陈诚滥用职权，安插亲信，排除异己，对自己的部队给予特殊关照，装备、补充都优先保障，而对非"土木系"部队则多予克扣责难。这就更加深了陈诚与国民党其他高级将领间的矛盾。地方实力派的阎锡山、李宗仁、白崇禧等人本来就厌恶陈诚；"黄埔系"元老何应钦一直与陈诚作对，同样是"保定系"出身的顾祝同、刘峙等人长期与陈诚不和；"黄埔系"的胡宗南、关麟征、杜聿明等人，早已对陈诚不满；非"黄埔系"出身的嫡系将领熊式辉、卫立煌、汤恩伯等人，对陈诚更无好感可言。等到国民党军队在对陕北、山东解放区的重点进攻彻底失败和国民党军东北战场连连失利后，众怨沸腾，横议四起，陈诚成了国民党内部的众矢之的。当时蒋介石将陈诚派到东北战场，担任东北行辕主任，意图夺取整个东北。陈诚却在东北连吃败仗，国民党军队丢盔弃甲，元气大伤。国民党内的舆论一致声讨陈诚的败绩，李宗仁说陈诚"专横跋扈"，白崇禧骂陈诚"刚愎自用，指挥无能"。何应钦气更是不打一处来："哼，靠'土木系'能救中国吗？"在"国民大会"上，来自云南的"国大代表"罗蘅甚至提出请蒋介石"杀陈诚以谢天下"。若不是蒋介石袒护，陈诚险些在劫难逃。

陈诚因东北战场失利，被蒋介石免去参谋总长和东北行营主任本兼各职。他一离开东北，十二指肠溃疡发作，只得在上海江湾医院开刀动了手术。此后，陈诚便在上海养病。1948年10月，陈诚去往台

第一章　陈　诚

湾继续"养病"。就在这个时期，随着国民党军队在全国战场连遭败绩，陈诚的"土木系"集团也不断受到重创。1948年12月，"土木系"的精华——黄维第十二兵团在淮海战役中被全歼。第十二兵团由十八军扩编而成，下辖第十八军、第十军、第十四军、第八十五军，共十个师，十二万人，战斗力颇强，是陈诚的一份家底。第十二兵团被歼，无疑是对陈诚和"土木系"的致命一击。随着蒋介石撤离大陆，"土木系"的势力最终土崩瓦解。

国民党在大陆的失败已成定局，蒋介石重新起用陈诚，任命他为台湾省政府主席兼台湾警备总司令。这是蒋介石"引退"前在人事上的一个重要部署。蒋介石早已注意到了隔着海峡的台湾，并且准备把这里作为国民党军队最后的据守地。陈诚当初之所以会去台湾"养病"，也是源于蒋介石的这种安排。蒋介石在最关键的时刻，把开辟最后退路的重要任务交给了陈诚。

当时台湾实施着严格的入境管制和戒严令。陈诚意识到，入境管制和戒严令虽能防范于一时，却不能根本解决台湾的社会问题。为此，陈诚就职之初就提出了"人民至上，民生第一"的施政纲领。民生第一，就是要优先解决老百姓的衣食住行。陈诚首先决定从农村入手，通过土地改革解决农民问题。

早在1931年"围剿"红军时，陈诚就仔细研究过共产党的土地革命，他对苏区农民分得土地后迸发的生产热情产生了深刻的印象。1941年，陈诚担任湖北省主席期间曾按照国民党的土地政策实行"二五减租"。此举不仅激发了农民的生产积极性，还缓解了地主与农民的尖锐对立，取得了较好的效果。所谓"二五减租"，指的是粮食收获后，优先提取百分之二十五的粮食给佃农，剩下的百分之七十五由地主和佃农对半分。陈诚主政台湾后，同样推行这一制度，只不过把名称改成了"三七五减租"。事实上，"三七五减租"政策一推出便遭到了台湾地方士绅和省级参议院的公开反对。这些人大多都是台湾本省的地主。

为了顺利推行"三七五减租"，陈诚召集这些地主开会，做说服工作。陈诚向他们说明，一方面，农民的生产积极性调动起来后，粮食产量会有较大的提高；另一方面，陈诚计划将国营水泥、工矿、造纸、农林四大公司转为民营，通过发行公司股票，作为向地主收购土地的代价，鼓励地主投资工业。陈诚形象地比较说，农业利润只不过是数学级数，而工业利润却是几何级数。①

地主们最终接受了陈诚的"和平土改"方案，"三七五减租"得以顺利推行，农民的生产热情空前高涨。1949 年，台湾粮食总产量达到 120 万吨，比上年增产 21 万吨。"三七五减租"确实给农民，特别是佃农带来了巨大的实惠。据彰化县大桥村的统计数据，全村 200 户中，140 户为佃农。减租后，佃农新盖房屋者 7 户，休整土地者 20 户，购买耕地者 4 户，购买耕牛者 40 户，娶妇完婚者 25 户。当时，台湾农村称刚过门的新娘子为"三七五新娘"，足见"三七五减租"的巨大社会功效。

一年后，陈诚改任"行政院院长"，但仍倾注全力推进土地改革。台湾土地改革通过和平赎买的手段，成功解决了农民的土地问题，将地主的农业资本转化为工业资本，为台湾在 20 世纪 60 年代的经济起飞打下了坚实的基础。陈诚所著《台湾土地改革纪要》一书，被译成英、法、德、西班牙、阿拉伯等多种文字，成为一些国家实行土地改革的参考资料。

陈诚接掌台湾时，国民党在大陆滥发金圆券，造成了严重的金融危机。当时的台币采取了与金圆券挂钩的政策，受其连累，台币也随

---

① 孙宅巍：《陈诚传》，国际文化出版公司 2011 年版，第 234 页。

第一章 陈 诚

之急剧贬值。与此同时，大批机关和国民党军队迁台，所有费用都由省政府垫支，造成省财政的巨大亏空，台湾银行不得不增发纸币弥补亏空，结果台币进一步贬值，整个台湾金融陷入恐慌状态。严重的财政危机和金融危机，完全打乱了台湾正常的经济秩序，陈诚不得不进行币制改革。从1月到5月，经过陈诚不断地申请，国民党中央同意台湾进行币制改革。为配合币制改革，政府做出了三项承诺：

一、"中央军费"和公款开支允许用"中央"存台物资与黄金折算偿还；二、"中央"在台生产事业悉归台湾省政府统一管理；三、"中央"借80万两黄金作为改革币制基金。

6月15日，一切准备就绪，台湾银行发行新台币2亿元，旧台币40000元兑换新台币1元。由于准备金充足，允许自由兑换黄金和外汇，同时脱离和大陆金圆券的联系，新台币很快便取得了公众的信任，台湾的财政危机和金融危机迎刃而解，经济秩序也迅速恢复正常。

在台湾省政府任上，陈诚曾组织地方自治研究会，历时4个多月完成了"本省调整地方行政区域案"、"台湾省县市实施地方自治纲要草案"、"台湾省县市长选举罢免规程草案"，这些成为日后制定台湾地方自治法规的基本依据。此外，陈诚大力推行计划教育，扩大办学规模，帮助学生尽快就业，同时强化三民主义的政治教育，建设"三民主义的新文化"，一方面控制了台湾社会的意识形态，另一方面则为未来台湾的经济起飞准备了人才。

蒋介石对陈诚的所作所为也很满意，因而陈诚在台湾的政治地位始终很稳固，十几年间，击败了所有政敌，上升为仅次于蒋介石的第二号人物。1950年3月，蒋介石恢复"总统"职权，提名陈诚出任"行政院长"。1954年2月，经蒋介石提名，陈诚当选为"副总统"。1957年10月，又是蒋介石提名，陈诚在国民党"第八次全国代表大

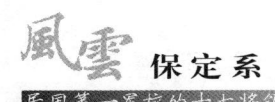

会"上当选为副总裁。1958年7月,经蒋介石提名,陈诚复任"行政院长"。此后,陈诚分别在1960年和1963年连选连任"副总统"和国民党副总裁。

陈诚在晚年为蒋介石立的最后一件大功,是确保蒋介石第二次顺利连任"总统"。按照"宪法",蒋介石第一次连任"总统"毫无法理问题,但第二次连任却没有法理依据。1959年就要"提名"了,依照"宪法",蒋介石不能连任,怎么办?陈诚以"副总统"身份找来各路国民党大佬和法学专家,反复研究,最后想出办法——修改《临时条款》。1959年《临时条款》经过修改之后,赋予"戡乱时期"的"总统"无限期连任的机会。于是,1960年,蒋介石再度当选"总统",依旧任命陈诚为"行政院长"。

晚年陈诚

这是陈诚最后一次任职了。1963年12月,陈诚因肝病恶化,请辞"行政院长"之职。次年11月,经医生诊断确定,陈诚所患为肝癌。1965年3月5日,陈诚病逝于台北,终年67岁。

台湾当局对于陈诚的逝世,给予了特殊的哀荣。蒋介石下令,自3月6日起,全体军政机关、部队、学校、团体等,一律下半旗十日,并停止娱乐及宴会;台湾"国防部"亦下令,三军为陈诚服丧,各部队自6日晨起下半旗。官兵一律缀佩丧章,凡有礼炮之部队,于6日中午12时,鸣放丧炮19响。大批农民自发前往台北市殡仪馆为其送行。据陈诚的儿子陈履安回忆:"送葬那天,好多从中南部来的老农

第一章 陈 诚

民跪在地上哭,哭了不走。"直到今天,台湾农民仍然称其为"陈诚伯"。

蒋介石亲笔为陈诚题写了挽联:

> 光复志节已至最后奋斗关头,那堪吊此国殇,果有数耶!
> 革命事业尚在共同完成阶段,竟忍夺我元辅,岂无天乎?

挽联的口气有几分悲凉。不过,也有明眼人从中读出了蒋介石的一点窃喜——陈诚的逝世,毕竟扫平了蒋经国接班的障碍。

陈诚在黄埔时期起,就与时任黄埔军校政治部主任的周恩来私交甚好,后来虽因意识形态原因分道扬镳,但当周恩来获悉陈诚逝世的消息后,依然说了一句:"陈辞修是爱国的人。"[①]

这或许是陈诚身后最真诚而中肯的评价了。

[①] 孙宅巍:《陈诚传》,国际文化出版公司2011年版,第234页。

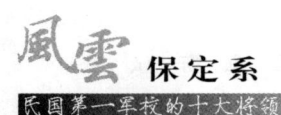

陈诚（1898—1965）年表：

生于1898年1月4日，浙江丽水青田县人，字辞修，乳名德馨，别号石叟。

1922年6月毕业于保定陆军军官学校第八期炮兵科。

1923年随邓演达去广东参加国民革命军，在粤军第一师第三团任上尉副官，后调任大元帅府警卫。

1924年夏，任黄埔军校上尉特别官佐，教育副官。

1926年7月，国民革命军誓师北伐，陈诚任总司令部中校参谋。后任预备第一师第三团团长，11月改任第二十一师六十三团上校团长。

1927年3月，第二十一师在浙江龙游、桐庐战役中击败孙传芳主力部队，一举拿下苏州，陈诚的第六十三团出力最大。4月，任第二十一师少将副师长。6月，任第二十一师师长。10月，被何应钦借故免职，后由严重保荐任军事委员会军政厅副厅长。

1928年4月，任南京国民革命军总司令部中将警卫司令。7月，任第十一师副师长。

1930年，在中原大战中，任讨逆军第二军副军长，率第十一师进攻济南。8月，升任第十八军上将军长。

1931年7月，在第三次"围剿"红军中，任第二路进击军总指挥。

1933年初，在第四次"围剿"红军中，任中路总指挥，后在湖北黄陂和江西宜黄等地被红军歼灭近三个师。

同年秋，蒋介石在庐山创办军官训练团，蒋介石自任团长，陈诚任副团长。

在第五次"围剿"红军中，任北路第三路总指挥，占领江西广昌、石城、瑞金等重镇。

1935年秋，被派往四川创办峨眉军官训练团。

第一章 陈 诚

1936年春，任晋绥陕宁四省边区"剿匪"总指挥。6月，奉命赴粤设立"广州行营"，解决陈济棠、李宗仁联合反蒋的"两广事件"。12月在"西安事变"中，与蒋介石一起被张学良扣留。"西安事变"和平解决后，又参与解决东北军和西北军问题。

1937年春，任军政部次长兼武汉行营副主任。抗日战争全面爆发后，任第三战区前敌总指挥兼第十五集团军司令。

1938年1月，陈诚任湖北省主席、武汉卫戍司令和第六战区司令长官，负责武汉防务。

抗战期间，陈诚先后兼任珞珈山军训团教育长、航空委员会委员、中央训练委员会主任委员、军委会战时工作干部训练第一团副团长、三民主义青年团书记和中央训练团教育长。

1943年，任中国远征军司令长官。同年5月，离滇返鄂。

1944年11月，任军政部部长。

1945年1月，兼任后勤部总司令。

1946年6月，任国防部参谋总长兼海军总司令。

1946年10月，陈诚在北平向中外记者宣称："三个月至五个月内解决共产党解放区问题。"然而，全面进攻却没有进展。

1947年8月，陈诚任东北行辕主任，指挥国民党军向东北解放区进攻，再度失利。

1948年10月，蒋介石派陈诚主持台湾政务，改编和整训由大陆迁往台湾的部队。陈诚先后被任命为台湾省主席兼台湾警备总司令，并两度被选为国民党副总裁，曾任"行政院院长"。

1954年被选为"中华民国副总统"。同年11月，兼任"光复大陆设计委员会"主任委员。1964年3月，再度当选"副总统"。

1964年12月，因病辞去一切职务。

1965年3月5日，因肝癌在台北去世，终年67岁。

第二章 顾祝同

姓名：顾祝同
字号：墨 三
出生日期：1893年1月9日
逝世日期：1987年1月17日
出 生 地：江苏淮阴涟水县
发迹事由：早年南下广东参加孙中山的护法运动，结识有校友之谊的粤军第二军参谋长蒋介石，从而发迹。
最后结局：因高血压导致脑部微血管阻塞在台北病逝。
一生总结：顾祝同素有"驭将之才"的声誉。在蒋介石的嫡系将领中，顾祝同初为"八大金刚"之一，后又列名"五虎上将"，军政高层对其甚至有"军中圣人"的赞许。其人宽厚大度、和蔼可亲，虽不以军功著称，却深受蒋介石的宠信，官运亨通，数典兵权。他追随蒋介石多年，深知蒋介石的个性脾气，从不触怒蒋介石的忌讳，平生以蒋介石的意志为意志，以蒋介石的主张为主张。由于对蒋介石忠贞不贰，顾祝同一生官运不衰，在台湾甚至被圈定为替蒋经国保驾护航的"辅国大臣"。

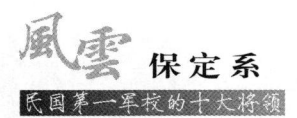

1. 大战棉湖

顾祝同，字墨三，1893年1月9日出生于江苏安东县（后改为涟水）四新集顾家庄。顾家祖上原有百余亩地，后来家道中落，渐趋清贫。顾祝同的父亲是教书先生，母亲在顾祝同三岁时因难产去世。继母尖酸刻薄，经常打骂顾祝同，使他的童年生活充满阴影。七岁时，顾祝同入私塾读书，后考入县立高小。虽然顾祝同很顽皮，但天资聪明，学习成绩一直不错。

1910年初，顾祝同考上江苏陆军小学第五期，从此投身军旅。顾祝同也算是生于清末，长于乱世。上军校的第二年，武昌起义爆发，陆军小学被迫停办，顾祝同不得不离校参加了辛亥革命。等到南北议和，江苏陆军小学正式复校，顾祝同才得以回校学习。1912年夏，顾祝同从军校毕业，加入了国民党。1913年，袁世凯派北洋军南下镇压国民党，"二次革命"爆发。刚毕业不久的革命青年顾祝同热血满腔，闻讯赶往南京，担任南京卫戍部队参谋之职。南京失守后，顾祝同又逃往上海，从事地下反袁活动。直到袁世凯死后，他才得以公开露面。

1917年初，顾祝同进入保定陆军军官学校，成为第六期步兵科学员。1919年12月，顾祝同从保定军校毕业。由于学习成绩优良，他受到校长杨祖德的表彰，奖品是一条毛毯。顾祝同从此结束了军校生活，正式进入军营。顾祝同先到陆军总部第四旅第七团第三营任见习官，后升为连长。第二年年底，顾祝同转赴湖南，到谭延闿部任"清乡"司令部副官，卫队营营副。1921年5月，孙中山在广州成立护法军政府，顾祝同听说，顿感机会到来，便于1922年1月，南下桂林，

第二章 顾祝同

开始参加孙中山领导的护法战争,受任为粤军第二军军事教导队区队长。在桂林,顾祝同通过同学介绍,结识了对他一生影响最大的人——此人正是孙中山桂林北伐大本营参谋长,兼粤军第二军参谋长——蒋介石。①

陌生人见面,要拉近距离,自然是一番闲谈。闲谈中,顾祝同得知蒋介石1906年毕业于陆军速成学堂时,十分高兴,亲热道:"速成学堂就是我们保定陆军军官学校的前身,你高我几届,我应叫你学兄。"蒋介石客气道:"称学兄不敢当,我们是同学。"两人交谈甚欢,彼此都留下了很好的印象。从此,顾祝同的命运便同蒋介石连在了一起。当陈炯明叛变时,第二军扩编为东路讨贼军,蒋介石特荐顾祝同为总部副官长,随侍蒋介石左右,形影不离。这为顾祝同以后的升迁埋下了种子。

黄埔陆军军官学校开办后,蒋介石从各方邀请日本士官学校和保定军校的毕业生担任教官和管理人员,以培养自己的基干队伍。顾祝同是蒋介石首先考虑的人选之一,他被调到黄埔军校教授部任中校战术教官。教授部事实上成为准黄埔系的主要集中点。该部二十位教官和军校总教官,后来担任过国民党内军事要职的达到十七人。顾祝同就这样凭借保定系的出身,初步发迹。

不过,因为与蒋介石走得太近,顾祝同也屡屡遭到同僚们背后的调侃。在国民党军界流传着一则"一跪升三级"的笑话。这则笑话是说,黄埔军校建校初期,有一天,校长蒋介石清晨到操场集合全校师生训话,看见一个军官迟到,边扣军衣边往队里插,不禁火冒三丈,当即喝令这名军官出列,罚跪示众,以儆效尤。不知是因为疏忽,还是有意要给部下一点颜色看看,蒋介石训完话后便扬长而去,忘记了

---

①张军、唐本富等编著:《国民党高级将领花名册》,华文出版社2011年版,第36页。

直挺挺跪在操场上的那名军官。第二天早操时,蒋介石又来到操场,抬眼看见一个人僵硬地跪在操场上,头上背上已蒙上一层白色的霜片。最初蒋介石还感到挺纳闷,不知这个人跪在那里干什么。当他得知跪在操场上的就是昨天被自己惩罚的那名军官时,不禁大受感动,觉得此人忠心耿耿,诚实可嘉,便亲自把这名军官扶到校长室问话。这名军官就是顾祝同,蒋介石在得知顾祝同长跪一夜后,略加思忖,当众宣布,提升顾祝同为军校管理部主任,军衔晋升为中校。这等背后调侃,顾祝同毫不在意。不过,顾祝同对蒋介石唯命是从的态度,从中倒也可窥一斑。

广州商团叛乱被平定以后,黄埔军校先后编组成立了两个教导团,这即是后来"党军"的基础。顾祝同于12月兼任教导第二团第一营营长,而该团团长则是教授部主任王柏龄少将。陈炯明再度叛变后,黄埔军校派出教导团东征。征战中,顾祝同的第一营军纪较好,对百姓秋毫无犯,受到民众拥戴。攻打淡水城一战,团长王柏龄临阵退缩,顾祝同率部与叛军血战,攻下淡水城。陈炯明的右路军林虎部三个师集中二万人马,向东回援,与何应钦任团长的教导第一团在普宁县内的棉湖相遇,战斗异常激烈。棉湖之战堪称是国民党早期军事史上最惨烈的一战。因双方兵力悬殊太大,人枪均为劣势的教导第一团一度支撑不住,情况万分危急。危急时刻,顾祝同所在的教导第二团正在五公里外的鲤湖。得到消息,全团全力赶来增援,集中力量突袭林虎的指挥部。此战中,顾祝同的英勇为外人称道。战场上,他高举手枪,大呼:"跟我来!"率先冲入敌阵。林虎所部遭到这番冲击,随即崩溃。自此,顾祝同带兵打仗的才华引起同行们的重视。棉湖之战结束后,顾祝同升任为第二团参谋长。

棉湖之战是第一次东征规模最大的一次战斗,也是对黄埔学生军的一次严峻考验。教导第一团损失兵力达一半以上,第三营九个排

第二章 顾祝同

长,七死一伤,385 名士兵,仅剩 111 名。其余两个营,伤亡情况大致相同。但黄埔学生军仅以区区两个团力敌林虎三个师,并大获全胜,一时军威大振。当时,随军的苏联顾问加仑将军评价说:"棉湖一战的成绩,不独在中国少见,即使在欧洲世界大战中亦难见,是近代战争史上以少胜多的一个典型战例。"廖仲恺称赞说:"我们军队,现在现出光彩来了。"

与同为"保定系"出身的陈诚、刘峙等人一样,棉湖之战成为顾祝同早年发迹的关键一战。多年后顾祝同回忆道:"有武昌之役而后有中华民国之诞生,有棉湖之役而后有国民革命之发扬。"半个世纪后的 1973 年,年已 82 岁的顾祝同与何应钦一道参观、察看金门与澎湖诸岛,在金门特地参观了炮兵工事。从炮兵阵地出来,顾祝同与老长官何应钦一起谈论大陆往事,聊到棉湖之战,何应钦拉着顾祝同的手对旁人道:"我的命可是顾上将捡来的,当时要不是他带人冲得快,再晚半个小时,我就有可能去见阎王爷了!"顾祝同忙道:"老长官,那不是我有功,是你的命大,阎王爷不收你!"顾祝同谦逊而不居功,一番话说得众人大笑。

10 月,顾祝同参加了第二次东征。凯旋后,他来了个"三级跳":先任第二团中校团副,旋又升第三师上校参谋长,不久,顾祝同又晋升为第三师少将副师长。可以说,在黄埔时期,顾祝同已奠定了他在军界的基础。1926 年 7 月北伐开始,顾祝同随东路军出征。10 月,第三师攻克永定。12 月 2 日,北伐军攻占福州。顾祝同因指挥有方、连战皆捷,晋升为第三师师长,从此步入高级将领之列。

1927 年 8 月下旬,孙传芳趁蒋介石下野、蒋桂分裂之机,以七万之众分几路过江,攻占龙潭,直接威胁南京。龙潭之战是北伐战争中最危急的一战,顾祝同与陈诚、刘峙等人协同作战,率第三师全力反攻龙潭,最终收复龙潭车站,击退孙传芳。是役,孙传芳六万余众的

部队，战死和淹死约四万，被俘约二万，孙传芳的主力几乎消耗殆尽，孙传芳再无力南侵。北伐军在此次战役中，伤亡也不计其数。仅仅黄埔五期学生，阵亡达五百人之多，战况激烈程度，由此可见。此战后，北伐军在东南一带，再无真正对手，而以北洋第二师为核心的孙传芳军事系统，基本已经宣告瓦解，孙传芳由此走向没落，而国民党的基业，也由此战真正巩固起来。此战打得尸体遍地，骸骨盈野。据说半年之内，火车经过龙潭，尸臭仍然逼人。

战后，顾祝同以战功升为第九军军长兼第三师师长，下辖三个师。第九军下属的各师师长和各团团长大多为黄埔一期生，副团长和营长大多为黄埔一、二、三期生，而连排长全部都是黄埔第三、四、五期生，可以说是蒋介石最信赖的嫡系部队之一。顾祝同升任第九军军长，成为他人生履历中的关键一步。①

短短三年内，顾祝同由一员中校教官跃升为中将军长，成为军界的显赫人物，他性格和能力的缺陷却也在这样的快速升迁中逐渐暴露。1928年，蒋介石兴师二次北伐，以刘峙和顾祝同的第一、第九军为主力，向孙传芳发起进攻。第一军担任津浦线正面攻击，第九军担任津浦线左路攻击。攻占临淮关后，顾祝同顾虑到自己的位置过分突前，可能会吃亏——这是他第一次指挥三个师大规模作战，难免心慌手乱。忽然风传撤退，顾祝同不假思索，立即率部撤退。另一边，刘峙不管不顾，乘胜前进，在长淮卫与孙传芳主力遭遇。刘峙一战击败孙传芳主力，占领蚌埠，抢去了头功。此时，顾祝同的第九军已经后撤了六十公里，而刘峙的第一军却前进了二十公里。由此蒋介石方知，顾祝同虽然有作战能力强、稳健能干的优点，但是优柔寡断，非统率大兵团作战的将才。此后的一段时间，顾祝同一直归刘峙指挥，升官总是在同为"保定系"出身的刘峙之后。

---

①胡必林：《民国高级将领列传》，解放军出版社2006年版，第44页。

第二章 顾祝同

2. "军中圣人"

虽不擅长打仗，顾祝同在带兵方面却有自己的一套。顾祝同的治军术异于常人，对于士兵，他平时不严格要求纪律，不禁嫖赌，只要求临阵不怕死，能冲锋陷阵；对于军官，他则以小恩小惠笼络，每月都以会议为名，宴请一次；对于营连长以下军官，他干脆允许吃空额；对团长以上军官，每月都发一笔补助；营级军官虽没有明补，但每人每月可透支100元军费；连长吃几个空额也不追究。顾祝同对能带兵打仗的军官非常钟爱，即使其犯了军纪，也常从轻处理。一次，一个连长外出赌钱，两个排的士兵乘机携枪逃跑。警卫将其押去见顾祝同，当顾祝同得知此人是黄埔第四期学生，已当了两年连长，打仗也很在行，便不加责罚，只命他回队伍到军械处领取两个排的枪支，自己把兵补起来，并赶快训练好。

随着蒋介石在国民党内地位的巩固，顾祝同的地位也在不断上升。顾祝同担任了国民政府警卫军军长、江苏省政府主席、第二军团总指挥、国民党中央执行委员。此外，他还被授予二等、一等宝鼎勋章各一枚。1933年9月，顾祝同被任命为湘、鄂、赣、粤、闽五省"剿匪"军北路总司令，进驻抚州，直接指挥五个纵队四十万大军，对中央苏区进行第五次"围剿"。当时北路军前线总指挥是同为"保定系"出身的陈诚。陈诚遇事越级，直接请示蒋介石，而蒋介石有时也越级直接指挥陈诚和其他各军，弄得顾祝同这个北路总司令形同虚设。不过，顾祝同的过人之处正在此时显现——他对此从不流露不满情绪，对蒋介石始终保持唯命是从的态度。

平心而论，顾祝同的军事才能并不算太出众，也并无耀眼的战绩，甚至屡打败仗，却照样升官。顾祝同何以能如此官运亨通？有知情者道："这都是因为顾墨三（顾祝同字墨三）服从心好。"此话切中要害。顾祝同在军中之所以能常立不倒，主要得益于他对蒋介石的忠心耿耿，百依百顺。顾祝同平时最善于揣摩蒋介石的心思，对蒋介石无条件表示服从——安排他的工作和职位，无论好坏，从不讨价还价。他以"服从心好"著称，就连何应钦也佩服道："顾墨三太百依百顺了。"

顾祝同知道在蒋介石下面不能有自己的小组织，所以他一生既不抓部队，也不成立小团体。他平时常对自己的部下训示道："我们是军人，不必要参加复兴社，不要把自己搞复杂了，只要一心一意学打仗就行了。"顾祝同反复说自己不培植私党，但没有"私党"何以巩固权力？所以，顾祝同的乡情与同学观念相当浓厚。他对王敬久、王仲廉、冷欣、韩德勤、方先觉等同乡、学生尽力提拔，子弟辈如顾希平、顾锡九、顾心衡、顾新葆、顾祝君也都大加培养。顾祝同对这些子弟、同乡的宽厚，颇得人心。对于作战受伤的军官，顾祝同多给安家抚恤费。年纪大了不能再当兵的，顾祝同就将他们安置到自己创办的农场里，或资助一笔钱，让他们经营小生意，使其有生活出路。他还办子弟学校，使退伍官兵子女少有所学。顾祝同这一套办法，使他获得了"军中圣人"的美名。直到晚年，老部下还常去看望他，敬称其为"墨公"。

第五次"围剿"红军后，顾祝同被任命为南昌绥靖公署主任、军政部政务次长。1935年4月，顾祝同被授予二级陆军上将军衔。"西安事变"时，顾祝同刚刚由贵州任所飞往重庆，参加"剿共"军事会议。事变后的第三日，顾祝同联合刘峙等38名将领致电张学良、杨虎城，要求释放蒋介石，并提出"任何问题，无不可从长讨论，尽量

第二章　顾祝同

采纳，付诸实施……"事变后的第四日，顾祝同收到张学良的邀请，同宋子文赴西安商谈一切。就在同一天，何应钦出任"讨逆军总司令"，顾祝同接到任命——他被南京国民政府任命为"讨逆军"西路军总司令。

局势复杂而紧张，顾祝同安定心神，一一化解。面对南京方面宋美龄与何应钦之间的微妙关系，顾祝同一方面接受了何应钦的任命，就任"讨逆军"西路军总司令之职，另一方面，顾祝同对"讨伐"消极应付，只下令西路军的胡宗南等部在咸阳、宝鸡间暂时监视东北军、西北军和红军，基本是按兵不动。尽管"讨逆军"东路军总司令刘峙行动积极，顾祝同的西路军却一直借故延缓行动。顾祝同本人则稳坐南京，从未亲临前线。他积极参加营救蒋介石的活动，与宋美龄、孔祥熙联系密切，时常出入孔宅商议对策。18 日，何应钦接到蒋介石停止进攻西安的手令，才同意"军事行动暂停三天"。25 日，"西安事变"和平解决。蒋介石飞回南京，顾祝同以其左右逢源的行动大受蒋介石的嘉奖。刘峙则被蒋介石施以白眼，从此完全落到了顾祝同的下风。

1937 年 1 月 1 日，顾祝同参加蒋介石的小型会议，研究对"西安事变"的处理措施。蒋介石当面任命顾祝同为西安行营主任，指挥陈诚的第四集团军、卫立煌的第五集团军、蒋鼎文的第二集团军、朱绍良的第三集团军，对西安方面施加压力，即所谓"陕甘善后整理办法"。顾祝同上任后，立即自兼第一集团军总司令，将九个师的兵力布置于华阴、华县正面，同时命陈诚率所部屯驻渭北以北，卫立煌率部在商洛方面行动，蒋鼎文和朱绍良分别率部在甘肃、宁夏行动，并亲临潼关督阵，对西安方面实行全面包围。在顾祝同的压力下，东北军、西北军（即杨虎城的十七路军）不得不于 2 月 4 日与其达成协议。2 月 9 日，顾祝同率部进驻西安。接着，顾祝同下令将东北军的

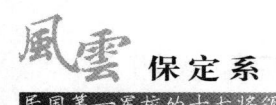

二十五个师整编为四个军十个师,调往苏北、皖北、豫南,由军委会直接指挥;西北军整编为三十八军下辖的两个师,并迫使杨虎城出国。至此,发动"西安事变"的东北军、西北军在顾祝同软硬兼施的手腕下完全解体,顾祝同再为蒋介石立一大功。

淞沪抗战开始后,顾祝同出任第三战区副司令长官(司令长官为冯玉祥)兼第五集团军总司令,负实际指挥责任。南京失守后,蒋介石重新划分战区,顾祝同被任命为第三战区司令长官。第三战区包括苏南、皖南、赣东和闽、浙两省,战线绵延两千公里。该地区是中国的经济重心,与日伪防区接触范围极大。顾祝同担任第三战区司令长官前后长达八年,经历整个抗战。这样的任职,在抗战时期堪称仅见。

可惜,顾祝同利用战区有利条件,以建立战时经济为名,大搞走私贸易,囤积居奇,纵容部下发国难财。整个抗战期间,顾祝同的第三战区采取消极防御战略,并未利用自己的有利战略位置向日寇出击,基本上没打过大仗。反倒是日军于1942年向衢州发动进攻,顾祝同大败,被日军占去大量地盘,其长官部也仓皇撤往福建,以后才又回到江西铅山。但是在反共方面,顾祝同却干得颇为"出彩","皖南事变"即出于其手。[①]

---

① 王建国:《顾祝同与皖南事变》,《抗日战争研究》1993年第3期。

第二章 顾祝同

3. 不要派系

　　身居要位，顾祝同懂得如何把握分寸。抗战时期，第三战区政治部主任邓文仪曾建议顾祝同仿效陈诚组织"干城社"的做法，也成立一个团体同陈诚对着干。顾祝同坚决不同意，他对邓文仪道："陈诚搞小组织我很不同意，何部长也不同意，但是委员长很支持他。不过我们自己不能搞，搞了委员长一定不答应的，我一生的态度是委员长要我干一天就干一天，不要我干就不干。你们千万不要有这样糊涂的想法。你们如果这样搞，就不是爱我，而是害我了。"

　　1945年1月底，顾祝同升任赣州行辕主任兼第三战区司令，统一指挥三、七、九战区军政，权力之大，令同行侧目。5月，国民党召开第六次全国代表大会，顾祝同连任中央执行委员。抗日战争胜利后，顾祝同以第三战区司令长官名义，接受了驻浙日军的投降。9月8日，在南京举行的中国战区日军投降典礼上，陆军总司令何应钦接受冈村宁次的投降。顾祝同作为陆军代表也参加了这一仪式。仪式上，顾祝同风光无限。

　　1946年5月，国民党中央军事机关仿美改制，顾祝同出任陆军总司令，与同为"保定系"出身的海军总司令陈诚、空军总司令周至柔并列为军事巨头。全面内战爆发后，顾祝同担任郑州绥靖公署主任，指挥中原地区的国民党军。不久，蒋介石为实施对山东解放区的重点进攻，命顾祝同坐镇徐州，成立陆军总司令部徐州指挥所，统一指挥原徐州、郑州两绥靖公署的部队。顾祝同到任后，把所辖24个整编师60个旅共45万人的兵力，划分为3个机动兵团，以汤恩伯、王敬

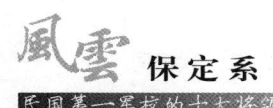

久、欧震分别为第一、二、三兵团司令,计划首先以一部兵力进攻交通线,打通徐州至济南的铁路和徐州至临沂的公路,占领鲁南,然后全线进攻鲁中,寻找华东人民解放军主力决战,最后占领山东,或把解放军压过黄河。顾祝同麾下兵力之多居全国之首,为避免在进攻中被解放军分割歼灭,他命令各部加强纵深,采取密集靠拢、稳扎稳打、逐步推进的方针。

结果,当年在江西、苏中时的老对手——陈毅、粟裕采取挖心战术,于 1947 年 5 月将国民党军五大主力之一的整编七十四师包围于孟良崮地区。整编七十四师师长张灵甫自诩坚兵利甲,根本没把解放军放在眼里,当他得知自己的部队被包围后,反而越过顾祝同,直接向蒋介石建议——由整编七十四师控制孟良崮周围的山头,吸引解放军主力向其攻击,然后调动外围大军对解放军反包围,内外夹击,中心开花,一举歼灭华东解放军,毕其功于一役。蒋介石接到张灵甫的电报后,也认为这是一个十分完美的作战计划,立即携陈诚赶到徐州,亲自进行布置,决定调遣十个整编师,利用张灵甫部吸引住华东野战军主力的机会,从泗水、莱芜等地分路向孟良崮驰援,里外夹击,围歼华东野战军。然而,战况超乎蒋介石、张灵甫等人的想象,在解放军的顽强阻击下,远近援军一个也没有赶到孟良崮。5 月 15 日,顾祝同急令所部驰援解围。16 日午夜,顾祝同忠实传达蒋介石的命令,要求部属"把握战机、万众一心、共同作战",严令解围部队于 17 日攻占孟良崮。但讽刺的是,就在他下达命令的同时,整编七十四师已经被全部歼灭。[1]

这一次整编七十四师被歼,从某种角度来说,也是因顾祝同"服从心好"而导致的。张灵甫越级向蒋介石提出作战建议一事,顾祝同

---

[1] 张军、唐本富等编著:《国民党高级将领花名册》,华文出版社 2011 年版,第 37 页。

第二章　顾祝同

是知道的，但他素知张灵甫深受蒋介石的宠爱，所以对这件事睁一只眼闭一只眼，未予追究。蒋介石批准张灵甫的作战计划后，顾祝同发现这个计划有个很大的纰漏：如果增援部队不能及时赶到，整编七十四师就会孤军被歼。顾祝同碍于蒋介石的情面，不敢对蒋介石亲自批准的这一作战方案提出异议。此后，在蒋介石的授意下，参谋总长陈诚又直接插手指挥这一战役。顾祝同虽与陈诚是政治上的死对头，但陈诚是"奉旨办事"，他也索性退居一旁，把战场指挥权交给了陈诚。"服从心好"葬送了整编七十四师和张灵甫，却使顾祝同把自己应负的责任推卸得一干二净。

这一次整编七十四师被歼，蒋介石一度想要几名高级将领的脑袋，以整肃军纪。当时张灵甫的整编七十四师临时划归国民党军中名将黄百韬指挥，而黄百韬不属于黄埔系，人称"嫡系中的杂牌"，他自然成为蒋介石要惩治的头号目标。黄百韬很紧张，他在军界没别的靠山，只好去向顾祝同哭诉。抗战期间，顾祝同任第三战区司令长官时，黄百韬担任过第三战区参谋长，算是他的部下。顾祝同知道张灵甫连自己的命令都不听，更不会服从黄百韬的指挥，同时顾也想借这个机会打击一下老对手陈诚，于是授意黄百韬在军事检讨会上大胆直言——黄一口气说了两个小时，将张灵甫不服从命令的实情讲了出来。有顾祝同在背后撑腰，黄百韬壮着胆子向蒋介石陈述实情，再加上顾祝同从旁说情，蒋介石才打消了惩治黄百韬的念头，仅仅给了一个革职处分。黄百韬死里逃生，把顾祝同看成自己的恩人。后来，又是顾祝同推荐，黄百韬才得以升任第七兵团司令官。终其一生，黄百韬一直对顾祝同视如恩公，感恩戴德。一直到第七兵团在淮海战役中被解放军围歼，黄百韬兵败自杀，临死之前还念念不忘恩公——要以死报答顾祝同的栽培。

没了整编七十四师，顾祝同还要硬着头皮继续与解放军较量，结

果一输再输。为此，顾祝同在作战部署上采用"并进不如重叠，分进不如合击，以三四个师重叠交互前进"的指导方针，于6月25日下令向沂蒙山区发起第三次进攻，企图占领沂水、东里店、南麻等地区，压迫华东野战军撤出鲁中山区。此时刘邓大军已突破黄河天险，开始了战略进攻。顾祝同闻讯，急忙调兵遣将进行堵截，但在刘邓大军的打击下损兵折将。8月1日，华东野战军五个纵队在济宁附近会师后，转至鲁西南地区。至此，顾祝同苦心经营的对山东解放区的重点进攻计划宣告破产。

4. 兵败东北

顾祝同损兵折将，蒋介石只得换马挽救颓势，遂于1948年秋撤销了陆军总司令部徐州指挥所，另立徐州"剿总"，换上刘峙为"剿总"司令，把顾祝同调为参谋总长。

辽沈战役开始后，解放军包围锦州。为解锦州之围，顾祝同以参谋总长和最高当局代表的双重身份，与东北"剿总"司令卫立煌同机飞往东北，执行蒋介石调出沈阳主力支援辽西的计划。飞行途中，卫立煌建议先飞锦州，与守将范汉杰商讨作战计划。到锦州上空时，顾祝同看到解放军正炮击锦州机场，担心降落后无法再起飞，便拒绝了卫立煌的建议，直接飞到沈阳。到沈阳后，卫立煌为说服顾祝同改变由沈阳出兵支援锦州的命令，特意在家中设宴款待，并授意廖耀湘提出从营口海上撤退的方案。但不管卫立煌、廖耀湘如何陈述理由，顾

第二章　顾祝同

祝同就是一句话："总统的命令，不能违背。"最后，顾祝同与卫立煌大吵大闹，直至破口大骂。这些全不管用，和顾祝同一样着急的卫立煌干脆赌咒发誓，还要与顾祝同打赌画押。最后的结局众所周知——在一片互相攻讦中，四十七万国民党中央军的精锐全军覆没，解放军占领了整个东北。

早在东北败局已定时，顾祝同便想请白崇禧出马，统一指挥武汉、徐州两大集团的军事行动，并派作战厅长郭汝瑰向蒋介石说明——白崇禧统一指挥是暂时的，一旦形势好转再调整指挥权。白崇禧比顾祝同更狡猾，怕当替罪羊，拒绝担任两个战区的指挥之责。白崇禧不干，刘峙指挥不力，顾祝同只好硬着头皮，以参谋总长的身份到徐州布置一切，部署对解放军的决战事宜。顾祝同提出三条：第一，守江必守淮；第二，放弃次要城市，集中兵力守徐州；第三，一处作战，各方支援。他力图以少数兵力困守徐州，控制主力于徐蚌间津浦路两侧，作攻势防御，以固长江而保沪宁。他召见黄埔军校毕业的兵团司令与军长谈话，特别强调："校长一再交待，这一仗只能打胜，不能打败。打好了你们黄埔学生前途光明，打败了就死无葬身之地。"

顾祝同的计划未及实现，西撤的黄百韬第七兵团已于 1948 年 11 月 11 日被解放军包围在碾庄地区。顾祝同急令"剿总"副司令杜聿明率部东进解围，但黄百韬兵团还是于 22 日晚被全歼。接着，李延年兵团、刘汝明兵团受阻，杜聿明集团被围，顾祝同感到山穷水尽，无能为力，哪里也调不出兵力了。由华中来援的黄维第十二兵团在双堆集被全歼，试图突围的杜聿明部第十三、第二、第十六三个兵团也在陈官庄全军覆没。顾祝同乱了方寸，只能按照蒋介石的命令与计划，奔波于徐州与南京之间，指挥调动部队，千方百计腾挪闪避。最终，顾祝同也只是眼睁睁看着五十多万大军在淮海战场上覆灭。就这

样，不过半年时间，顾祝同直接指挥的淮海战场，主力已基本被消灭干净。

1949年1月，蒋介石下野。蒋介石可以百事不问，但军权须臾不弃。在此关键时刻，顾祝同又成了蒋介石可靠的代理人。两个多月中，蒋介石坐镇家乡，用七部无线电台遥控残破不堪的半壁江山。顾祝同则来回穿梭于溪口与南京、上海、武汉、成都、广州等重镇之间，修筑长江防线，经营"反攻基地"，着手实施"再编练二百万军队"的计划。有陈诚收拾台湾以留退路，用顾祝同支撑危局以求进路，蒋介石在败局中的用人之道，正显示出他对顾祝同本人，乃至对整个"保定系"将领的信任。

事实上，早在淮海战役接近尾声时，顾祝同就已经看清了大势。他早早将家眷与财产搬到了台湾，私下还对部下透露："家里的东西已经搬完了，连一床棉被也没有留下。"顾祝同为蒋介石个人处境的安排也极为周到。1949年11月29日晚上，刘邓大军先头部队直逼重庆，顾祝同深恐白市驿机场失守，蒋介石无法逃脱，于是自己干脆将指挥部设在蒋介石的"美龄号"专机上，亲自指挥机场警卫部队抵抗。一直等到次日凌晨，蒋介石赶来，顾祝同才放下心，与蒋介石同机飞往成都。此事令蒋介石大为感动。蒋介石在成都重整西南军政长官部，马上任命顾祝同为西南军政长官公署主任，胡宗南任副长官，准备在西南与解放军作最后一战，保住最后的一块"反攻基地"。

看清大势的顾祝同知道再抵抗也是无用，反攻更是不可能。他能做的事情，就是再三劝说蒋介石先飞台湾。此时，由贺龙指挥的解放军进川部队，以迅雷不及掩耳之势，一举打破了顾祝同亲手制订还未开始执行的"西南保卫战计划"。成都失守前夕，顾祝同登上了台湾派来接他的飞机，抽身飞往台湾。

1950年1月，顾祝同又以"参谋总长"身份兼"国防部长"，再度从台北飞回大陆，前往云南边境，试图解救第八军和第二十六军残部，并布置"滇西游击战"。但这一切都未能起到实际作用，顾祝同白跑了一趟。3月初，顾祝同陪同蒋经国飞到西昌，与正在这里的胡宗南商讨最后的计划。3月2日，顾祝同在西昌主持召开他在大陆的最后一次会议，决定固守西昌，建立滇西根据地，作为将来反攻大陆的桥头堡。会议临近结束时，顾祝同突然接到解放军已向西昌进军的消息。顾祝同匆匆结束会议，与蒋经国秘密乘车赶往机场，准备先飞往蒙自机场，安排调部队到滇西的计划。飞机刚要起飞，胡宗南急急赶到，连呼不能起飞。原来胡宗南刚刚得到信息，驻守蒙自机场的国民党军已经起义。胡宗南要晚来一步，蒋经国、顾祝同就可能送上门成为解放军的俘虏。无奈之下，顾祝同只得飞往海南岛的海口。此后，整整三十六年，顾祝同再也没能重新踏上大陆。

5."辅国大臣"

顾祝同逃到台湾后，惊魂未定，又听到一个坏消息：老对手陈诚为了把他逐出台湾，使用"借刀杀人"计，向蒋介石建议——"行政院"和"国防部"都已迁台，大陆已无中枢机构，应派一资深要员回大陆主持后事才好。顾总长德高望重，老诚谋国，堪担此重任。

顾祝同听到这一消息后，恨得咬牙切齿，急思脱身之计。他赶紧到蒋介石身边哭诉——我顾祝同年近花甲，多年征战操劳，已日感体力难支，大陆已是共产党的天下，残存国军已无立锥之地，若再受颠

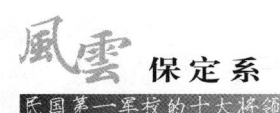

沛流离之苦，此命休矣。蒋介石也知道这个时候派顾祝同回大陆，无疑是送他当共产党的俘虏。于是，他发下话来，叫顾祝同想法寻找一个"忠勇"之士，代替他到大陆指挥残存在滇缅边境的国民党军队。正在这时，"陆军副总司令"汤尧从大陆逃回了台湾。顾祝同觉得此人倒是一个合适人选，赶忙派"国防部"第三厅厅长许朗轩去做汤尧的工作。汤尧见顾祝同如此器重自己，当即满口答应下来，只要求多给他派一些部队。许朗轩一语将他点醒——不能要部队。部队一多，就形成重点，又必然会牵涉到顾总长是否亲自去指挥的问题。只要你将来有人，给你另成立十个军都可以。这不过是一时之计，等你在大陆站稳了脚跟，番号和装备都不成问题。

话说到这一步，汤尧只得表示——大势已去，大官都怕死，孤臣孽子就由我来当吧。就这样，顾祝同终于找到了一个替身，逃脱了老对手陈诚对他的暗算。而汤尧飞回大陆没多久，就被解放军生擒于云南红河东岸的深山密林之中。

在台湾稳住脚跟后，顾祝同重任"陆军总司令"。面对溃局，顾祝同向"非常委员会"提出《军事革新纲要》，拟定革新六大要点，主张确定政略、战略，贯彻精兵主义，严肃军纪，健全各种制度，加强敌后作战。先不说这是一纸空文，此时国民党上层要求追究顾祝同战败责任的呼声一浪高过一浪。无奈之下，顾祝同不得不暂时下台避风，"国防部长"、"参谋总长"、"陆军总司令"等职全部交卸。

蒋介石心里明白，来此孤岛和他一起"共患难"的高级将领本来就不多，真能像顾祝同这般忠心耿耿之人更少。时隔不久，为安抚顾祝同，蒋介石委任他为"总统府战略顾问委员会"副主任委员。这个机构本就是用来安置迁台败军之将的，"主任"是何应钦，另一个"副主任"是白崇禧。这两人都是蒋介石力图整肃的对象，只有顾祝同还能得到蒋介石的信任。于是，顾祝同不久又出任"战略顾问委员

第二章 顾祝同

会资政"、"国策顾问"等职。尽管都是虚职,毕竟让顾祝同仍有"身在其位"的满足感。1952年10月,顾祝同又被加上第七届国民党中央评议委员这一荣誉职位,1954年,顾祝同晋升为陆军一级上将,军衔达到最高。1957年10月,他连任第八届中央评议委员。

1959年6月,顾祝同被任命为"国防会议"秘书长。"国防会议"为国民党迁台后的最高决策机构,主要由党政机关首脑组成,蒋介石本人亲自主持会议,重大决策均出此机构。此后,顾祝同连任秘书长达八年之久,红极一时,成为国民党军界和政坛上的常青树。

蒋介石为了给蒋经国接班创造条件,在人事安排上做法巧妙——利用极少数过去的重臣充任前台,这样可以为蒋氏父子"吸引火力",又可以把蒋经国及其助手们还不宜担任的关键职位先交给老臣们,等蒋经国羽毛丰满后再接任。于是,陈诚、顾祝同等"保定系"老臣就成为蒋介石向儿子交班过程中保驾护航的人物。

1962年3月,以蒋经国为主任的"战地政务委员会"筹备处成立,隶属"国防会议",负全部战地政务政策的制定、审议、协调及督导之责,这成为顾祝同为蒋经国保驾护航的第一步。1963年11月,顾祝同连任国民党第九届中央评议委员。1965年3月,自己的老对手、"保定系"旧人、"副总统"陈诚病逝,顾祝同居然被安排为治丧大员。一生的明争暗斗,落得一个如此结局,真是白云苍狗,难以尽言。

1967年初,"国防会议"改组为"国家安全会议",年事已高的顾祝同主动让贤,向蒋介石提出由蒋经国的亲信黄少谷任秘书长,自己改任副秘书长,以此为蒋经国铺路。1969年4月,顾祝同连任第十届中央评议委员。1975年蒋介石去世,蒋经国在顾祝同等人的推举下,接任国民党中央主席,顺利接班。顾祝同认为自己完成了蒋介石赋予的托孤重任,更知道蒋经国上台后,自己在权力圈中再不应该有发挥影响的空间了，于是向蒋经国提出辞去一切职务的请求。蒋经国明白顾祝同的苦心，任命他为"中央评议委员会主席团主席"。这一荣誉职位，给了顾祝同最体面的待遇，让他以最高的身份离开了国民党当局的最高决策圈。

1976年11月，顾祝同连任第十一届中央评议委员，并任中央评议委员会主席团主席。1981年4月，他又连任第十二届中

顾祝同标准照

央评议委员及主席团主席。1982年，顾祝同九十大寿之日，蒋经国授予他"中正勋章"，他成为台湾获得"中正勋章"第一人。

顾祝同从1982年起，开始口述回忆录，名为《墨三九十自述》，由其秘书记录整理后出版。顾祝同的晚年生活很有规律，每天早睡早起，一直保持着散步的习惯。顾祝同喜欢养花，认为养花不仅能陶冶性情，还能锻炼身体。因为长时期养花，顾祝同渐通此道，对养花极有研究。

1985年8月10日，九十四岁高龄的顾祝同突感头昏脑胀，周身不适，血压陡然升高。家人当晚把他紧急送往台湾三军总医院治疗。经医生诊治，顾祝同患了老年性高血压，服用药物后，血压很快恢复正常。因此，顾祝同第二天出院回家。8月12日，顾祝同一时又起雅兴，前往花市赏花。此时，正值盛夏酷暑，烈日炎炎之下，老人本不

第二章 顾祝同

宜外出,患高血压还未痊愈的顾祝同却未听医生的劝告依然外出。结果,当晚返回寓所后,顾祝同感到阵阵头晕,眼前发黑,送到医院后被诊断为高血压引起的脑部微血管阻塞,顾祝同只好住院接受治疗。顾祝同从此住进医院,卧床不起,吐词不清,妻子儿女们终日陪伴着他。1987年1月17日凌晨4时20分,顾祝同因病重不治,于台湾三军总医院逝世,终年九十六岁。①

---

① 何明:《国民党四十三位战犯的最后结局》,中共党史出版社2008年版,第152页。

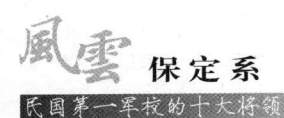

顾祝同（1893—1987）年表：

1893年1月9日，出生于江苏安东县（后改为涟水）四新集顾家庄，字墨三。

1919年底，毕业于保定陆军军官学校第六期步兵科。

1922年，与任粤军第二军参谋长的蒋介石相识。

1924年，黄埔军校初创，任中校战术教官兼管理部主任。

1925年，在国民革命军东征中先后任教导第二团营长、第二团团副，后升任国民革命军第三师参谋长、副师长。

1926年，北伐中任北伐军第一路军第三师师长。

1927年，任国民革命军第九军军长。

1930年，任第十六路军总指挥、洛阳行营主任。

1931年，调任国民政府警卫军军长，年底任江苏省政府主席。

1933年，参与对红军的第五次"围剿"，任北路军总司令。

1935年，任四川行营主任兼贵州省政府主席。

1937年"八一三"淞沪会战开始后，任第三战区副司令长官、司令长官，兼江苏省政府主席。

1941年1月，根据蒋介石的指示，在安徽泾县策划指挥了"皖南事变"。

1945年5月，当选为国民党第六届中央执行委员。

抗日战争胜利后，任徐州绥靖主任等职。

1946年5月，任陆军总司令。

1948年5月，任国防部参谋本部参谋总长。11月，派为中央训练团副团长。

1949年4月，重任陆军总司令。10月，随蒋介石去台湾，旋又至重庆。12月，任"西南军政长官"，又去海南岛指挥军事。

第二章　顾祝同

1950年3月去台湾，曾兼台湾"国防部"代部长。连任"国民党中央执行委员"，并被选为"国民党中央评议委员"、"中央评议委员会主席团主席"。

1954年，晋升为"陆军一级上将"。

1972年，任"总统府"战略顾问。

1987年1月17日，于台北逝世。

第三章 刘峙

姓名：刘　峙

字号：经　扶

出生日期：1892年6月30日

逝世日期：1971年1月15日

出生地：江西吉安县

发迹事由：由黄埔军校总教官何应钦介绍，到黄埔军校担任战术教官，从而发迹。

最后结局：因中风在台中病逝。

一生总结：刘峙是何应钦、蒋介石忠实可靠的心腹将领，素有北伐中的"福将"、中原大战中的"常胜将军"、抗战中的"长腿将军"和解放战争中的"败将"之称。

1. 凄凉少年

刘峙，字经扶，别号天岳，1892年6月30日出生于江西省吉安县庙背村的一户农家。刘峙的父亲是个安分守己的农民，在刘峙不满周岁之时，因稻田放水，与乡邻发生争执，被别人用锄头打死在雷公桥下，连尸体都被水冲走了。其母胡氏无依无靠，孤儿寡母相依为命，白天绣花，晚上打草鞋，再加上亲友的接济，艰难度日。等到娘家再也无力援手，胡氏只好携子到吉安城里的一家爆竹店帮工，后被老板看中，结为夫妻。不久，店老板暴病而亡，为了生存，胡氏又改嫁驻防吉安县城的一个清军统带黄小山（做妾）。后来，刘峙的继父黄小山卸任回籍，要将母子俩带回千里之外的湖南泸溪县老家。胡氏死活不愿离开江西吉安老家。黄小山只带走了继子刘峙，回到湖南泸溪，交给结发妻子唐氏抚养。

在湖南泸溪，继父黄小山给刘峙取了一个"黄谊本"的名字。黄家待他不薄，家庭私塾、观澜书院、浦市高等小学堂，一路读了下来。尽管如此，在举目无亲的他乡，后母始终是护着自己的亲子，何况没几年继父黄小山又不幸去世，刘峙难免受些委屈。多年后，刘峙忆及童年，感叹道："因为贫穷，才知道知识也是要花钱买的。"①

1905年冬，在启蒙老师刘部荃的帮助下，刘峙一度随继父黄小山赴日，试图东渡留学日本。到达东京后，正值中国留学生抗议日本政

---

① 刘立军：《红土地上的"白"将军——国民党将军刘峙的悲喜人生》，《党史文苑》2008年17期。

第三章 刘 峙

府的罢课运动。原因是那一年孙中山在日本成立同盟会,日本政府应清廷要求,取缔中国留学生。所以,刘峙在东京不到一个星期便被遣送回国。留学虽未成,在日本的短暂经历却大大开拓了少年刘峙的眼界。

1907年,年近十六岁的刘峙为求自立,决定投笔从戎,投考湖南陆军小学第三期。那一期湖南陆军小学有三千人报名参加考试,仅取九十人,在泸溪只招两个人。刘峙小时候不算聪明,但勤奋异常,最后成功考了进去。陆军小学不仅免费,还发津贴,刘峙由此算是实现了自立。在校期间,因是外乡人,刘峙备受同学的嘲弄和欺凌。刘峙有自己的一套处世哲学,以忍耐为上。他认为,为人浑厚容物,自有好处。古往今来,能成大事者莫不有一种浑容气度。刘峙一生,的确是做到了以忍耐作为立身处世之本。

1911年,刘峙从湖南陆军小学毕业,升入武昌陆军中学第三期。不久,辛亥革命在武昌爆发。刘峙跟着一道起义,加入了学生军,守卫武昌。不过,因秩序大乱,革命军发不出军饷,守卫武昌的学生军都没有饭吃,刘峙也没了革命的心思,索性卷起铺盖,回到阔别多年的江西吉安老家。老家贫困不堪,族叔又嫌弃刘峙这个给人当拖油瓶的侄子是回家吃闲饭。刘峙只得离家出走,一路与一伙流浪卖艺人为伍。此后,他去了南昌,考入宪兵,凑合着度过了一段最艰苦的岁月。1912年7月,全国各军事学校恢复上课。刘峙闻讯,赶紧北上,进入北平附近的清河镇陆军第一预备学校。翌年7月,江西都督李烈钧在湖口誓师,发表讨袁通电。刘峙借故请假南下,参加国民党的"二次革命"。不久,江西被北洋军占领,刘峙只好重返学校。

1914年12月,刘峙考入保定军官学校第二期步兵科,与他同期入学的还有熊式辉、陈继承等日后国民党的军政大员。在保定军校期间,刘峙除了认真学习所开的课程外,还利用课余时间读了大量的国

内外政治书刊,并将步兵操典背得烂熟。1916 年 5 月毕业,刘峙被分配到冀东开平的巡防旅见习。时逢"护国运动"兴起,热血青年刘峙眼见机会来到,在巡防旅干了没几个月就弃职南下广州,参加"护国"。

初到广东,刘峙先在岑春煊的两广护国军都司令部任上尉参谋,后到云南滇军朱培德部的第四师第七旅步兵三十八团任六连连长,参加了南路讨伐龙济光的战斗,很快又被调到援赣第四军第一梯团第四支队任队副兼第一营营长。1920 年,援赣军因与桂系陆荣廷的部队发生矛盾,被迫移驻福建。1921 年初,刘峙被陈炯明调到粤军总司令部当少校副官,并加入国民党。这年 6 月,刘峙被调往粤军第二军任中校副官。不久,他又被调到粤军第七旅第十三团任中校团附,参加了反击桂系进攻广东的战斗。

这时的刘峙已然隐隐崭露头角。1922 年春,孙中山在桂林誓师北伐,刘峙被任命为大本营游击第一支队队长。该支队作为北伐军的先头部队,进入江西与北洋军作战。刘峙军衔是上校,但所部却仅有一百余支枪——是不折不扣的杂牌队伍,实在是缺乏作战能力。刘峙鼓足勇气,去面见孙中山,请求补给枪支弹药。孙中山耐心听刘峙说完苦衷,只是笑了笑,道:"现在大本营一切都很缺乏,你最好是到前方去找敌人要补给。"

无奈之下,刘峙只好硬着头皮率领自己的游击第一支队上阵。当游击第一支队抵达江西遂川后,刘峙终于发现一块肥肉——当地北洋驻军的辎重营。辎重营战斗力不强,但兵力枪械犹在刘峙的游击支队之上。经过反复思考,刘峙决定智取。他首先发动民众到处贴标语,多写番号,多备旗帜,虚张声势,再派人四处放冷枪,制造了大部队即将到达的假象。这两招果然把对方吓得主动撤退。刘峙率游击支队乘机追击,将殿后的北洋驻军辎重营数十人全部缴械,获得了一批可观的补给。这是刘峙平生第一次指挥作战，真可谓：旗开得胜。

紧接着，刘峙在当地民众的帮助下，连战皆捷，一直攻到自己的老家吉安附近。但不久以后，陈炯明举兵反叛，攻打孙中山的总统府，本次北伐就此烟消云散。刘峙的游击第一支队后来也遭遇强敌，一点老本全被蚀光。因退出江西无处可去，这年11月，刘峙返回广东，被安排在许崇智的东路讨贼军总司令部任中校参谋兼卫队队长。可惜，讨伐陈炯明的战役结束后，许崇智军中非广东籍的军官多遭排斥，身为江西人的刘峙也被改任为军事参议。刘峙的军旅生涯至此似乎陷入了停顿。

这时候的刘峙，资历也不算浅了。东征西讨好几年，却一事无成。没有自己的队伍，没有自己的地盘，时而滇军，时而粤军，时而游击，时而自相残杀，这种无所适从的军旅生涯何时才是尽头？

2. "菜包子"翻身

但人生的转机总是不期而至。1924年夏，黄埔军校创办，急需大批教官。此前与刘峙相识的黄埔军校总教官何应钦向校长蒋介石推荐了他。有何应钦的推荐，蒋介石当即发了聘书，让刘峙到黄埔军校担任战术教官。很快，刘峙又调到校本部参谋处当科长。这年底，黄埔军校成立了教导团，何应钦任教导第一团团长，刘峙任该团第二营营长。从此，刘峙与团长何应钦站在了一起，更是与其他的营长顾祝同、钱大钧、蒋鼎文、陈继承等人结成了小派系。刘峙终其一生都是

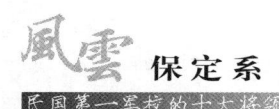

何应钦的死党，他与顾祝同被时人称为何应钦的"哼哈二将"。有趣的是，这两人都出身自"保定系"。而蒋介石手下的"八大金刚"何应钦、顾祝同、陈诚、刘峙、张治中、钱大钧、蒋鼎文、陈继承，除团长何应钦以及先被任命为第二营营长、随即被刘峙取代的陈继承外，其余都还是并无实权的"教书匠"。"先到为君，后到为臣"，军中等级制度严格，极为讲究资历，除非有像陈诚那样后来屡屡得到蒋介石越级提拔的。刘峙早一步成为实职营长，是后来相当长时间在黄埔教官中仅居何应钦之下的缘故之一。①

1925年2月，刘峙率部参加第一次东征，讨伐陈炯明。淡水之役，作为黄埔建军的第一战，刘峙表现出色。由于打阻击的教导第二团团长王柏龄临阵逃走，战线岌岌可危，刘峙连夜赶来增援，下令全营上刺刀，用反冲锋杀败陈炯明的部队。接着，东征军直驱潮汕，陈炯明倾巢出动，棉湖战役随即于1925年3月13日骤然打响。教导第一团以千余疲惫之众迎战两万虎狼之师，战况异常惨烈。刘峙以预备队打白刃战，苦苦支撑到入夜，教导第二团才赶来。全力反击之后，黄埔学生军终于大获全胜。棉湖之战是国民党早期军事史上最惨烈的一战，被国民党称作"党国的奠基礼"。这一战中，刘峙的刺刀、陈诚的炮、顾祝同的冲锋，一道立了大功。由于这三人均出身"保定系"，"保定系"更是因此声名鹊起。

教导第一团乘胜追击，还发生了一桩奇闻。教导第一团强行军一百一十余里，赶到五华县城附近。驻守五华县城的敌军只有五六百人，根本没料到黄埔学生军的行动如此之快。县城里的警察局长出城给守军雇挑夫，被第一团的侦察兵俘获。警察局长被押到团部，一见团长何应钦，扑通一声跪下磕头，乞求饶命。何应钦想出了一个妙

---

① 陈予欢：《刘峙与黄埔军校》，《黄埔》2011年第5期。

第三章 刘　峙

计，嘱咐警察局长道："我派一个连的士兵，倒背着枪跟在你背后，冒充你雇来的挑夫。你把五华县城的城门叫开，余下的事情我们来干。我赏你一百大洋，现在给你五十块，进城后再给五十块。"警察局长自然满口答应。当一群"挑夫"扛着扁担出现在城下时，五华县守军不知有诈。这一群"挑夫"正是刘峙堪称精锐的第二营。骗开城门之后，刘峙率队打前锋，大部队蜂拥而入，一举拿下五华县与临近的宁梅县。

这年4月，教导团第一、第二团合编为"党军"第一旅，何应钦升任旅长兼第一团团长。在他的大力举荐下，刘峙被提升为教导第一团团附，代理团长职务。6月，滇桂军刘震寰、杨希闵在广州叛乱，围攻大元帅府。东征军兼程回师广州，集结于广州附近。刘峙同样奉令回师戡乱，只用了半天时间，就将刘震寰、杨希闵两部全部消灭。刘峙率第一团首先进入广州，一时声望大振。因为这件大功，刘峙于1925年8月正式接替何应钦，升任教导第一团上校团长，与第三团团长钱大钧、第五团团长蒋鼎文、第九团团长卫立煌同列。

1925年10月，刘峙又率部参加第二次东征。第二次东征期间，刘峙率领教导第一团扼守河婆，支援华阳。当时，陈炯明麾下的谢文炳等部万余人，向河婆一线发动猛烈进攻，东征军防线险些崩溃。在众寡悬殊的情况下，刘峙亲率自己的教导第一团，找准敌军部署上的薄弱点，突入两岸敌军之间，一举将敌军击溃，挽回了局势。事后，蒋介石称赞刘峙："华阳一役，为成败最大关键，刘团长能出奇制胜，转危为安，诚革命前途之大幸也。"

1926年2月，教导第一团扩编为国民革命军第二师，刘峙被任命为副师长兼参谋长，没多久又当上师长，居于军长何应钦之下，陈继承、蒋鼎文成为他的部下。此时的刘峙终于爬到了当初的同僚们头上。1926年3月20日，蒋介石制造"中山舰事件"。在这次事件中，

驻防广州的刘峙忠实执行蒋介石的命令。当蒋介石召集卫戍部队讲话后，刘峙紧跟着宣读了要逮捕的共产党人名单，马上率部扣押了第二师和海军中的所有党代表及共产党员。当晚，黄埔军校政治部主任包惠僧对刘峙提出质问，刘峙直接回答："我也不完全了解，我是以校长的意思办事，校长命令我干什么，我就干什么。"因为这样的态度，刘峙大受蒋介石赞赏。

1926年夏，国民革命军在广州誓师北伐，蒋介石任总司令，何应钦任第一军军长，王柏龄任第一师师长，刘峙任第二师师长。按照北伐编制，当时的第二师师长刘峙还要归第一师师长王柏龄指挥。第一、二两师行抵湖南株洲，蒋介石集合两师的官兵讲话。官兵们自拂晓就在沙滩上集合，而蒋介石直至上午11时才到。天气盛暑，在蒋介石讲话时，有零星士兵忍不住口渴跑到河边喝水。其实两个师的士兵都有，但王柏龄故意给刘峙下绊子，在讲台上当着蒋介石的面，手指喝水的士兵，口里说道："刘师长，你看你们的士兵又喝水去了！"蒋介石一见，顿时大骂刘峙纪律不严，第二师不如第一师。刘峙只有忍气吞声，吃这种闷亏。如前文所言，早年在湖南陆军小学读书时，刘峙便信奉忍耐为上。因为没什么脾气，刘峙当营长时，该营军官都叫他"菜包子"。他相信，"菜包子"当不久，忍忍就过去了，自己总能在蒋介石面前得到证明实力的机会。

机会很快等到了。北伐军进入江西后，全力进攻南昌。刘峙到黄埔军校前毕竟有过多年的实战经验，与纸上谈兵，仅擅长军校计划、教程、规章的王柏龄截然不同。在南昌的激烈战斗中，王柏龄指挥不力，甚至再度临阵脱逃，刘峙接替了其第一师的指挥权。在蒋介石的总指挥下，刘峙率第一、第二师击溃了南浔铁路正面的孙传芳军队，到达吴城。11月24日，北伐军在江西全境取得胜利，刘峙奉蒋介石之命，乘胜进军浙江。1927年1月，刘峙在浙江桐庐县横村埠将卢香

第三章 刘 峙

亭的主力打垮，率军进入浙江省城杭州。很快，刘峙击溃直鲁联军毕庶澄部，乘胜攻下上海附近的昆山、太仓、浏河等要地。此时的上海工人纠察队举行了第三次武装起义，并取得成功。刘峙率部移防上海，担负交通警备任务。

在"四一二政变"中，已经成为蒋介石心腹的刘峙起了不小的作用。可以说，刘峙为蒋介石走上"领袖"位置立下了"殊勋"。事变前，蒋介石征询上海警备司令白崇禧意见，需要多少部队。白崇禧说，刘峙之第二师及周凤歧之第二十六军便够了。周凤歧是刚投诚的孙传芳残部，真正得力的骨干只有"以校长的意思为意思"的刘峙。蒋介石"四一二政变"后成功另立"中央"，刘峙的"拥戴"之功自然不可磨灭。

1927年5月，刘峙被任命为第一路军第十三纵队指挥官。1927年7月下旬，北伐军兵败徐州，总司令蒋介石被迫下野，部队全线溃退。就在这年8月，孙传芳不甘失败，偷袭龙潭，北伐战争中极为惨烈的龙潭之役爆发。此时刘峙所部已经返回江南，准备开拔到杭州休整。得到孙传芳偷袭的消息，刘峙急令副师长徐庭瑶率部向龙潭增援，自己也马上从杭州起程，亲率第四团赶往镇江，指挥作战。①

为配合李宗仁第七军的反击行动，刘峙命令所部必须日夜兼程赶往前方。因为赶路太急，刘峙险些有性命之忧。原来，刘峙在行军途中，所乘火车竟然与另一辆火车相撞。两列火车倾覆，当场死伤二百余人，刘峙也负了伤。但刘峙不管不顾，带伤指挥部队转入防御。孙传芳发动全线进攻后，刘峙阵地被突破，形势危急。幸亏增援部队赶到，第二天北伐军全线转入反攻，刘峙才算转危为安。这一战孙传芳损失高达四万人，几乎全军覆没。战后论功行赏，刘峙擢升为第一军

---

① 胡必林：《民国高级将领列传》，解放军出版社2006年版，第91页。

军长兼第二师师长,成为继蒋介石、何应钦之后的第三任第一军军长。投身军界二十年,刘峙从陆军小学的学生做到了军长,再也不是当年江西吉安和湖南泸溪乡下那个穷困的拖油瓶了。

蒋介石定都南京后,于1928年二次北伐,以刘峙的第一军和顾祝同的第九军为主力,沿津浦线向孙传芳发起进攻。刘峙的第一军沿铁路正面攻击,顾祝同的第九军则担任津浦线左翼攻击。何应钦原来和顾祝同的私交更好,认为顾祝同比刘峙稳健能干,应该由顾祝同来统一指挥第一、第九两军。结果,一切与何应钦的想法相左。顾祝同作战保守,怕部队过于突前吃亏,因而后撤。刘峙则未接到后撤命令,仍向前推进,在长淮卫与孙传芳的部队遭遇,一战而胜,并且一举拿下重镇蚌埠。顾祝同部则后撤了六十公里,整整落后了一天。何应钦从此改变看法,对刘峙加以重用,由刘峙统帅第一、第九两军。同为"保定系"出身的顾祝同在刘峙面前整整矮了一头,很长一段时间里都要听刘峙指挥。

3. "福将"

蒋介石复职时,为继续北伐,将刘峙升为第一集团军(蒋介石兼集团军总司令)第一军团总指挥。当时刘峙麾下辖有自己亲自指挥的第一军、杨胜治的第十军、缪培南的第四军、顾祝同的第九军。刘峙指挥各军连续攻克泰安、济南。此时,何应钦因被蒋介石怀疑有异心,调任为总部参谋长的虚衔,第一集团军由蒋介石本人兼任总司

第三章 刘 峙

令，共辖有四个军团，其余三个军团的总指挥为陈调元、贺耀祖、方振武等非黄埔出身的将领。刘峙由此成为继何应钦之后军界地位最高的黄埔军校教官，竟然隐隐有取何应钦代之之势。

由于日军挑衅，攻入济南，大肆屠杀济南百姓，制造了"五三惨案"，蒋介石命令北伐军绕开济南，继续北伐。终于，北伐军拿下京津，东北的张学良宣布"易帜"，中国实现了形式上的统一，北伐战争至此结束。北伐结束后，各军开始缩编，刘峙改任第一师师长，在蒋介石心中的分量却比从前更重。

1929年3月，国民党召开第三次全国代表大会，刘峙当选为中央执行委员。不久，蒋桂战争爆发，李宗仁、白崇禧的第四集团军（桂系）与蒋介石的第一集团军（中央军）开战。刘峙、朱绍良的第一、第二军被编为讨逆军第二路军，刘峙任总指挥。他率自己的第一师和顾祝同的第二师、蒋鼎文的第九师及朱绍良的第二军，水陆两路，沿长江西上。刘峙只一仗就将桂系胡宗铎的部队击败，大军直捣武汉。只用了不足一个月时间，刘峙便将桂系部队击溃，进占武汉后继续追击。桂系众将见大势已去，于4月21日联合通电下野，其余部队全被刘峙等部包围缴械。不久，刘峙担任国民党编遣委员会直辖第二编遣分区主任，指挥湖北境内部队，实力大增。

1929年12月，唐生智在河南通电反蒋，湖南的何键态度不明，北方的冯玉祥、阎锡山也跃跃欲试。蒋介石没有把握，亲笔写信给刘峙——能战就战，否则退回南京。结果刘峙凭一股勇气，率部沿平汉线北上，计划进攻河南重镇郑州。他指挥第一军出武胜关攻克确山后，又主动选择有利阵地实施防御，顶住唐生智部主力的攻击达整整一周。与此同时，刘峙暗中策动杨虎城出兵抄唐生智的后路。刘峙与杨虎城前后夹击，最终打垮了唐生智。在杨虎城部冯钦哉旅的配合下，刘峙于1930年1月1日攻下河南驻马店，直逼漯河，将唐生智

所部全部缴械，统统遣散，为蒋介石除了一患，终结了唐生智东山再起的美梦。

1930年3月，阎锡山、冯玉祥、李宗仁联合反蒋，中原大战爆发。刘峙被蒋介石任命为第二军团总指挥，统率顾祝同、蒋鼎文、朱绍良、马鸿逵、张治中、陈诚、周至柔等主力部队。刘峙先由徐州沿陇海线西进攻克归德，俘获河南省主席兼总指挥万选才。仪封一战，更是大获全胜。8月，刘峙赴津浦线方面指挥，解了曲阜、兖州之围，收复济南，将被困的韩复榘部救出。然后，刘峙转移到平汉线正面指挥作战，于10月初攻下了新郑、郑州，收降吉鸿昌等部。至此，中原混战宣告结束，刘峙可算是为蒋介石立下了汗马功劳。蒋介石自然不亏待他。1930年10月7日，刘峙被国民政府任命为河南省政府主席，1931年1月兼任开封绥靖公署主任，5月出席国民会议，6月当选国民政府委员。军政两界，刘峙一时风头无双。

在河南，刘峙满怀豪情宣布自己的"施政方针"——救济灾民，消灭匪患，廉能政府，保障民权。至于做到了多少，难以评说。刘峙多年后倒是在回忆录中自信地写道——正直的开封铁塔，是会为我作证的。

1931年7月，石友三在河北起兵反蒋，刘峙奉命为"讨赤军"南路集团军总司令官，与北路总司令官张学良夹击石友三。刘峙会同张学良麾下的东北军于学忠部，南北夹击，消灭石友三部下达七万之众。最终刘峙攻克彰德城，将石友三所部全部缴械。同年11月开封绥靖公署撤销，刘峙改任特派驻豫绥靖主任，仍兼河南省政府主席，是年冬还当选为国民党第四届中央委员。河南一地已隐有成为刘峙地盘之势。

相较于各种地方势力，蒋介石真正的心腹大患还是红军。1932年6月，蒋介石集中三十余万兵力，对鄂豫皖根据地进行第四次"围

第三章 刘　峙

刘　峙

剿"。刘峙任中路军副司令官（司令官为蒋介石），与自己的黄埔一期学生、红四方面军总指挥徐向前对敌。刘峙到明港、办山等地，指挥张钫、陈继承、马鸿逵、上官云相、卫立煌、钱大钧等十一个纵队，向鄂豫皖苏区大举进攻。他采用"并列推进、纵深配备、步步为营、边进边剿"的战术，攻占大别山根据地中心新集、金家寨，迫使红四方面军张国焘、陈昌浩、徐向前等离开根据地，进行转移。蒋介石为表彰刘峙在"剿共"中的功绩，特令在豫皖苏区中心新集周围，划地立县，以刘峙的字"经扶"为县名（即今河南省新集县）。①

1933年，刘峙的生母在开封谢世，他携家眷将灵柩从河南送回老家。少年出身贫贱，成年后衣锦还乡，这样的分寸最难把握，一不留神就会给人落下把柄。元散曲中一出《高祖返乡》即将这一切讽刺得入木三分。刘峙却有自己的一套。行至当年父亲丧生的雷公桥，刘峙率子女跪拜在桥头上，痛哭流涕，祭奠父母的在天之灵。为追念亡父，刘峙出资维修了这座古桥，还修了一座路边凉亭，供过往行人歇脚乘凉，避风遮雨，取名"思父亭"。国民党元老于右任亲笔题写亭匾，蒋介石和陈诚、张群、顾祝同等军政大员也都有题字刻在六樽亭

---

① 何明：《国民党四十三位战犯的最后结局》，中共党史出版社2008年版，第501页。

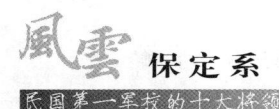

柱上。见到当年将自己轰出家门的族叔,刘峙毫无二话,行大礼于叔叔膝下,一片孝心感动众乡亲,被誉为佳话。有乡亲告诉刘峙——当年的杀父仇人就在邻近的村里,是时候报仇了吧?刘峙却道:"人死不能复生,过去的事就算了。"一时间,人人感叹刘峙的圆融大度,没有人敢说刘峙是咸鱼翻身,小人得志。

  1935年4月,刘峙被授予陆军二级上将军衔,同时兼任河南省政府主席。刘峙时年不过四十三岁,一时风光,无出其右。当时人们把蒋介石、何应钦下面的中央军五个二级上将并称为"五虎",即刘峙、顾祝同、蒋鼎文、陈诚、卫立煌。其中三人出身自"保定系",刘峙更成为"五虎"之首。国民党军界人物个个对刘峙的福星高照、官运亨通羡慕不已。久而久之,大家称刘峙为"福将"。"福将"之名,从此广为人知。

4. "长腿将军"

  1936年12月12日,"西安事变"爆发。其时,刘峙正在江苏赣榆检阅部队,闻变后星夜返回徐州。军政部长何应钦通知刘峙,迅速回洛阳,集结部队,准备西进,讨伐张学良、杨虎城叛军。接令后,刘峙迅速急电第七十军军长樊崧甫,抢占潼关。他又命令洛阳警备司令祝绍周抓紧时间采取行动,将驻洛阳的东北军重炮旅全部缴械。最后,刘峙没忘了命令所辖各军严密戒备,整装待发。相比于心忧蒋介石的安危,刘峙更一心一意服从老长官何应钦的命令。1937年1月7

第三章 刘 峙

日,"讨逆军"战斗序列公布,何应钦自封为"讨逆军总司令",以刘峙为"讨逆军"前敌总司令,指挥第一集团军总司令顾祝同、第二集团军总司令蒋鼎文、第三集团军总司令朱绍良、第四集团军总司令陈诚、第五集团军总司令卫立煌。刘峙一人麾下坐拥国民党军界五大名将,虽然此序列从未被真正执行,但这可算是刘峙一生辉煌的最顶点。以此事为拐点,刘峙的人生开始走下坡路了。

14日,刘峙又派飞机飞临西安上空,散发传单、标语。16日,国民党中常委正式决定任命何应钦为"讨逆军总司令",令刘峙为东路集团军总司令。刘峙在防地立即就职,派徐庭瑶为前敌总指挥,兵分六路,进逼西安。这完全是紧跟何应钦步伐,与宋美龄、宋子文、孔祥熙、顾祝同等人的意见相反,明显要置蒋介石于死地,但刘峙并不在意,他服从的只是何应钦。

阴云密布的天空突然转晴。12月25日,"西安事变"和平解决,蒋介石、宋美龄乘专机飞抵洛阳。刘峙忙带高级军官到机场迎接,命人挥舞小旗,高喊"欢迎校长胜利归来"、"蒋主席万岁"、"打倒张学良、杨虎城"。蒋介石下机后,马上把刘峙喊来,脸色阴沉地命令道:"马上把旗子放下,不准喊口号,汉卿(张学良字)马上就到。"刘峙自讨没趣,只好自认倒霉。从此,刘峙江河日下。在"西安事变"中紧跟何应钦,而没能从蒋介石的角度考虑问题,"福星"的称号便不再属于刘峙了。

"卢沟桥事变"爆发后,8月12日,刘峙被任命为第一战区第二集团军总司令,率部由开封进驻保定,防守平汉线沿线。同时防守这一地区的还有卫立煌的第十四集团军,商震的第二十集团军,万福麟的第五十三军,等等。平津失陷后,日军气焰嚣张,从北平、天津分三路展开攻势。一路沿平汉线南犯,袭击涿县、保定、石家庄;一路由津浦线南侵,直取沧县、德州;一路沿平绥线西出南口,向晋察绥

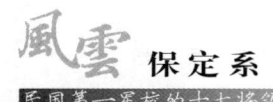

进攻。刘峙以主力固守涿州,以孙连仲部守平汉线上的良乡,以万福麟部守固安,以孙殿英部守门头沟,布成三道防线,他自己坐镇保定指挥。8月上旬,孙连仲部冯安邦师即在良乡西南窦家店与日军河边旅团对峙。自8月21日起,两军炮火猛烈,孙连仲部终因兵力薄弱而不支,良乡及房山均陷敌手。

同时,日军从固安偷渡永定河,以飞机大炮猛轰右翼万福麟部阵地,只用一天便把万福麟部击溃,直插保定。刘峙惊慌失措,率总部沿平汉线南逃,一口气逃到石家庄,忙将兵权移交商震和黄绍竑。刘峙不战而逃,把华北半壁拱手让给日寇,时人送他一个外号——"长腿将军"。此后,刘峙像一只泄了气的皮球,再也没有"福星高照"。

此后,刘峙更是畏敌如虎,再不敢与日军接战。他在平汉线上不是在同日军作战,而是在与日军"赛跑"——未战先逃,日军在他后面想追都追不上。日军还没有到安阳,刘峙先逃到新乡。一次,蒋介石和刘峙通电话询问:"你的位置现在哪里?你的部队在什么地方与敌人接触?敌军兵力和战况如何?"刘峙称日军已由滑县、辉县向新乡包抄,正面之敌已接近汤阴。第二天,蒋介石又和刘峙通电话,岂料刘峙已经逃到黄河南岸了。蒋介石当然了解刘峙,就在电话里问他的司令部设在哪里。刘峙在电话中支支吾吾,不敢实说已逃到黄河南岸。经蒋介石再三追问后,刘峙只得实说。蒋介石听后非常气愤,当即命令:"你立即给我回到新乡去,不然我要处分你。"刘峙听后唯唯称是,但他哪敢再回黄河北岸去?不几日,"长腿将军"就失地千里,日军兵不血刃侵占了整个豫北平原。

国民政府于1937年11月20日起迁往重庆——战时首都。日军为威胁国民政府,促其早日投降,不断派遣飞机远赴重庆进行大轰炸。国民政府当然非常清楚重庆防空的重要性,成立了防空司令部,

第三章 刘　峙

调刘峙任重庆卫戍总司令兼防空司令。刘峙借口重庆防空的重要，向军委会要求成立专门的防空部队。其实，所谓的防空部队大部分是由刘峙的原卫戍部队顶替，如通讯队就是由卫戍总司令部的通信连顶替，按月由通信连伪造名册领取双份军饷。刘峙为了应付部下，规定通信连连长可多拿五十元办公费，派在防空司令部工作的官兵每人每月有四元勤务津贴。更有甚者，重庆防空部队的担架营系由卫戍总部劳动总队的一个营组成。劳动总队以改造流氓、扒手、盗贼为名，把当时重庆社会上一部分盗窃犯抓来，用铁链子拴着强迫劳动，他们的劳动收入则供上级军官贪污分赃。刘峙自然进账不少。

1939年5月3日至4日，一场大火把重庆房屋烧去大半，死伤人数无法计算，这是重庆空前的大惨案。当时，驻在重庆郊区的部队达六个师，还有许多独立团营单位。火灾出现后，卫戍总部命令所有部队出动救火，但几乎无一响应者，反而纷纷向卫戍总部索领救火器材。卫戍总部也一筹莫展，刘峙只知在电话内责备那些师团长："你们如果不把火扑灭，我就杀你们的头。"而那些师团长就把困难数了一大堆。一直到第二天下午，在舆论责难下，刘峙才下命令：不论谁，挑一担水就给一元钱。这样才调动起军队参加救火。起初只有二十多处火头，等到救火时，已是满城大火，损失极其惨重。救火车的调动不是看火势，而是为保护达官贵人的住处，分散使用。达官贵人常常持刘峙手令调动正在救火的车辆先去救他们的宅第，以致火势很快蔓延到全城。大火之后，许多救火队伍都竞相比较看谁在火场发得财多。由于大量居民被疏散下乡，很多未被烧完的东西也都被留城部队搜抢一空。更有甚者把烧剩的房子略加修理即占为己用，事后竟要房主高价赎回。

1941年6月4日，重庆两路口下面一个防空洞被炸毁，除当时死去百余人外，还有两个人被大石头阻住出口，不能出来，就剩一个手

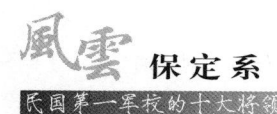

1940年韩国光复军在中国重庆成立,刘峙致贺

表大的洞能与外面通气,只能接受外面用竹子溜进去的豆子和饮水。这两个人一天到晚在里面呼救。当时只要稍加努力,他们是可以获救的。当时的报纸也催着政府赶快救这两人。可是两天过去了,刘峙的防空司令部竟还不知道这件事。两路口上面外国使馆的工作人员打电话给防空司令部,才引起防空司令部的重视,派工兵去施救。本来工兵部队有风钻可用,但负责施救的指挥人员知道这两人中有一人是独子,就向其家属索取巨款。其家属无法满足他们的要求,他们就采取磨洋工的办法,用人工手钻去扩大洞口,一连搞了五天,还没有打通。那两人由于身上有压伤,又不能及时得到医疗,最后竟然死在洞内。这一事件被新闻界捅出来之后,人们纷纷向刘峙的防空司令部提出责难,要求处罚负责指挥此事的工程大队队长罗志英。死者家属也控告勒索款未遂,故意怠工,以致遇难者死亡。刘峙顾及到罗志英是广东大埔人,与同为"保定系"出身的第十九集团军总司令罗卓英是堂兄弟,便一拖再拖,最后把罗志英另调工作,草草了结此案。

震惊世人的重庆大隧道惨案发生在1941年6月5日夜。敌机采取

第三章 刘 峙

所谓"疲劳轰炸"的策略,以三到五架飞机为一队,轮番不断进入重庆上空进行轰炸。根据这种情况,本应在敌机未临上空时解除一下警报,让群众出洞换换空气。当时大家几次建议解除警报,都未被采纳。大隧道内向防空司令部反映洞内空气不良的电话有四次之多。最后,群众因为空气稀薄,迫不得已争相向洞外跑时,防空司令部才下令解除紧急警报,但仍保持一般空袭警报状态。然而为时已晚,刚出洞口的群众一接触新鲜空气就倒在洞口不能动了,后面的人出来又压在前面的人身上。这样越压越多,洞口很快被阻塞,后面的群众也无法出洞。外面救护力量又未组织好,一再迟误,以致数千人倒在洞中,造成惨案。事后当局公布,惨案中死亡 992 人,重伤 151 人。惨案发生后,刘峙的防空司令部调担架营去抢运伤员。没想到这些人进到防空洞内首先干起搜捡死尸身上财物的勾当,大大耽误了抢运时间。

  刘峙的防空部队不忙救人忙敛财的行径受到社会舆论的强烈指责。军委会曾组织吴铁城等主持军事特别法庭进行审问。刘峙事先通过卫戍副司令贺国光向吴铁城送去大批礼物,上下活动,总算逃过一劫。最终,刘峙甚至都没有出庭,只是被撤掉了防空司令职务,而由贺国光接任了事。①

  1945 年 2 月,刘峙调任第五战区司令,接替李宗仁。抗日战争结束后,9 月 20 日,刘峙在漯河接受日军第十二军团司令鹰森孝中将、第二十五师团长杉浦英吉中将的投降。而后,刘峙被授予青天白日勋章,同年当选为国民党第六届中央委员。"福将"的那颗"福星",似乎又有再度临头的迹象。

  全面内战即将爆发,蒋介石积极备战。1946 年元旦,第五战区长

---

① 刘向上:《重庆大轰炸中防空军队的腐败》,《党史纵横》2009 年第 11 期;刘向上:《"重庆大轰炸"背后的腐败内幕》,《环球军事》2009 年第 8 期。

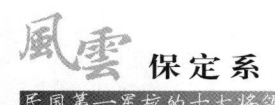

官部改组为郑州绥靖公署，刘峙就任绥靖公署主任。此时的刘峙辖河南、陕西两省，指挥第一、第五两个战区的部队，忠实执行蒋介石的命令，沿平汉线北线进攻中原解放区，全面内战即由此而始。事实上，一开始刘峙对郑州绥靖公署主任之职坚辞不就。他颇有自知之明，提出的理由是——胡宗南虽然是我刘峙的学生和旧部，但今非昔比，声望已远超过我。刘峙说得明白："在胡宗南头上，硬加上一顶褪了色的旧帽子，实在没有必要。纵然胡宗南一向很尊敬我，但我总觉如芒刺背。"后经蒋介石反复劝慰，刘峙方才勉强就职。无论如何，以刘峙的能力，这实在是太勉为其难了。最初的坚辞不就是最正确的选择，刘峙却没能坚持到最后。

既然就职，刘峙便用心排兵布阵。他总计调动十个整编师和近十万人的地方部队，以三十余万大军，呈一个半圆形阵势把中原解放区包围起来，准备一举将六万中原解放军消灭在这个包围圈中。

1946年6月18日，蒋介石电令刘峙，要他统一调遣第一、第五两个战区的所有部队，务必一战将解放军李先念部全歼。6月20日，中原解放军分两路突围。刘峙这次表现不错，他经过分析，判明了解放军主力突围的方向，下令以该方向为作战重点，调集部队穷追猛打。最终解放军王震纵队虽突围成功，却付出了巨大代价，王树声纵队在伏牛山也无法再站住脚。解除心腹之患后，刘峙开始为打通平汉线作战。刘峙深知对手刘伯承极难对付，因此制定了"非一团不守，非三团不攻"的战术。由于前期作战成功，刘峙难得对自己的作战计划极有信心。

没想到，刘峙的整编第三师战线突前，被解放军包围，全军覆没，此即著名的定陶战役，师长赵锡田（顾祝同外甥）被俘。败讯传至庐山，蒋介石勃然大怒，派参谋总长陈诚和陆军总司令顾祝同到郑州召开军事检讨会。陈诚在会上公开指责刘峙无能，并当场宣读蒋介石的手令，撤销刘峙的职务，调回南京，委任他一个战略顾问委员会上将委员的闲职。刘峙只好带着三姨太回上海赋闲，闲居上海迪化路公馆里。陈诚私下慨叹道："刘峙有三个老婆，参谋长赵子立也有三个老婆，还有一个什么家伙也有三个老婆，他们天天忙着和老婆打仗，哪里还有什么精力和中共打仗？"另一边，刘峙私下里却也忿忿不平，抱怨蒋介石待他不公。刘峙的牢骚颇值得玩味："孙总理是天下为公，委员长是天下为私。"

5. 淮海之战

虽是闲居，刘峙也不是毫无用处。1948年春，刘峙当选为第一届国民大会代表，3月参加国民代表大会，选举蒋介石为总统。此时解放战争进入战略决战阶段，国民党军队连受挫折，危局难支。刘峙眼见出山的机会难得，连连找机会向老长官何应钦输诚。果然，1948年5月，何应钦推荐刘峙为徐州"剿总"司令，掌管关内绝大部分中央军部队，看护南京的大门。蒋介石也明白，刘峙虽然打了一些败仗，终究忠信可靠，辅之以杜聿明等虎将，可收短长互补之效。刘峙久闲无事，被蒋介石再次起用，受宠若惊，当面向蒋介石表示："要我做官，不能奉命；要我拼命，义不容辞！"

表完了态，1948年6月14日，刘峙飞抵徐州就职。此事在国民党军队内部引起一场小小波澜，第五军军长邱清泉素来骄横，干脆直言道："徐州是南京的大门，应派一员虎将（指薛岳）把守。不派一

虎,也应派一狗(指顾祝同)看门。如今却派了个刘峙,眼看大门守不住。"①

一切似乎被邱清泉言中。就在刘峙就职的第九天,河南开封被解放军陈毅、粟裕部攻克。紧接着,陈毅、粟裕率领的解放军又全歼赶来增援开封的区寿年兵团五万余人,生俘区寿年。9月下旬,济南解放,山东绥靖公署主任王耀武被俘。刘峙、杜聿明一度还有收复济南的计划。但是10月15日,传来锦州被围的消息,蒋介石急令杜聿明飞往北平,急得刘峙六神无主,反复念叨:"光亭(杜聿明字)走了,这可如何是好?北进谁能做主?真是料想不到的事!"刘峙坐卧不安,一连二十多天,徐州的部队一直保持着杜聿明走前的状态。

11月6日,淮海战役打响,刘峙在徐州紧张得坐立不安,连电告急。蒋介石被迫改变决心,决定在徐州、蚌埠地区与解放军进行战略决战。刘峙按照蒋介石的命令,急电李延年,命令第一百军星夜开赴海州,以加强海州和连云港一线的防务。但两天后,刘峙又决定放弃海州,再电李延年兵团向徐州靠拢,并命令第一百军返回。在李延年兵团开始撤退时,刘峙又命令正在撤退中的黄百韬兵团及李弥兵团一部,在大运河以东、陇海线以北掩护李延年。

一切都晚了。解放军集中七个纵队的绝对优势兵力,对黄百韬兵团实施攻击。11月22日,黄百韬兵团全军覆没。蒋介石急令刘峙到蚌埠坐镇指挥,将徐州近郊各军交给杜聿明指挥。北上增援的黄维兵团在11月27日被解放军全部包围于双堆集,黄维兵团十多万人悉数被歼,黄维被俘。1949年1月6日,解放军分东、北、南三方面向杜聿明集团发起总攻,很快攻破其防御体系,9日发动炮火攻击,俘获杜聿明,击毙第二兵团司令邱清泉,淮海战役宣告结束。此役,刘峙

---

①江深、陈道阔:《淮海之战》,解放军出版社1992年版,第20页。

第三章 刘　峙

指挥的国民党军队被人民解放军歼灭了五个兵团、二十二个军、五十六个师（内有四个半师起义），总计五十五万余人。

参加淮海战役的国民党军队

五十五万人全军覆没，刘峙从蚌埠逃回南京，知道这一回自己祸闯得太大，吓得不敢去见蒋介石。蒋介石恨透了刘峙，于1949年1月20日下令将其撤职查办。第二天，蒋介石自己离开南京，下野引退。刘峙兵败淮海，蒋介石的政权根基随之崩溃，两者关系之紧密由此可见一斑。刘峙这个位列"五虎上将"之首的"福将"，就这样结束了自己的军旅生涯。从此之后，刘峙再没有带兵打仗的机会。

刘峙被撤职后，还是想尽办法找机会东山再起。首先自然是要取

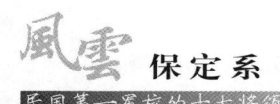

得蒋介石的原谅。为此，刘峙不惜剃光脸上的胡子，然后托人捎信给蒋介石，说自己这是剃须明志，不消灭"共军"不再留胡子。但隐居奉化老家的蒋介石正在气头上，根本不理睬败军之将刘峙。

蒋介石下台后，何应钦重新得势。蒋介石这是将何应钦推到前台，代自己主政。按蒋介石的旨意，接受李宗仁邀请，何应钦出任"行政院长"。碰巧何应钦在杭州做六十岁大寿，刘峙明白蒋介石的路子走不通，能帮自己的只有老长官何应钦了。他认为此机可乘，赶忙备齐礼物，赶到杭州，向老长官祝寿。果然，在何应钦的庇护下，"查办"没了下文。风头过了，刘峙被委任为"总统府战略顾问"。不过刘峙再也没了兵权，有的只是一个虚职而已。

逃脱一场劫难的刘峙明白国民党大势已去，开始为自己安排后路。他先带着最受宠爱的三姨太黄佩芬返回江西吉安老家，最后一次祭扫祖坟。从此，刘峙至死也未能返回故乡。不久，解放军发起渡江战役，国民政府全面崩溃。刘峙一度前往广州，希望能再度领兵，跟蒋介石"共赴国难"。但无论是下野的蒋介石还是"代总统"李宗仁，没人瞧得上淮海一战丧师五十五万的刘峙。刘峙的多方努力还无结果，在广州的唯一收获是应"保定系"老友顾祝同之约，重游黄埔军校旧地。眼见当年的黄埔军校如今是一片荒芜，景色破败，刘峙不由流下眼泪。睹物伤人，他真是不知道自己的前途在何方。

1949年9月20日，刘峙满心悲凉地离开内地，来到香港九龙。1949年12月7日，刘峙自思去台湾不会有自己的好日子过，便以治糖尿病为名，向蒋介石告假留在香港。1950年3月1日，蒋介石在台湾"复职视事"，重任"总统"。刘峙得知这一消息后，马上联合流落在香港的何成浚、陈武民等人致电祝贺。谁能料到，蒋介石没看到电报还好——无非是暂时将刘峙遗忘——一见电报，蒋介石顿时想起还没追究刘峙兵败淮海的责任！蒋当即下令——因刘峙"滞港久不归队",将刘峙的"总统府战略顾问"职务撤销。刘峙从此丢掉全部军职,成了一介白丁,流落香港,无法再去台湾。绝望之下,刘峙留在香港当了寓公。好在这些年刘峙在大陆积攒了不少钱财,生活不用发愁。

没想到,树大招风!一伙逃亡在香港受穷的昔日部属们,认为刘峙的钱财理应有他们的一份。部属们不顾情面,登门强拿硬取,与到刘峙家打劫无异。事后刘峙向香港皇家警察报警,说自己遭到了盗匪抢劫。但这种案子是没法破的,刘峙白白损失一大笔钱财。经此一事,刘峙心里暗暗拿下主意——香港这地方不安全,不能再呆下去了。

6. 从印尼到台湾

香港不安全,台湾不能去,刘峙要去何处落脚?恰逢此时,刘峙在一个偶然的应酬场合,结识了印度尼西亚雅加达中华总会的丘元荣。丘元荣得知刘峙的三姨太黄佩芬是教师出身,热心教育,马上劝他们到印尼去。丘元荣告诉刘峙——印度尼西亚气候适宜,华侨众多,华侨教育有待开展,正适合刘峙与夫人去那里开辟新的人生天地。刘峙未及多想,接受了丘元荣的邀请,准备到印尼去定居。

1950年9月24日,刘峙全家六口乘船离开香港,第一站先抵达新加坡。刘峙一家下船游览新加坡的热带风光,竟然不慎遇到一伙强盗,所带行李大部分被抢,损失惨重。刘峙一家不敢再停留,赶紧上船。船继续南行,抵达雅加达海口丹戎不碌码头时,丘元荣亲来迎

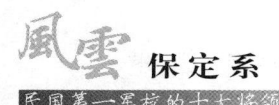

接。因为临时发现蒋介石派的"领事官"也在此登岸,他怕暴露刘峙一家的行踪,不敢立刻露面,只能改派其他人上船,引导刘峙登岸。旅客入境,在雅加达要经过三个关卡,刘峙一家虽然只带了大小六件行李,与一般旅客同受检查,但也费了许多时间,又损失了一些物品。好不容易通过码头的关卡,迎面又来了军事检查哨,公开索贿。刘峙为求生存,只好忍气吞声,任人宰割。更难堪的是,油水被榨后,刘峙又突然发现口袋里的钱包也不翼而飞。经过如此几番折腾,刘峙上百万的家财已所剩无几。

此时,刘峙面临的第一大难题便是为全家大小六口人谋划生计。本来,刘峙还想通过经商再来一次翻身。谁知,仅剩的一点家产投入后,不久即血本无归,刘峙终于成了"无产者"。刘峙只好搬出雅加达,迁到西爪哇岛的茂物去住,因为那里的消费水平要低一些。

又经由印尼华侨帮助,刘峙和妻子黄佩芬获得了教员许可书,这才完成了在印尼合法定居的手续,把他们原来只可以在印尼暂居三个月的时限延长到两年。不久,黄佩芬受聘到当地的"中华学校"教书,当上了小学老师。1952年1月,黄佩芬要回香港探亲,好不容易弄到的小学教员职位舍不得丢掉,经校长批准,刘峙替她代授高小六年级的国文课和地理课。刘峙就这样在南洋的异国他乡开始了自己的教书匠生涯。

刘峙自幼读过私塾,国文基础很不错。他又是堂堂的保定军校毕业生,当过黄埔军校的战术教官,对地理更不陌生。牛刀小试,刘峙讲的课竟然大受学生欢迎,于是校方又要他增授高小五年级的尺牍课。不久,黄佩芬自香港回茂物时,学校已经舍不得放刘峙走了,干脆对黄佩芬另排课程,着重在她的本行美术、音乐方面。刘峙竟一直代课下去,先是教高小,继而又增加到连初中也要教。国语、作文、尺牍、历史、地理等课程,刘峙全都教过。昔日统率数十万大军的堂

第三章 刘 峙

堂上将总司令,如今沦落异域成为中小学生的"猢狲王",这是刘峙从来也没有想到过的结局。当时印尼华侨小学使用的课本都是从中国大陆购买来的,政治倾向相当鲜明。刘峙以大陆出版的课本作师传道,授业解困,那番哭笑不得、五味俱全的感受,真是难以言表。为此,刘峙多次写信与印尼教育部华侨司交涉,终于说服自己所在学校改用台湾出版的小学课本。此事后来也成为刘峙向台湾国民党当局夸功的本钱。

自从在茂物定居之后,化名执教的刘峙一直隐瞒自己的真实身份,许多公开场合都尽量避免参加。偏偏事有凑巧,1952年3月的一天,刘峙偶然翻阅报纸,竟然发现有人以他的名义发表谈话,刊登在当地一家报纸上。刘峙一打听才知道,这个"假刘峙"是他当年在保定学校学习时一位同学的堂弟。真刘峙在此,岂容假刘峙冒充。激愤之下,刘峙投书报社"辟谣",表明自己的立场。刘峙的声明在报上发表后,立刻引起了轰动。自淮海战役结束后,人们鲜闻刘峙的名字,有人说他因打败仗被蒋介石拘禁起来了,有人说他在大陆解放前夕投降共产党了,还有人说他在香港当寓公。只是谁也没有想到,堂堂"国军"上将,摇身一变竟成为一名小学教员。一时间,台湾和南洋的传媒竞相报道。其间来龙去脉,更成了当地华人津津乐道的话题。

刘峙在印尼教书度日的三年里,不断给蒋介石写信,希望能获得蒋介石的谅解。但是蒋介石根本不理睬他。直到这一次,"失踪"多时的"福将"刘峙突然在印尼出现,以及有关"真假刘峙"等一系列头号新闻的炒作,才引起了蒋介石的注意。当时印度尼西亚已与中华人民共和国建立正式外交关系,两国在许多国际问题上取得共识,外交往来密切。蒋介石有点害怕了——刘峙在自己这里屡屡失意碰壁,要再制造出令国民党和他本人难堪的政治笑料怎么办?更可怕的是,

万一刘峙给共产党"统战"回大陆怎么办？于是，蒋介石示意刘峙的旧部袁守谦等人给刘峙写信，要刘峙速来台湾。刘峙接到袁守谦的信，大喜过望，马上复信表示愿意去台湾。就这样，蒋介石于1953年8月正式示谕，接纳刘峙与其家人入台，还让人给刘峙寄去了"入台证"和旅费。

1953年11月6日，刘峙带家人离开雅加达，经曼谷、香港抵达台湾。在台北机场，刘峙受到了原西南"剿总"总司令顾祝同、西北"剿总"总司令胡宗南、京沪杭警备总司令汤恩伯等人的迎接。看到这些昔日老友，刘峙想起几年前与顾祝同重游黄埔军校的情景，又想起自己这几年飘零海外，不由得又是落泪。

刘峙到台湾的第一件事，自然是去面见蒋介石。见面之时，蒋介石不容他开口，劈头盖脸就是一通臭骂。好在刘峙了解蒋介石的性格，知道骂过后就会风平浪静。况且，刘峙在大陆时就养成习惯——立正恭听蒋介石责骂。不管蒋介石骂多久，不管骂什么，刘峙一律唯唯称是，而且可以保持立正的姿势。这一次，年近七旬的蒋介石体力已不比当年在大陆时，骂了一会儿便感到疲倦，只好住口，吩咐刘峙回去后好自反省。①

刘峙从"总统府"退出来，反倒放下了心。跟随蒋介石多年，他知道蒋介石的一举一动都有什么含义。蒋介石对他这顿痛骂，是把过去种种旧账一笔勾销。果然，一个月后，刘峙受聘为"总统府国策顾问"。1954年2月，刘峙出席"第一届国民大会第二次会议"，当选为"大会主席团主席"，10月还受聘为"行政院光复大陆设计研究委员会"委员。这些官职都是虚职，但刘峙曾在海外漂泊教书度日，对这一结局已经相当满意。1960年2月，刘峙出席"第一届国民大会第三

---

① 刘永：《称"是"将军刘峙》，《钟山风雨》2007年第6期。

次会议",仍当选为大会主席。1967年,刘峙兼任"行政院光复大陆设计研究委员会"台中区主任,直到去世为止。①

1965年,在印尼落魄患难的妻子黄佩芬因病去世,这对年迈的刘峙是一个沉重的打击。不过,刘峙身体状况向来不错,多年来保持军人的习惯,不吸烟,不饮酒,早晚坚持运动。1970年夏天,刘峙中风,半身不遂,住院半年养病,终告不治。1971年1月15日,刘峙病逝于台中,终年七十九岁。

---

① 胡高普、宋凯:《国民党十大黄埔名将的最后结局》,湖北辞书出版社2011年版,第130页。

刘峙（1892—1971）年表：

1892年6月30日，生于江西省吉安县庙背村。

1916年5月，毕业于保定陆军军官学校第二期步兵科，先后任护国军两广都司令部上尉参谋、滇军第四师第七旅步兵三十八团六连连长、援赣第四军第一梯团第四支队队副兼第一营营长、粤军总司令部少校副官、粤军第二军中校副官、第七旅第十三团中校团附、大本营游击第一支队队长、东路讨贼军总司令部中校参谋兼卫队队长等职。

1924年夏，由黄埔军校总教官何应钦介绍，到黄埔军校担任战术教官，旋又调校本部参谋处当科长。是年底，黄埔军校成立教导团，刘峙任该团第二营营长。

1925年2月，刘峙率部参加第一次东征，在淡水、棉湖激战中战绩显著，又在平定刘震寰和杨希闵的叛乱中建立战功，于8月接替何应钦升为教导第一团上校团长。10月，刘峙率部参加第二次东征。

1926年2月，教导团扩编为第二师，刘峙被任命为副师长兼参谋长，旋任师长。

1926年夏，国民革命军在广州誓师北伐，刘峙任北伐军第二师师长。

1927年5月，刘峙任北伐军第一路军第十三纵队指挥官。8月，参加龙潭战役，战后擢升为第一军军长兼第二师师长。

1928年1月，蒋介石二次北伐，以刘峙的第一军和顾祝同的第九军为主力。6月，北伐结束，部队缩编，刘峙任第一师师长。

1929年3月，蒋桂战争爆发。刘峙任讨逆军第二路军总指挥兼第一军军长。

1930年3月，中原大战，率部再立战功。

1932年6月，参加对鄂豫皖革命根据地的第四次"围剿"。

1933年,任赣粤闽湘鄂"剿匪"军北路总司令,因战功受到蒋介石嘉奖,蒋介石命令将河南新集命名为"经扶县"以示表彰。

1935年4月,刘峙升为陆军二级上将,兼河南省政府主席。

1937年抗日战争爆发后,任第一战区副司令长官兼第二集团军司令。在平汉路战役一溃千里,被讥为"长腿将军"。

1939年,任重庆卫戍总司令兼防空司令。

1945年2月,调任第五战区司令。

1946年1月,任郑州绥靖公署主任。

1946年9月,因定陶战役失败去职。

1948年11月至1949年1月的淮海战役中出任徐州"剿总"司令,布阵失误,遭到惨败。逃亡印度尼西亚以教书为生。

1953年去台湾。翌年任台湾"总统府"国策顾问,后改任"光复大陆设计研究委员会"委员。

1971年1月15日病逝于台中,终年七十九岁。

第四章 薛岳

姓　名：薛　岳

字　号：伯　陵

出生日期：1896年12月27日

逝世日期：1998年5月3日

出　生　地：广东韶关乐昌县

发迹事由：1922年陈炯明叛乱期间，与叶挺、张发奎一起指挥部队死守总统府，保护宋庆龄脱险，一战成名。

最后结局：以一百零二岁高龄病逝于台湾。

一生总结：薛岳在抗日战争中连年征战，功勋累累，被称为歼敌最多的将领。长沙会战使他声名显赫，万家岭大捷更是抗战八年绝无仅有。叶挺盛赞此战与平型关、台儿庄三足鼎立。有人称薛岳为"中国抗日第一战将"。于薛岳而言，抗战中的辉煌，就足以总结他的一生。

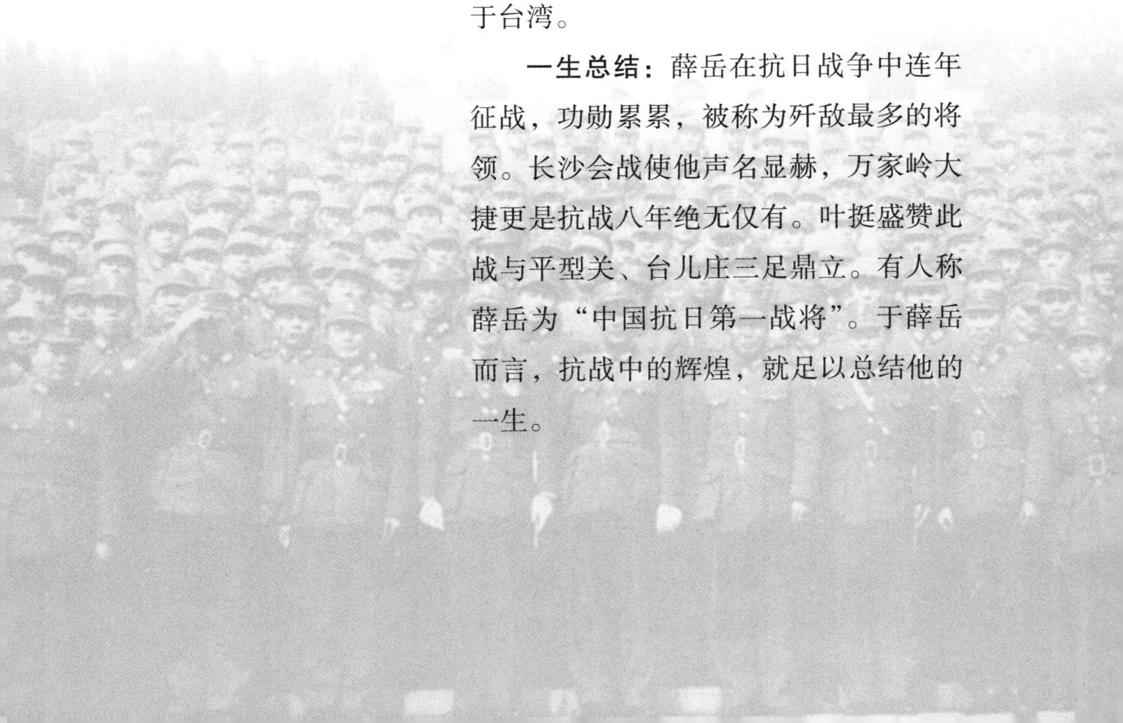

1. 保卫总统府

薛岳，又名仰岳，字伯陵，乳名孝松，绰号"老虎仔"，汉族客家人，1896年12月27日出生于广东韶关乐昌乡间的一户农家。薛岳成名后，不少人都以为"仰岳"二字是他仰慕抗金名将岳飞而取，其实这是个误会。"仰岳"的"仰"，本是按《薛氏家谱》的辈分排列而取。不过，薛岳的确是在参加粤军当了营长后，因敬仰岳飞，干脆去掉名字中的"仰"字，以岳飞自诩。①

薛家虽为耕读之家，但薛岳的曾祖、祖父和父亲都是农民，世代住在今乐昌九峰镇小坪石村大路下。少年时代的薛岳，经常光着脚丫到山里去砍柴，泥里滚，水里钻，自小性情倔强，人送绰号"老虎仔"。薛岳在乡间读了两年私塾，又到乐昌县城上了新式小学堂。在乐昌，少年薛岳听说了广东黄埔陆军小学要招生的消息。

在征得父母同意之后，薛岳决定投考广东黄埔陆军小学。黄埔陆小第六期于1907年春招生，数千人报考，招收一百二十人，薛岳榜列第三十二名。同一期的同学中，有个人比薛岳的名气更大，日后既与薛岳并肩战斗，也曾与他互为敌手，那便是叶挺。在黄埔陆军小学，薛岳与叶挺的私交颇好。

1910年，毕业不久的薛岳就加入了同盟会。1914年，薛岳又加入中华革命党，与党人邓仲元、朱执信等一起，参加过反袁护国。次年春，薛岳被送往武昌陆军预备学校第二期。学习了两年，毕业后，

---

① 万强：《传承武穆遗风的典范——薛岳将军之人生历程》，《党史文苑》2009年第3期。

第四章 薛 岳

他进入保定陆军军官学校第六期深造。

1918年，薛岳尚未从保定军校毕业，便南下广东，参加孙中山新建立的援闽粤军，任司令部上尉参谋。同年6月，他随部前往福建，建立以漳州为中心的二十多个县根据地。1920年8月，薛岳随部回广东讨伐桂军。不久，邓仲元建立起粤军第一师，薛岳担任机关枪营营长。

1921年，孙中山就任非常大总统，发动第二次护法运动。这一年5月，薛岳被任命为孙中山总统府警卫团第一营营长。当时的第二和第三营营长，正是十年前薛岳在黄埔陆军小学的两位同学——叶挺和张发奎。

薛岳颇得孙中山器重。他曾亲自护卫孙中山溯西江到桂林，设立北伐军大本营。大本营遭粤军总司令陈炯明破坏后，薛岳又护送孙中山从广州北上，改设大本营于广东韶关。1922年6月初，薛岳带领第一营大部，随孙中山偕夫人宋庆龄从韶关返回广州。当时陈炯明假借北伐名义占领广州，要求孙中山恢复其粤军总司令、广东省长职务。孙中山偕宋庆龄回到广州，欲好言劝服陈炯明。薛岳率警卫营担任护卫，孙中山夫妇下榻越秀楼。6月15日傍晚，薛岳偶然得到情报——陈炯明将于当夜兵变。时间不容耽搁，薛岳立刻通知孙中山秘书林直勉、参军林树巍，让他们火速通报孙中山，请孙中山化装成出夜诊的医师，乘黄昏时分通过叛军哨站，直奔广州天字码头，辗转登上"永丰舰"（后人称之为"中山舰"）。

6月16日凌晨3时，陈炯明公开背叛孙中山，令所部叶举、洪兆麟等炮轰越秀楼，围攻总统府。幸好经过薛岳的努力，孙中山在事变即将发生前登上了"永丰舰"，没有被叛军包围，但孙夫人宋庆龄还在总统府中。说到朋友间关系之深厚，人们常将"同过窗"与"扛过枪"并称。的确，危急时刻，早年在黄埔陆军小学的同窗情谊，成就

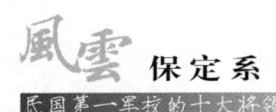

了并肩作战的战友传奇。叶挺率警卫团第二营坚守总统府前门,薛岳指挥警卫团第一营固守后门,他们相互配合,多次击退了叛军的进攻。

叛军断水断电,试图困死薛岳和叶挺率领的卫士。战斗持续了十多个小时,总统府无法再守下去。薛岳和叶挺经过商议,决定率警卫团保护宋庆龄突围。叶挺率第二营在前面开路,薛岳率第一营殿后,冒着枪林弹雨杀出重围,将孙夫人宋庆龄护送到岭南大学校长钟荣光的寓所保护起来。①

护送出宋庆龄,总统府警卫团也被冲散了。薛岳集合起部分警卫团士兵,冲破封锁,登上"永丰舰",在珠江上继续守卫在孙中山身边。那时,薛岳与蒋介石各立于孙中山一侧,薛岳与蒋介石的关系却貌合神离,实在一般。不久,薛岳奉孙中山之命,同林直勉等人秘密潜往广西梧州请兵。在粤军第四师的营长莫雄的帮助下,薛岳与该师师长关国雄取得联系,召开了驻梧州陆海军少校以上军事会议,商量出兵平叛事宜。正在这时,他们得到重要情报——粤军许崇智部回师受阻,被迫开往福州,便决定暂停这次军事行动。薛岳清楚情况重要,当机立断,两天后秘密搭乘"大明号"轮船赴香港,再转往上海,向孙中山汇报广西请兵情况,大受孙中山的赞许。

8月,薛岳与李章达、叶剑英等被孙中山派到福州许崇智的"东路讨贼军"中服务,任总司令部中校参谋。不久,薛岳当上了第八旅十六团团长。1923年4月,薛岳率部随"东路讨贼军"南下,到达广东潮梅一带,协同"西路讨贼军",夹击陈炯明。此战中,薛岳表现优异。

5月9日,薛岳迎来了自守卫总统府之后最重要的一战。那时前往揭阳的"东路讨贼军"遭到叛军袭击,通往丰顺要地的言岭关被

---

① 王春华:《抗日名将薛岳的传奇人生》,《贵阳文史》2010年第3期。

占,道路受阻,战局不利。危急关头,薛岳拿出当时守卫总统府的勇气,带领全团官兵,在旅长张民达指挥下,与其他部队一起,反复猛攻,夺回言岭关,使全军转危为安。事后,第八旅全体官兵受到孙中山的接见和表彰,薛岳一时名声大噪。

1924年,薛岳先后担任粤军第一师少将副官和师参谋长。次年2月,任第一军第十四师副师长兼第十四团团长。他在第二次东征中,常常以少胜多。由于战果显著,薛岳受到蒋介石的通电表扬。

尽管如此,薛岳始终没有进入蒋介石的嫡系圈子。原因很简单,他虽是"保定系"出身,却没有参与黄埔军校的建立,在"黄埔系"中没有渊源。相反,薛岳与黄埔军校教练部副主任邓演达是同乡好友。而邓则是著名的国民党"左"派人物,向来与蒋介石多有冲突。更重要的是,跟其他"保定系"的人相比,薛岳一度与共产党走得太近了。

2. 参加反蒋

1926年7月,广东国民政府出师北伐。国民革命军第一军的第一、二师作为总预备队,随西路军行动。克复江西后,薛岳任第一师师长,率部为先遣队,向浙江省进军。此时的薛岳年仅三十岁,成为国民革命军中最年轻的师长。

2月18日,薛岳首先率军开进杭州。这时东路军总指挥何应钦率领第一军第三师也从福建赶到,第一师即重归第一军战斗序列,继续

向上海挺进。3月下旬，薛岳到达上海郊区龙华。3月21日，上海工人和人民群众发动第三次武装起义，从直鲁联军手中夺回上海。如前文所言，薛岳一直与共产党走得比较近。为此，22日，薛岳不顾北伐军前敌总指挥白崇禧的反对，应上海总工会代表的邀请，将第一师开进上海。

　　3月底，蒋介石、李宗仁等在上海策划"清党"。第一师师长薛岳和第二师师长严重被视为"具有'左倾'迹象，其部也被视为"不可靠"。4月2日，第一、第二师的政治部被蒋介石下令解散。这时，武汉革命政府总政治部秘书长李一氓（共产党员）携邓演达给同乡好友薛岳的亲笔信，率总政治部先遣队赴上海开展工作。薛岳与李一氓会见时，直言蒋介石不信任自己，对此甚为不满，而且明确告诫李一氓——情况不好，请共产党行事注意谨慎。

　　但是蒋介石下手更快。他发布命令，将第一师调离上海，到京沪线去护路。薛岳得知第一师将要调离上海的消息，想也不想，马上赶到上海的中共中央委员会，当面建议——请把蒋介石作为反革命抓起来！但是，共产党行事谨慎，对此并不同意，反而建议薛岳装病，以此来拖延撤离时间，静观局势变化。结果，4月5日，第一师被调离上海到京沪线护路，薛岳也被解职。一周之后，"四一二政变"发生，蒋介石在上海全面"清党"，共产党各级党组织几乎受到致命打击。对此，愤愤的薛岳离开北伐军，不再与蒋介石为伍。他南下广东，投靠第四军军长李济深，担任广东新编第二师师长。

　　令人想不到的是，从此时起，薛岳开始与共产党为敌，坚决反共。他这期间的思想变化之巨大，外人难以理解。"八一"南昌起义失败后，贺龙、朱德、叶挺等率起义军南下广东，进入潮州、梅州一带。薛岳奉李济深命令，率新编第二师迅速开往揭阳、普宁地区，协同陈济棠、徐景唐部，在汤坑与起义军展开激战。原本同属国民革命

第四章　薛　岳

军第四军的部队要互相厮杀，尤其是薛岳和叶挺这两位曾经一起出生入死的同窗和战友要短兵相见，难免让人惋惜。但薛岳狠下心去——为了前程，必须打。

此战薛岳打得很惨，所部四个团都被击败，师部也被包围，全师覆灭在即。未想到，叶挺麾下的营长欧震叛变革命，阵前倒戈。薛岳抓住这个时机，在赶来增援的邓龙光部协同下进行反攻。起义军寡不敌众，弹药将尽，被迫撤退。

汤坑会战一结束，薛岳立即率领特务连轻装前进，迅速占领汕头，不准其他部队开进汕头。各部要津、各种肥缺，薛岳都分别安排自己的亲友掌管。有了汕头这块地盘，薛岳渐渐发展壮大。

这年11月16日，张发奎、黄琪翔在广州发动政变，夺取李济深在广东的军政大权。薛岳也公开背叛李济深，投靠张发奎。薛岳的新编第二师改编为国民革命军第四军教导第一师，他还任师长。

一个月后，巨变猝然发生。12月11日，张太雷、叶挺等共产党人领导发动广州起义。薛岳奉张发奎电令，率所部两个团火速赶到广州。薛岳指挥部队攻下广州制高点观音山，然后连续五次向广州起义总指挥部发动进攻，但均被击退。一直到深夜，在李福林的国民革命军第五军和广州工人"敢死队"增援下，薛岳才占领了起义军总指挥部。广州起义被镇压，薛岳算是立下了头功，与共产党又结下一层深仇。

粤系好不容易镇压了广州起义，桂系趁机发难，桂军大举攻入广东。张发奎、黄琪翔等难以抵挡，被迫离开广东，避居香港。缪培南和薛岳分别担任第四军正、副军长，将部队撤往东江一带，准备离开广东。没想到，薛岳和缪培南在企岭、潭下遭到桂军陈铭枢和黄绍竑部的东西夹击，先胜后败。薛岳被迫撤退，一路撤入赣南。败在桂军手下时，薛岳还剩二万多人。撤进赣南，又是损失近半。此时的薛岳

简直已经进入末路。东山再起的办法只有一个——投靠宿敌蒋介石。薛岳不愿这样做,但他哪里还有第二条路走?所以,隐忍之下,薛岳只得走出这一步。

1928年1月24日,薛岳和缪培南率部取道赣东北,北上投靠蒋介石。4月6日,薛岳到达运河车站,第二天受到蒋介石的接见。蒋介石在薛岳面前表现得很大度,当即表示接纳薛岳,将他的残部编入第一集团军战斗序列,进驻山东德州。

这时北伐战争已经取得胜利,蒋介石下令裁军,缩编部队规模。薛岳是聪明人,知道这意味着什么,赶快拉上缪培南,率先响应蒋介石发表的裁军通电,鼓动上校以上官佐联名上书,要求裁撤第四军。薛岳深知,只有这样,才能让蒋介石放心,自己才能在蒋介石麾下立足。

然而,蒋介石对薛岳始终不放心。9月中旬,裁军编制表下达,第四军缩编为第四师,缪培南任师长,朱晖日为副师长——编制中竟然没有薛岳的职务。薛岳长叹,明白自己最终还是不能容于蒋介石。薛岳心灰意冷,有意辞乡归里,途经南京向蒋介石辞行,蒋介石推诿道:"并非我对你不好,是何敬之不谅解你!"这等推诿之词,让薛岳更是无话可说。他一度想去德国深造,不过还是先南下到香港九龙闲居,静观时局。由于薛岳对蒋介石的恨意始终难以消除,不久,他秘密参加了汪精卫、陈公博等人的反蒋活动。

12月,张发奎南下广西,联合李宗仁反蒋。薛岳闻讯,马上到广东廉江归队,继续在张发奎麾下效命,共同倒蒋。此时的第四军刚刚与粤军蒋光鼐、蔡廷锴部激战两昼夜,损失惨重,缩编为三个团,所以薛岳只能担任第三十五团团长。

第二年4月,中原大战爆发。张发奎与桂系组成联军,从广西分途北上,配合冯玉祥、阎锡山对蒋介石作战。6月,张发奎的后续部队在衡阳受到蒋光鼐、蔡廷锴部阻截，后路被断。在这紧急关头，薛岳主张移兵东南，直捣南京，吸引蒋介石的主力，以达到"围魏救赵"之目的。可惜，这个建议没有被张发奎等人采纳。

后来，张发奎与桂系联军在衡阳遭到蒋光鼐、蔡廷锴部的围攻，伤亡惨重。等突围至广西时，第四军仅剩千余人。薛岳因自己的主张被否定，造成大败，灰心丧气，牢骚满腹，向部下公开宣布——他和张发奎决不再干下去，同意官兵自行处置所带武器，结果军心更加涣散。7月4日，第四军退至桂林时，只剩下五六百支枪。可是，部分官兵不肯离开薛岳，要求坚持再干。后来，李宗仁将桂军一部分部队充实第四军的编制，任命薛岳为该军第十师师长。10月，薛岳受白崇禧的指挥，率部参与解南宁之围。这一仗薛岳同样运气不好，脚部负伤。战后，薛岳算是看准了国民党内部政局之复杂，不是自己能真正参与的。于是，1932年初，薛岳再度辞职回九龙闲居。

3."追剿"红军

令薛岳没想到的是，一年后重新启用自己的不是别人，正是蒋介石。蒋介石知道薛岳与自己不是一条心，更清楚要"剿共"必须借重薛岳的长才。说来也巧，此时蒋介石正准备发动对红军的第五次"围剿"。宋子文恰去美国洽购棉花，临行与蒋介石密晤。谈完购棉事，宋子文建议："最好能征召薛伯陵（薛岳字）来赣剿共。"蒋介石立刻深表认同。可想起薛岳此前参与过倒蒋活动，蒋介石不禁眉头深

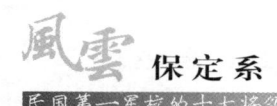

锁，探问宋子文：伯陵近况如何？宋子文道："薛伯陵这两三个月在香港九龙，埋头习读德文，准备去德国念军校。"蒋介石笑称："你叫薛伯陵暂缓出国，我内定他出任要职。"宋子文在蒋介石的催促下即电薛岳："委座要事待商，请速来赣。"而薛岳同样是无法真正闲居的人，他只是在等待机会而已。接到电报，薛岳从九龙直奔南昌行营面见蒋介石。于是，1933年5月，薛岳被蒋介石起用为第五军军长，协助陈诚对江西中央苏区的第五次"围剿"。

薛岳见陈诚时还发生了一段小插曲。陈诚与薛岳同为"保定系"出身，陈诚自己的"土木系"则是以第十一师和第十八军为根底。陈诚为试探薛岳的政治敏感度，请他兼任第十八军军长。薛岳暗忖，第十八军是陈诚的嫡系部队，我哪能指挥得动？于是谦辞不就，只接受副总指挥兼第五军军长之职。薛岳谦让得宜，宾主尽欢，随即走马上任。就这样，薛岳与陈诚以"保定系"的出身为纽带，成为了中央军中一个互相照应的小团体。

1933年10月，薛岳先任北路军第三路军副总指挥兼第七纵队司令，后任第一路军代总指挥兼第七纵队司令，1934年1月，出任北路军第六路军总指挥。薛岳指挥第六路军先后夺占赣南重镇兴国及古龙岗，进迫宁都，试图围困瑞金。10月中下旬，红军主力通过赣南信丰、安远间的粤军封锁线，突围西去。薛岳立即以火急电报分电北路军前敌总指挥陈诚、总指挥顾祝同及蒋介石，主动请战，要求率第六路军追击。蒋、顾、陈分别复电，同意由其率军追击，对其"战斗精神"大加褒奖。

中央红军开始二万五千里长征后，薛岳奉蒋介石命令，指挥第六路军和第八纵队跟踪追击，即所谓"机动穷追"。红军战士一面行军，一面骂后面那个总也甩不掉的薛岳。哪一个能想到，就是这个穷凶极恶的薛岳，竟然在1927年"四一二政变"前夜，曾亲自跑到中共中

第四章 薛 岳

薛 岳

央驻地向共产党人建议把蒋介石作为反革命抓起来。世事变化,真是白云苍狗,一言难尽。①

蒋介石要重用薛岳,不但是用他"剿共",还有更具深意的任务交给他。红军长征二万五千里,薛岳"机动穷追"两万里不止。毛泽东曾风趣道:"有劳伯陵兄远送。"从江西至大西南,至川北至甘肃,薛岳转战数省,一面对红军进行追击作战,一面将蒋介石的中央军势力打入过去"针插不进、水泼不进"的大西南。比如1935年1月上旬,红军进占遵义,薛岳率十万中央军直入贵阳。蒋介石为此对其"文胆"陈布雷道:"中共入黔我们就可以跟进去,比我们专为图黔用兵还好。"

要在中央军中立足,必须选择派系。如前文所言,薛岳与同为"保定系"出身的陈诚走得很近。入黔之后,贵州省主席兼第二十五军军长王家烈来与薛岳会面。他以为薛岳肯定要催促他与红军作战,他预先想好了对付办法。谁知,薛岳对他说的第一句话是:"你政治上的敌人是何敬之,以后要对他保持距离,应该走陈辞修的路线。"王家烈顿时目瞪口呆。

遵义是贵州北部重镇,向来富庶,更是王家烈统治贵州的根基所

---

① 金一南:《苦难辉煌》,华艺出版社2009年版,第119页。

在。王家烈向薛岳表示，一定要收复遵义："我愿亲率所部打过江去，成败在所不计。"但薛岳却并不着急进攻，只是道："目前部队太少，不会成功。等四川方面的中央军郝梦龄、上官云相等部出动，南北夹击，才易奏效。"

王家烈哪里能猜到薛岳的打算。薛岳不是蒋介石的心腹人，又没有地盘。没有地盘便是没有根基，总得仰人鼻息。现在，薛岳已经看中了贵州，决心要将其收入囊中。所以，薛岳绝对不愿意调中央军去黔北作战。他要以贵阳为中心，一步一步对贵州完成消化吸收。

薛岳料定王家烈不是红军的对手。他抓住王家烈率所部前去进攻遵义的机会，以亲信郭思演为贵阳警备司令，用中央军取代黔军作为贵阳城防部队。坐稳了贵州的薛岳立刻开始组织人调查王家烈反蒋和贪污两方面的材料，同时拉拢、收买其他黔军将领。

薛岳没有看错。果然，红军四渡赤水，王家烈的第二十五军受到重创。薛岳趁机收拾王家烈留下来的摊子。他以第二路军前敌总司令名义直接指挥调动黔军，吞并王家烈部的侯之担师，拉拢、收买王家烈嫡系部队何知重、柏辉章师归附中央军。此时的王家烈已经被迫辞去贵州省主席，但薛岳明白这还不够。被薛岳收买的何知重、柏辉章两师长，开始怂恿部属向王家烈闹饷。王家烈去看望一个团，该团士兵当着他的面满街叫骂："王家烈吞扣我们的欠饷！""他不发饷，抠他的屁股！"王家烈一看部属成了这样，赶紧抽身就走，回去让秘书连发四封电报向蒋介石请辞第二十五军军长，出去考察。蒋介石给他一个军事参议院中将参议的头衔，让他离开贵州飞往汉口。此时，红军离黔入滇，贵州成为蒋介石的天下，薛岳对此居功至伟。1937年5月，薛岳终于好梦成真，就任贵州省政府主席兼滇黔绥靖公署副主任，不久，又兼任第三预备队副司令。

第四章 薛 岳

4. 抗战威名

抗战爆发,薛岳三次致电蒋介石,请缨作战。1937年8月20日,国民政府在滇黔组建第三预备军,龙云任司令,薛岳为副司令。9月,薛岳在赴沪作战的请求被批准后,立即奔往南京面见蒋介石,后被任命为第十九集团军总司令,赶赴上海参加淞沪会战。从此,薛岳奋战八年,立下了赫赫战功,他的军事生涯也走上了巅峰。

淞沪会战后,薛岳指挥兰封会战,重创日军。1938年的武汉会战,10月1日至10日,在粉碎日军企图攻占南昌的战役中,薛岳指挥部队取得了万家岭大捷,重创日军第一〇六师团。当时薛岳奉命指挥九江至南昌以及鄱阳湖周围战事。他把七个军的兵力部署在德安、瑞昌、庐山地区,摆下一个他自称为"反八字阵"的阵势,迎战冈村宁次的日军第十一军。薛岳道:"我这个反八字阵势,如袋捕鼠,又如飞剪,敌犯右则左应,犯左则右应。敌若钻进来,就很难逃出去。"

1938年8月3日,日军第一〇六师团沿南浔铁路南下进攻南昌,到达庐山西麓马回岭附近,遭到以金官桥为主阵地的薛岳所部迎头痛击。薛岳命令第七十军、第八军、第四军参战部队不许后退半步,否则军法从事。日军以战车、飞机、大炮配合步兵强攻,兼以施放毒气,无法取得进展,战斗打得异常惨烈,持续到15日,双方均死伤惨重,但第一〇六师团已处于薛岳所部的包围之中,师团中小队长半数伤亡,日军第一一三联队长田中圣道大佐、第一四五联队长长市川大佐均阵亡于金官桥前线。

日军第一〇六师团被歼灭半数,冈村宁次赶忙命令第一〇一师团

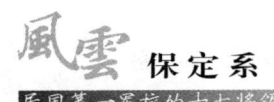

配合海空军,从星子方向沿德安、星子公路进逼德安,企图包围薛岳所部的侧后,切断南浔路。此计被薛岳识破,他命令王敬九第二十五军两个师,严守星子和隘口镇,迎击日军伊东正喜中将的一〇一师团。薛岳命令王敬九,坚守的时间越长越好,为歼敌创造有利条件。

第二十五军在星子镇坚守了七天七夜。鉴于星子阵地已被日军全部摧毁,坚守已无意义,薛岳命令撤退到隘口,而且此前薛岳已命令第二十九军两个师、第六十六军两个师布防隘口。第一〇一师团一直攻到9月底,始终未能突破中国军队阵地。联队长饭国五大郎大佐被击毙,师团长伊东正喜中将负伤入院治疗。冈村宁次只好命令第一〇一师团停止进攻,另增派第二十七师团从瑞昌、武宁方向进攻,以解救第一〇六及一〇一师团。薛岳立即调集部队,并电令各守军指挥官:"不能坐以待毙,要组织部队实施反攻。"

中国军队发动反攻,在麒麟岭全歼日军第二十七师团铃木联队,第一六〇师也在三角尖歼敌八百余人。第一〇六师团乘中国军队调集部队迎击第二十七师团之机,迂回万家岭,企图解救陷入绝境的第二十七师团及自己。薛岳又一次料到日军这步险棋,于是命令第七十四军第九十师由大小金山向万家岭及其东北之敌攻击;第五十八师由狮子岩向万家岭、王家山之敌攻击;第一四二师攻击石堡山之敌;预备第六师攻击王家山靠石堡山方向之敌;第九十一师一旅迅速肃清头口附近敌人,协助预六师攻击并切断敌人北逃之路;新十三师以一个团攻击何家山、凤凰山、石堡山西北之敌。

各部队于10月7日开始总攻,10月10日结束战斗。日军第一〇六师团除有千余人逃逸之外,其余全部被歼,其中俘虏三百余人。这是中国军队基本全歼日军一个师团的战斗,而在整个武汉保卫战过程中,日军却未能全歼中国军队一个师。新四军军长叶挺称:"万家岭大捷,挽洪都于垂危,作江汉之保障,并与平型关、台儿庄鼎足而

第四章 薛 岳

三，盛名当垂不朽。"①

1939年9月，已升为第九战区司令长官的薛岳指挥第一次长沙会战。薛岳反对蒋介石不守长沙的命令，提出："长沙不守，军人之职何在？"白崇禧以"长期抗战，须保持实力"相劝，薛岳也不听。他慨然许下重诺："如果湖南战胜，是国家和委员长之福；如果战败，我就自杀以谢国人！"白崇禧劝服不成，只得无功而返。薛岳还公开讲话，激励将士："湘省所处地位关系国家民族危难甚巨，吾人应发抒良心血性，与湘省共存亡。"在二十多天的时间里，经军民合力，国民党军队歼敌约二万人，取得了湘北大捷。第一次长沙会战是日本侵华以来遭受损失最大的战役之一，对日军的士气是个很大的打击。事后日本军部的报告也认为："中国军队攻势的规模很大，其战斗意志之旺盛，行动之积极顽强，在历来的攻势中少见其匹。我军战果虽大，但损失亦为不少。"就连蒋介石在给薛岳的嘉勉电中也掩饰不住喜悦之情："此次湘北大捷，全国振奋，诚是为最后胜利之佐证，而对于人民信念、国际时局，关系尤钜。骏烈丰功，良深嘉庆。"并犒赏参战将士十五万元。

1939年12月12日至1940年1月20日，薛岳组织实施第九战区冬季攻势。1940年4月9日，薛岳又组织二十个师发起夏季攻势。至6月27日，薛岳部攻克奉新、靖安等重要据点，击毙日军混成第十六旅团长藤堂高英少将，有力地配合了第五、六战区同期进行的枣宜会战。1940年10月至1941年3月，薛岳又指挥第九战区各部进行反"扫荡"作战，先后取得陈山船埠、九岭、奉新等战役的胜利，收复通城、武宁等县城。1941年9月下旬，日军以十一军为主，派遣四个师团及两个独立旅团，共约十五万人，在一百多架飞机、两百多只舰

---

① 王心钢：《薛岳传》，珠海出版社2008年版，第151~161页。

船的支援下，分兵两路，第二次进犯长沙。薛岳调集了十七个军共二十万兵力，在正面进行"后退决战"的同时，将七个军部署于东侧山地，实施侧击，牵制敌人。经过逐次抵抗后，国民党军诱敌深入汨罗江、捞刀河，在伏击地带予敌以重创。最后，日军被迫撤回新墙河以北原据点。薛岳取得了第二次长沙会战的胜利。

1941年12月23日，日军再次攻打长沙，在新墙河上游油港以北地区发起进攻，并扬言要在长沙过1942年元旦，第三次长沙会战打响。薛岳总结前两次会战的经验教训，提出了一套利用湘北复杂地形，与敌后退决战的"天炉战法"。所谓"天炉战法"，与从前所用的"反八字阵势"大有不同之处。"反八字阵势"是一种口袋战法，"袋"只是诱敌深入，然后予以包围歼灭之，这其实是一种"后退决战"。而"天炉战法"则是将兵力在作战地带布成网状的据点，以伏击、诱击、侧击、尾击等方式，分段消耗敌军的兵力与士气，最后，把敌军"拖"到决战地区，再狠狠地围歼之。战史中对其详加解释，其要领是：依长沙地区的地形特点，在后退中布成"天炉"，也就是彻底破坏道路，中间地带空室清野，并纵深配置伏击兵力，以逆转敌我战斗对比，诱敌进入我作战地区后，以强大火力，从四面八方聚歼敌人，宛如天然巨炉，将敌人烧成灰烬。"天炉战法"之主要构想是：以训练有素、作战经验丰富之部队，固守核心阵地，将来犯之敌，消灭于阵地前。具有机动打击能力之部队，担任外线包围，伺机围歼敌军，并防敌军增援（强化炉体）。指派迟滞作战部队，在敌军进犯过程中，发挥机动火力，挫敌锋锐，耗敌战力，并诱敌进入包围圈内，以利我军之围歼；尔后隐入两翼，并入打击部队序列（引发炉火）。在敌军撤退时，在可能经过之路线，部署截击部队，防敌逃窜（封闭炉口）。这样，就犹如天造神炉，将魑魅魍魉尽摄炉中，以烈火焚烧，使之灰飞烟灭。

第四章　薛　岳

从岳阳下来，近一百五十公里的铁路沿线，却有四条河流横跨其间。薛岳便以此地形着棋布阵，由北而南严阵以待。先是新墙河，这条河的南岸便是防卫长沙的第一线阵地，它的正面从鹿角到麦市，宽达一百余公里，在这里薛岳摆了七个师的重兵，加上幕阜山上的游击队，足有十万人之多。

日军先趁大雨和夜色突破了中国军队的前沿阵地，渡过新墙河，扑向汨罗江北，并与沿粤汉线南下的日军第三师团会合。此后，日军很快攻至汨罗江南岸，进入中国军队预设之决战区域。薛岳向所部官兵下达手令："第三次长沙会战，关系国家存亡。岳抱必死决心、必胜信念。"他要求"各集团军总司令，军、师长，务必确实掌握部队，亲往前线指挥，适时捕捉战机，歼灭敌军"。①

日军第三师团在飞机支援下，向长沙东南阿弥岭等中国军队阵地发起了进攻。薛岳下令第十军李玉堂布下巷战阵势，守卫长沙市区。双方在长沙东南郊展开激战，拼死争夺，几乎所有据点都反复易手。日军的攻势一度受挫。为了加强长沙防守和反击力量，薛岳又调第七十七师进入长沙预备作战。此时日军的先锋部队进入长沙城内，迫不及待宣称日军已占领长沙，甚至日本国内还举行了庆祝活动，歌颂皇军的"勇猛神威"。这一切正中薛岳下怀。按照事先的部署，他将第九战区的兵力集中在湘北地区，在日军进攻的地点逐次抵抗，将主力部队置于两翼，诱敌主力于浏阳河、捞刀河间地区，然后集中优势兵力进行包抄，形成一个南堵北追、东西夹击、四面合围的态势。日军且战且退，损失惨重。薛岳指挥中国军队利用湘北山丘河流交错纵横的复杂地形，继续以各种方式追击，使敌处处挨打。这一战术取得了空前成功，日军伤亡五万六千余人，被俘一百三十九人，中国军队取

---

① 王心钢：《薛岳传》，珠海出版社 2008 年版，第 199~207 页。

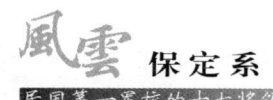

得了辉煌胜利,薛岳更是因此被日军称之为"长沙之虎"。

这是珍珠港事变以来,盟国在亚洲战区中唯一的胜利,是自太平洋战争爆发后盟军的第一次重大军事胜利,在国内外引起了强烈反响,大大提高了中国军队的威信。同时,这次胜利对提高盟军的士气,支援盟军在太平洋地区的作战,也起到很大的鼓舞作用。美国海军部长诺克斯在《告中国人民书》中说:"数周以来,贵国在长沙之伟大战绩,非仅为中国之胜利,亦且为所有同盟国家共同之胜利,而为打击整个轴心之胜利。"伦敦《泰晤士报》称:"十二月七日(指1941年12月7日,日军在此日偷袭美国海军基地珍珠港,太平洋战争全面爆发)以来,同盟军唯一决定性之胜利,系华军之长沙大捷。"《每日电讯报》评论:"际此远东阴霾密布中,惟长沙上空之云彩益见光耀夺目。"美国记者福尔门在视察后作如下报道:"中国第三度的长沙大捷证明了一个原则,那就是中国军队的配备若能与日军相等,他们即可很轻易地

薛岳与盟国友人合影

第四章 薛　岳

击败日军。"

各国贺电亦纷至沓来，美国罗斯福总统来电盛赞："中国以劣势装备，对抗优越的敌人，此不屈不挠之精神，使其他联合国军民，均感受极大的激励……"中共《新华日报》也于1942年1月1日发表社评："我三湘健儿，我神鹰队伍，在此次长沙保卫战中，誓死保卫家乡，有效击退敌人，这表明反法西斯战争的东方战场上，有着伟大的中华民族的抗日生力军，有决心、有实力，不让敌人在太平洋上得逞的时候，同时进攻中国……"日军事后在对这次会战失败的检讨中则说："重庆军节节败退，我军是完全跳入重庆军事先设置的陷阱而进行作战的"，"作战始终是在极为困难的情况下进行的"，"这次作战，动摇了一部分官兵的必胜信念"。

第三次长沙会战后，薛岳获青天白日勋章一枚。当年的战史出版局还曾专门出版了薛岳撰写的《天炉战》一书。书的前言有这样一段文字介绍："他（指薛岳）的战略战术足以法天地之幽邃，穷宇宙之奥秘，为鬼神所惊泣，人事所难测，无以名之，故曰'天炉战'。"

从1939年1月到1945年8月抗战期间，薛岳还担任着湖南省政府主席的职务，其间对湖南进行了治理。在上任欢迎会上，他就表示："本人受命于危难之际，深感责任重大，自当以忠党爱国服从领袖之精神为湖南三千万人民服务，苟余妄取湖南民间一钱，妄为不利湖南之事，任何人民，皆得诛之。"上任之后，他根据湖南的实际情况和抗战需要，提出了"安、便、足"的施政方针。所谓"安"，就是使人民安居乐业；"便"，即便民、便国、便战；"足"，即足粮、足兵、足智。薛岳依此制订了"六民之政"，即生民、养民、教民、卫民、管民、用民。这些措施使湖南战时经济得到了相当发展，粮食连续获得丰收，同时也极大地调动了人民参加抗战的积极性和主动性。抗战中，湖南各地除组织游击队、自卫队积极开展游击战争配合中国军队破坏道路、打击敌人外,还成立了不少临时的担架队、救护队、输送队支援前线作战。薛岳对此功不可没。①

5."战神"不复

1945年8月,日本投降,其时薛岳虽然已卸任湖南省政府主席,但仍想回长沙参加受降典礼,而何应钦、白崇禧却令其去参加在江西南昌举行的受降典礼。于是,薛岳任南浔线受降司令官,9月14日参

全面抗战胜利,蒋介石(左四)率高级将领到南京中山陵谒陵,前排右二为薛岳

① 王心钢:《薛岳传》,珠海出版社2008年版,第213~219页。

第四章　薛　岳

加在南昌举行的受降仪式。1946年10月10日,美国总统杜鲁门给薛岳颁发一枚自由勋章,表彰其在抗日战争中做出的贡献。

1946年6月,内战爆发,已经五十岁的薛岳就担任徐州绥靖公署主任,从此投身内战。也正是这场内战使薛岳的军事生涯开始了下坡路,直到跌入人生的最低谷。

起初薛岳还比较顺利,指挥所属部队向苏北、山东进攻,8月19日,参谋总长陈诚和薛岳在徐州召开军事会议,商讨进攻淮阴的计划。会后,国民党军兵分三路:中路李延年集团主攻淮阴,北路冯治安集团攻打台儿庄和鲁南,李默庵部则在苏中钳制粟裕。截止8月底,薛岳所部消耗了解放军的大量兵力,并将解放军华中野战军主力牵制在了苏中地区,有效配合了国民党军在淮南和淮北的战斗。

10月中旬,根据国防部"南北会师,占领山东,打通津浦线"的方针,薛岳发动了进犯鲁南解放区的战役,试图打通临城、徐州和台儿庄、枣庄间的两条铁路支线,迅速占领枣庄煤矿,以维持军运和解决南京等地冬季燃料的供应。10月6日,薛岳令整编第七十七师和整编第二十六师在空军支援下,分别向峄县和枣庄进犯。因鲁南新四军采取避实就虚的战略方针,早已撤离,部队未经多大战斗便相继占领了峄县城和枣庄一带。11月初,薛岳又令各部从东、北、西、南向解放区大举进攻,试图"清剿"沂蒙革命根据地。中旬,驻防台儿庄的整编第七十七师突然受到叶飞所率新四军的进攻,旅长戴之奇兵败自杀。

12月上旬,薛岳又命令装备精良的整编第二十六师,从峄县东面进犯解放区。1947年元旦,该师离开峄县百余里,被新四军诱入下庄、向城等地。随后,该师在向城被新四军从苏北、鲁中迁回来的八个师包围。薛岳又立即从徐州调两个整编师前往支援,其中一个师刚进抵古林村就受到新四军的围攻。1月5日,困于向城的整编第二十

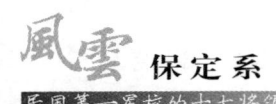

六师突围而出，但伤亡惨重，旅长蒋修仁被击毙。10日，峄县城被新四军攻破，整编第二十六师师长马励武及其参谋长被俘，整编第二十六师就此全军覆没。

薛岳任徐州绥靖公署主任半年多时间，连战连败，引起国民党内部众多非议，也令蒋介石非常生气。他特派参谋总长陈诚亲自坐镇徐州督战，实际上剥夺了薛岳的兵权。不料，陈诚在徐州的表现比薛岳还要差。不得已之间，蒋介石以"指挥无力，名声低落"的名义，将薛岳的徐州绥靖公署主任职务撤销。1947年5月，薛岳任南京政府参军长。次年5月，转任蒋介石总统府参军长。在这期间，他常与陆军总司令余汉谋、闲居上海的原第四军军长张发奎等粤籍要人，议论时政和自己的出路问题。讨论的结果，是看不到什么出路。蒋经国在上海整顿金融秩序，强迫市民把金银都兑换成金圆券，把上海市面搞得天翻地覆。当时桂系的黄绍竑问薛岳："如果小蒋硬要你把金子去兑金圆券，你怎么样呢？"薛岳开口就骂："丢他妈！我们辛辛苦苦搞了几十年，出生入死，才挣得这些金子，如果兑成了转眼一钱不值的金圆券，以后我们吃什么？他敢来，我就用机关枪打死他。"①

1948年4月，国民党操办的"国大"在南京召开。薛岳人闲心不闲，想在政治上再搏一把出路。广东籍的薛岳与张发奎等人成立竞选小组，为广东同乡孙科竞选副总统筹经费，拉选票。他们甚至还非正式内定了一个孙科的影子内阁：张发奎为国防部部长，薛岳为参谋总长，余汉谋为军政部长，陈策为海军部长，李汉魂为内政部长，钟天心为教育部长。可惜，此事为南京《救国日报》披露并大加嘲讽，就连薛岳等人拉选票的办法和孙科的私生活都见了报。薛岳等人咽不下这口气，率领百余人前往该报社问罪。问罪不成，最后闹到大打出

---

①何明：《国民党四十三位战犯的最后结局》，中共党史出版社2008年版，第540页。

第四章 薛　岳

手、当街互殴的境地。上海一家报纸以"三帅夺大炮，表演全武打"之显著标题，登载了此则新闻。一时间，竞选搞成了一出闹剧，让人啼笑皆非。

淮海战役后，蒋介石的精锐尽丧，薛岳的机会又来了。他与张发奎等广东籍军政人物提出口号，号召"粤人治粤"，反对宋子文继续主政广州。这次施压产生了作用，蒋介石为了保住广东，避免以薛岳为代表的这一批广东地方实力派与自己彻底离心离德，只得满足他们的要求。蒋介石批准宋子文的辞职请求，任命余汉谋为广州绥靖公署主任，薛岳为广东省政府主席，张发奎接任余汉谋的陆军总司令职务。1949年2月，薛岳前往广州上任，决心在广东与共产党较量到底。薛岳提出"广东人民大团结"的口号，大力收罗广东原有的军政人员，安插亲信，排除异己。各厅、局、处、科级干部的任免，都由薛岳说了算。同时，薛岳将原来十五个保安团，扩充为二十个团，编成五个师，由自己的亲信分任师长。为了适应大兵团作战，薛岳还在各师配置重型装备，把部队从各地调集到广州附近和省内各重要铁路沿线，试图阻止解放军向广东进军。

谁知，5月14日，薛岳的老部下吴奇伟在粤东起义，广东省内政局大乱。广东守不住了，薛岳只好来到海南岛，任海南防卫总司令，统一指挥海南陆、海、空三军。他在海南部署兵力达十万之众，组成三道防线，自称为"伯陵防线"。连毛泽东都为此寄语解放海南岛的前线将领："你们遭遇薛伯陵务必持重。"

其实，戎马半生的薛岳当然知道，海南守军战斗力不堪一击。1950年1月，薛岳飞赴台北面见蒋介石，要求撤出海南，但蒋介石以海南不战而弃损害台湾的民心士气为由，拒绝了他的请求。3月5日，解放军发起海南战役，海南守军兵无斗志，如薛岳所料一触即溃。4月22日，薛岳在征得蒋介石同意后，命令所部撤退。1950年4月底，

薛岳从海南岛飞往台湾,从此客居他乡。

在台湾,蒋介石将溃败的军队进行改编,将阎锡山、白崇禧、杨森等解除军职,消除了他们的威胁,彻底清除了在大陆时期就产生的派系之争。薛岳和蒋介石的关系几十年来一直很微妙,在这场变动中当然也难以幸免。薛岳失去军权后,被任命为"总统府"一级上将战略顾问,其实只是一闲职。从此,薛岳赋闲家中,再未得到启用。1950年,薛岳与小他三十岁的第三位妻子结婚,次年隐居乡间,从此避开世间纷扰,过着清幽生活。

1952年10月,薛岳任"国民党中央评议委员"。他连任数届,不过是一个虚职。直到1958年8月,陈诚出任"行政院长",才邀请自己当年"保定系"的盟友薛岳重新出山,出任"政务委员"。1966年5月,薛岳又被任命为国民党"光复大陆设计委员会"主任委员。两蒋父子固然执礼甚恭,但并不授予实权。薛岳无兵可带,无仗可打,百无聊赖,多半时间闲居在台湾南部嘉义乡间,过着闲云野鹤、与世无争的半隐退日子。

物换星移,人事两非。二十多年过去了,蒋介石、蒋经国父子相继去世,高寿老人薛岳仍健康无恙。1990年2月,岛内召开"第一届国民大会"第八次会议,选举正、副"总统"。岛内当局为安抚资深"国大代表",笼络早年军队出身的"国大代表",保证"总统"选举的顺利进行,居然推出九十六岁高龄的薛岳,让其担任"国大"第八次会议开幕典礼的"主席",主持开幕典礼。不久,李登辉顺利当选"总统"。薛岳完成了最后的历史使命,复归沉寂。

李登辉当政后,力推"修宪",试图扩大自身职权,有意连任"总统",引起岛内极大的反对声浪。有着"国大代表"身份的薛岳,拒绝签署国民党提出的"宪法"修改方案,引起外界关注。结果,暮年的薛岳得罪了心胸狭窄的李登辉。原来,薛岳在担任"光复大陆设

第四章 薛 岳

计委员会"主任委员时,他在台北的房舍是由"光复大陆设计委员会"编列经费,向台湾银行承租。1991年,李登辉把这个委员会裁撤,薛岳只好自付租金。台湾银行欲索高额房租,薛岳不接受,台湾银行竟然于1993年把九十八岁的薛岳告上法庭。此事一时之间轰动台湾,人们再次记起了依然在世的薛岳。坊间多为薛岳鸣不平,人们认为这显然是李登辉挟怨报复,存心出薛岳的洋相。①

薛岳最后一次成为公众的话题,是五年后——1998年5月3日,薛岳逝世,终年一百零二岁。他成为晚年去台的国民党军界人物中最高寿者。

---

① 王心钢:《薛岳传》,珠海出版社2008年版,第301~308页;何明:《国民党四十三位战犯的最后结局》,中共党史出版社2008年版,第543页。

薛岳（1896—1998）年表：

1896年12月27日，生于广东省韶关市乐昌县九峰镇小坪石村。

1918年，薛岳尚未从保定陆军军官学校第六期步兵科毕业，便南下广东，参加孙中山新建立的援闽粤军，任司令部上尉参谋。6月，薛岳随部前往福建，建立以漳州为中心的二十多个县根据地。

1920年8月，薛岳随部回广东讨伐桂军。不久，薛岳任粤军第一师机关枪营营长。

1921年5月，薛岳任孙中山警卫团的营长。

1922年陈炯明叛乱期间，薛岳曾保护孙中山夫人宋庆龄脱险。

1924年，薛岳先后担任粤军第一师少将副官和师参谋长。

1925年2月，任第一军第十四师副师长兼第十四团团长。

1926年7月，广东国民政府出师北伐，薛岳任国民革命军第一军第一师师长。

1927年，"四一二"政变后，薛岳被解职，南下广东，投靠第四军军长李济深，担任广东新编第二师师长。

1928年至1932年，多次参与反蒋行动与派系混战。

1933年，薛岳被蒋介石起用为第五军军长，参加对江西苏区第五次"围剿"，先后任北路军之第三路军副总指挥兼第七纵队司令、第一路军代总指挥兼第七纵队司令、北路军之第六路军总指挥等职。

中央红军开始二万五千里长征后，薛岳指挥第六路军和第八纵队跟踪追击。

1935年1月，率军开进贵州，任第二路军前敌总指挥兼贵阳"绥署"主任。

1935年4月5日，薛岳晋升为陆军中将。

1937年5月，任贵州省政府主席，兼任第三预备队副司令。

第四章 薛 岳

1937年,"八一三"淞沪抗战爆发后,薛岳任国民革命军第十九集团军总司令,参加淞沪会战。

1938年5月,薛岳被调任第一战区第一兵团总司令。5月30日,升任第一战区前敌总司令。6月9日,薛岳任武汉卫戍区第一兵团总司令,不久为第九战区第一兵团总司令。10月,指挥部队痛击日军,取得"万家岭大捷"。

武汉失守后,薛岳代理第九战区司令长官。1939年2月,兼任国民党湖南省主任委员和省主席。

1939年9月,薛岳指挥第一次长沙会战。以自创"天炉战法"挫败日军。

1941年9月,再度挫败日军,取得了第二次长沙会战胜利。

1941年12月,三度挫败日军。第三次长沙会战后,薛岳获青天白日勋章一枚。

1944年6月,指挥第四次长沙会战失利,长沙失守。

1946年5月,薛岳就任徐州绥靖公署主任,多次指挥部队进攻解放区。

1947年5月,转任参军长。

1949年2月,出任广东省政府主席。

1950年4月,撤往台湾,前后任"总统府"战略顾问和"行政院"政务委员。

1998年5月3日,于台北病逝,享年一百零二岁。

第五章 白崇禧

姓名：白崇禧

字号：健　生

出生日期：1893年3月18日

逝世日期：1966年12月2日

出 生 地：广西临桂县

发迹事由：1923年去广州面见孙中山，孙中山任命其为"广西讨贼军"参谋长，由此发迹。

最后结局：在台北寓所中因心脏病离奇死亡，真实死因成谜。

一生总结：人称"小诸葛"。仅从军事指挥才能方面来讲，不失为一代将才。据程思远忆述，周恩来曾经这样评价白崇禧：白健生颇自负，其实在政治上无远见，竟听信蒋介石的话，给骗到台湾去了。军事家杨杰曾说白崇禧是国民党内三个半军事家之一，日本人在淞沪会战后称他为"战神"，毛泽东则称他为"中国境内第一个阴险狡诈的军阀"。

1. 剿匪立功

白崇禧,字健生,1893年出生于广西临桂县南乡山尾村。在民众身材相对矮小的广西,白崇禧却身材高大,魁梧壮实,仪表堂堂。

白崇禧的父亲白志书早年学儒,应试不第,后来弃学从商,开了一家叫"永泰林"的店铺,经营糖、油、酱、醋、豆、纸等杂货。白志书为人忠厚守信,因而生意尚可。所以,白崇禧的童年时代比较顺利,五岁时入私塾开蒙读书。由于白崇禧的天赋过人,加上勤奋好学,深得先生的赞赏。

不过,在求学过程中,因为家里人口多,白崇禧的家境已日趋困难。而白崇禧人生的转折是在他十岁这年发生的——这一年,父亲白志书患脑溢血突然病故。账房先生趁机卷走了"永泰林"柜上的现金,还侵吞了外放的债款。债主们随之上门逼债,白家卖掉铺子和田地才还上所有债务,从此家道一落千丈。全家只能供白崇禧一人上学。好在白崇禧天资敏悟,又很用功,常常背书到深夜,从没有因为功课不好而受到先生的责罚。会仙小学的白莲洲先生了解情况后,决定减免白崇禧一半的学费,并让其弟白崇祜也入学,这样兄弟二人得以同窗就读。后来,族人还凑钱送白崇禧到外面的新式小学读书。白崇禧读了四年小学,成绩优异。[①]

因为家境实在困难,小学毕业后的白崇禧没有继续上学,而是回

[①]郭廷以、贾廷诗、陈三井:《白崇禧口述自传》,中国大百科全书出版社2009年版,第1~8页。

第五章　白崇禧

家务农。1907年，十四岁的白崇禧决定离开家乡，开始新的生活，去为自己谋一个前程。白崇禧胸有大志，打算投考桂林陆军小学堂。此时科举制度已被废除，陆军小学堂无疑是进入仕途的一条路径。其叔父为支持白崇禧外出求学，卖掉了两亩半糯谷田，为他凑了路费。白崇禧报考桂林陆军小学堂第二期，当时广西全省高达千余人报考，仅录取一百二十人。白崇禧以第六名被录取，与李宗仁、黄绍竑为先后期同学。谁知白崇禧命中另有不测，他入学不过三个月，突然感染了恶性疟疾，险些性命不保。在学校休养半年也没有复原，白崇禧不得不回家休养一年。就这样，白崇禧被迫从军校退学。[1]

病情逐渐好转，白崇禧不甘心在乡下混日子，又同六弟白崇祜去桂林，报考了广西省立初级师范。在九百多人的应试中，白崇禧位居第二，被顺利录取。在师范学习两年，等到快要毕业时，辛亥革命突然爆发。一腔热血的白崇禧立即投笔从戎，离开师范，参加"广西北伐学生敢死队"，随队开到武汉。南北议和成功后，各省学生军奉命解散。但此时的白崇禧不愿再回乡，他决意走上军旅之途。由于在之前作战中表现出色，白崇禧被上级推荐进入南京陆军入伍生队接受入伍训练。经过半年训练，他又被保送进武昌第二陆军预备学校学习了三年。1915年，白崇禧正式升入保定陆军军官学校。

在保定军校，白崇禧致力于研究战略战术思想，精读了《阵中要务令》和《作战纲要详解》。他熟读《孙子兵法》，喜欢研究古今中外大小战例，尤其对法国的军事理论感兴趣，崇拜法国的拿破仑和德国的俾斯麦。白崇禧还十分留意中国的边疆问题，着重搜集中国西北边疆的历史地理资料。毕业前夕，学生填报分发志愿，白崇禧一度想去新疆考察边防。后来因为种种原因，终于未能成行。

---

[1] 白先勇：《白崇禧将军身影集》，广西师范大学出版社2012年版，第2~9页。

保定系
民国第一军校的十大将领

1916年12月，二十三岁的白崇禧从保定军校毕业，次年，回广西，加入桂军陆荣廷部担任第一师第三团任见习军官。广西陆军"模范营"营长马晓军对白崇禧异常赏识，将他补入自己的"模范营"，担任少尉连附。当时广西匪患严重，桂军的一大任务是剿匪，而桂军对付土匪的手段是以招抚为主。刚当上连附的白崇禧率部来到广西扶南县剿匪，二百多名土匪立即向他投降，要求受招抚。白崇禧发现，这些土匪中有八十多人是多次在官兵和绿林之间反复的惯匪。于是，白崇禧下令立即处死这八十多名土匪，悬首示众。①

铁腕手段一出，震惊了广西绿林。此后白崇禧率部与土匪作战，更是连战连捷。因为剿匪有功，"模范营"扩编为"模范团"，白崇禧成为"模范团"的第一大功臣。白崇禧多年后回忆："从此，招抚政策改为进剿政策，这是广西清乡剿匪史上的一件大事，由我这样一个小小连长创始。"1921年，马晓军的"模范团"被改为田南警备司令部，白崇禧也被提升为第一营营长。而第二营营长，正是同为"保定系"

保定军校毕业之初的白崇禧

出身、日后同为桂系领袖之一的黄绍竑。

1920年的粤桂之战，桂军失败，此后广西局面混乱不堪，完全陷

---

① 张学继、徐凯峰：《白崇禧大传》，浙江大学出版社2012年版，第16页。

入军阀混战之中。1921年冬天,马晓军在百色突然被自称广西自治军第一军总司令的旧桂系将领刘日福偷袭,所部全被包围缴械。马晓军、黄绍竑被扣,白崇禧手疾眼快,跳城逃脱。随后,白崇禧收集残军进入贵州,在黔军支持下回师广西,讨伐刘日福,营救马晓军。

由于白崇禧身先士卒,此番讨伐中深得部下拥戴。一天晚上,白崇禧冒雨巡查阵地,突然脚下一滑,摔落到山坡下,折断左腿股骨,昏死过去。醒来后白崇禧已不能行动,然而激烈的战斗使他离不开战场。白崇禧意志坚强,咬牙躺在担架上指挥战斗,终于一鼓作气,打败了刘日福的"自治军",收复百色,救出了马晓军。这一仗打完之后,白崇禧才去广州治疗腿伤。由于腿伤耽误的时间太久,左腿股骨已长出骨痂,无法再动手术。尽管在广州休养了一年,白崇禧也只能接受左腿比右腿稍短的事实,成为终身残疾。不过白崇禧对此一直很在意,慢慢走路时基本看不出他的残疾。

2. 北伐名将

马晓军的部队后来由黄绍竑率领,投入玉林的李宗仁所部。黄绍竑派人去广州活动,与在广州养伤的白崇禧联络,听取白崇禧的意见。白崇禧目光长远,分析了当时的形势后指出:"广西之前途不外有三:一为附和北洋军阀;二为支持赵恒惕等人所倡言之联省自治;三是归附广州之孙中山先生之革命政府。北洋军阀是我们所厌恶的,联省自治非统一全国之良策,因而只有走第三条路,即归附广州革命政府。"

因为这样的立场，白崇禧经朱培德引荐，在广州第一次见到了孙中山。白崇禧对孙中山仰慕已久，他向孙中山报告了广西的形势，表示了广西加入广东革命的决心。此番见面，白崇禧与孙中山的一段对话流传后世。

孙中山道："我无枪、无粮、无饷，只有三民主义。"

白崇禧道："广西统一不需要孙公之物质支援，所需者仅是革命之主义信仰而已。"①

回到广西，白崇禧带着黄绍竑的亲笔信去玉林，面见李宗仁。两人一见如故，相谈甚欢，彼此坦诚相见。这次会晤成为后来桂系两大巨头合作的开端，更定下了此后二十多年桂系的发展大计。1923年，孙中山任命白崇禧为"广西讨贼军"参谋长（司令为黄绍竑），此时白崇禧年仅三十岁。

当时，黄绍竑、白崇禧部仅有五千多人，而旧桂系两大军阀陆荣廷和沈鸿英总兵力近四万。白崇禧审时度势，提出先攻陆荣廷后击沈鸿英的策略。他首先挑拨离间，让陆荣廷与沈鸿英开战。沈鸿英战败，不得不与白崇禧结盟，共抗陆荣廷。紧接着白崇禧、黄绍竑、李宗仁合兵一处，兵力上万，趁陆荣廷与沈鸿英激战之机，抄陆荣廷的后路，将其一举击溃。击溃陆荣廷之后，再战沈鸿英就容易多了，此后白崇禧与他的同盟者一举占领南宁。最终，旧桂系被消灭，李宗仁、黄绍竑、白崇禧通电宣布讨陆战争结束，广西自治！战后，白崇禧就任广西督办公署参谋长。消灭了旧桂系，白崇禧成为新桂系首领之一，更是为自己赢得了"小诸葛"的美名。

为保住广西的地盘，白崇禧又先后击败了图谋广西的滇军和川军

---

① 白先勇：《白崇禧将军身影集》，广西师范大学出版社2012年版，第14页。

第五章 白崇禧

势力,"小诸葛"声名更隆。1926年3月,两广统一。广东革命政府于1926年7月9日正式誓师北伐,北伐战争爆发。桂军改编为国民革命军第七军,李宗仁任军长,黄绍竑任党代表。白崇禧更是应蒋介石之邀出任国民革命军副参谋总长,代理总参谋长之职,统筹全局,指挥作战。[①]

在白崇禧的指挥下,北伐军经长沙、武汉,在江西大败孙传芳。这一路上,白崇禧多次亲临前线,以自己的勇气、镇定和信心鼓舞部下。著名的"汀泗桥战役"打响前,北伐军将领们向白崇禧请求补充武器弹药。白崇禧自己手里也没有多少弹药了,他只能用自己擅长的方法来鼓舞官兵的士气。白崇禧向部下发表演说:"缺乏子弹就用刺刀冲锋。革命军的补给靠前方,不能靠后方。打败了敌人,敌人的装备就是我们的补给。更何况只要打下了武汉,汉阳兵工厂里的东西取之不尽,用之不竭!"结果北伐军以刺刀肉搏北洋军。激战四天,吴佩孚的部队全线崩溃,北伐军成功占领武汉。

随后,白崇禧担任东路军前敌总指挥,率军向东追击。他运用声东击西战术,先后占领杭州、宜兴、吴江等地。由于江西、浙江战役的成功,蒋介石又任命白崇禧为第二路军代理总指挥,辖第六军、第三十七军、第四十军,由南京上游渡江,负责津浦路正面作战。白崇禧不负众望,很快攻占江苏南部,击溃张宗昌的直鲁联军。在上海工人第三次武装起义的高潮中,白崇禧率部进入上海,兼任淞沪卫戍司令。

以政治立场而言,白崇禧一直坚决反共。1927年4月2日,蒋介石、吴稚晖、陈果夫、李宗仁、白崇禧等人在上海召开了秘密反共会议。十天之后,"四一二"政变猝然爆发,蒋介石全面"清党"。

[①]张学继、徐凯峰:《白崇禧大传》,浙江大学出版社2012年版,第74页。

白崇禧正是这次政变的指挥者与执行者。政变之后,蒋介石在南京成立国民政府,与汪精卫的武汉国民政府抗衡,"宁汉分裂"由此而始。

李宗仁、白崇禧当然不愿蒋介石坐大。他们使出各种手段,逼蒋介石下了野。当时蒋介石坚持主张西征讨伐武汉政府,提出"非先定武汉不能北伐"。白崇禧却与蒋介石针锋相对,力陈不可,提出先与武汉政府议和再北伐。蒋介石愤然道:"这样,我就走开,让你们去和好了!"白崇禧并不理会,直言道:"我看此时为团结本党,顾全大局计,总司令离开一下也好。"何应钦在一旁默然不语,实际上是支持白崇禧。李宗仁更是表示:"请总司令自决出路。"情况好不尴尬,蒋介石无计可施,只得答应下野。

此时白崇禧率军北上,准备在徐州一线与孙传芳、张宗昌展开最后决战。谁知由于"宁汉分裂"后双方矛盾日益尖锐,前方作战的北伐军也遭波及,白崇禧的弹药、军饷、补给都被切断。无奈之下,白崇禧只好回上海筹集军饷。就在此时,孙传芳全力反击南京,惨烈的龙潭战役由此爆发。白崇禧从上海筹措军费未果,返回南京途中,正好被阻于无锡和镇江之间。得知南京和龙潭的战事紧张,白崇禧临危不乱,在无锡用车站电话就地指挥。白崇禧和李宗仁联手稳住局势,他们冷静分析战况,决定集中兵力击溃孙传芳在镇江龙潭的主力。经过数日激战,在何应钦部的配合下,白崇禧大获全胜,孙传芳的部队几乎被全歼。此战是白崇禧从军以来经历过的最激烈、最危险的战役。战役期间,白崇禧居然整整六天六夜没有睡觉。

可以说龙潭战役是孙传芳与北伐军之间进行的一场著名战役,也是北伐战争中最激烈、最具决定性的一场战役。龙潭战役令显赫一时的五省联帅孙传芳从此一蹶不振,变成了光杆司令。白崇禧多年后在其回忆录中写道:"龙潭之役在北伐大业中是最重要一仗,因为胜利

第五章 白崇禧

了才能西征消灭唐生智之反动力量；迁都南京稳定国内之政治局面；促使徘徊观望之友军加入革命行列——如阎锡山之北方军在龙潭战役前便与革命军有联络，但畏于奉军迟迟不敢明白表示态度。龙潭战役之胜利对奉军是一大威胁，阎鉴于革命之趋势，很快便附和了革命军。如果龙潭之役失败，不但江、浙、闽、赣、皖五省重归孙传芳，唐生智之势力一定高涨，其他抱游离态度之友军，更远离革命军。如此，革命军能否再回广东重整旗鼓，

北伐战争中，蒋介石（左）与白崇禧（右）合影

便是一大问题。所以说龙潭之役是北伐大业成败极大之关键。"

对于此役，不少国民党元老印象尤为深刻，于右任曾写一联："东南一战无余敌，党国千年重此辞。"谭延闿亦有联句赠予白崇禧："指挥能事回天地，学语小儿知姓名。"

不过，蒋介石并不打算因此奖赏白崇禧。相反，他深恨白崇禧逼自己下野。时隔不久，蒋介石复职，重任北伐军总司令，立即命令白崇禧交出兵权。命令刚下达，粤系的张发奎突然在广州起兵反蒋，联手唐生智向湖南进攻。蒋介石只好先暂缓对付白崇禧。1927年10月20日，南京军事委员会下令"讨伐唐生智"，白崇禧被任命为前敌总指挥。1928年1月5日，南京国民政府又任命白崇禧为西征军总指挥，进攻湖南唐生智部。白崇禧的行动极为迅速，5日接到命令，25

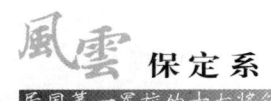

日就占领长沙,将唐生智的部队全部缴械,予以收编。

　　击败唐生智之后,1928年4月8日,两湖各军改编为第四集团军,李宗仁任总司令,白崇禧为前敌总指挥。白崇禧率部向北进发,以完成北伐。白崇禧一路攻克保定,占领宣化,向怀来追击。孙传芳见大势已去,只得通电下野。张作霖知道已无可抵挡,通电出关,结果在沈阳郊外的皇姑屯被日本人埋设的炸弹炸死。白崇禧将直、鲁、奉三军在关内的残部全部包围缴械,兵抵山海关。北伐战争中,白崇禧从广西出兵,一路打到山海关,可谓北伐战功第一人。最后,白崇禧进入北京,再从天津"扫荡"张宗昌残部,最终"功德圆满"。此时的白崇禧年仅三十三岁,已然成为与蒋介石、李宗仁、张学良等人齐名的风云人物。①

3. 反蒋战争

　　北伐结束后,白崇禧最大的敌人就成了蒋介石。北伐战争结束之初,正是桂系的顶峰时期。由于通过北伐占领了大量地盘,收编了大量投降的部队,桂系势力范围一度囊括了从广西、湖南、湖北到河北山海关直至天津一带的广阔地域。桂系拥有国民革命军第四集团军的番号,下辖十六个军以及六个独立师,总兵力达到二十余万人。桂系如此强大,自然成为蒋介石的心腹大患。蒋介石要削减地方军队,李

---

①张学继、徐凯峰:《白崇禧大传》,浙江大学出版社2012年版,第155页。

第五章　白崇禧

宗仁、白崇禧当然不干。于是，双方渐渐走到了兵戎相见的边缘。

当时桂系控制湖南，但湖南省主席鲁涤平却是蒋介石的心腹。鲁涤平对湖南的桂系势力多方压制，桂系地方将领们愤愤不平，在没有通知白崇禧的情况下，起兵驱走了鲁涤平。此后，蒋介石与白崇禧的矛盾骤然激化。紧接着，1929年3月21日，蒋介石将粤系元老李济深软禁于汤山，此举彻底激怒了李宗仁、白崇禧。二人随即率部通电反蒋。蒋介石马上撤销了李、白本兼各职，并将二人开除出国民党。3月27日，蒋桂战争最终爆发。

1928年10月11日，《北洋画报》有关白崇禧的报道

白崇禧当时人在河北。他深知桂系的二十万大军分散在从广西到河北数千公里的广阔地域上，局势极为不利。要取胜，桂系必须放弃北方，与湖北桂系军队南北两线夹击南京，一战定胜负。没想到，蒋介石此时却胜了白崇禧一筹。世人公认，蒋介石指挥打仗不如白崇禧，但权谋手腕毫无疑问强过白崇禧。蒋介石分析了一番——河北的桂系军队，大多是此前收编的唐生智旧部。于是，蒋介石使用谋略，从日本请回唐生智，让他拉拢旧部。果不其然，唐生智在塘沽

127

登岸时,塘沽到处张贴着"打倒白崇禧"、"欢迎唐总司令东山再起"之类的标语。在唐生智的号召下,河北的桂系部队大片倒戈,蒋介石不战而胜。

蒋介石又利用分化手段,收买桂系师长俞作柏、李明瑞、杨腾辉等人,令其阵前倒戈,迫使桂系放弃武汉。原属桂系麾下的湖南军阀何键也判断形势,率领数万主力倒向蒋介石。白崇禧见情况危急,立即化装乘船南下。他搭乘英商太古公司的轮船,计划逃往香港。不料蒋介石通过戴笠得到了白崇禧行踪的情报。蒋介石密令上海卫戍司令熊式辉——等该轮船行驶到吴淞口外,立即用武力迫使其停船,强行登船搜查,务必将白崇禧逮捕,押解到南京;如果该轮拒绝搜查,海军炮舰可以当场将其击沉,外事交涉以后再说。

幸好,蒋介石准备动手的情报同样为桂系获得。李宗仁赶紧请许崇智设法营救。许崇智花了十万块钱,以日本军校同学的关系疏通了日本人。许崇智让日本驻上海总领事派一艘快船追上太古公司的轮船,将白崇禧接到日本轮船上,直接把他送到香港。如此,白崇禧才算转危为安。

蒋介石完全掌控了大局。三个月后,6月27日,桂系叛将李明瑞所部进入广西省省会南宁,新桂系全线崩溃,已经无法在广西立足。李宗仁、白崇禧、黄绍竑三人先后宣布下野,避居国外。白崇禧流亡到越南海防,静待东山再起的时机。

毕竟,这一次白崇禧输得不服。他感觉不是输于战阵,而是败在蒋介石的权谋手腕之下。多年后,白崇禧还满心委屈地回忆道:"检讨中央的这次胜利,其得胜的方式大有研究的必要,以金钱、官职去买动人,以后成为风气……要是这次大事化小事,不打,以后亦无陇海路战事(即中原大战)。"

白崇禧看准了,蒋介石是胜之不武,自己定有东山再起之机。果

第五章 白崇禧

然，李明瑞、俞作柏等人作为桂系叛将，资望不足，难以压服广西的局势。共产党的力量趁机渗入广西，"百色起义"之后，广西出现了共产党的革命根据地。蒋介石权衡轻重，与其广西被共产党控制，还不如李宗仁、白崇禧、黄绍竑回来主持大局，消灭广西的苏区。就这样，白崇禧东山再起，重回广西主政。

1930年，白崇禧、李宗仁又同西北的冯玉祥联合反蒋。蒋介石与冯玉祥、阎锡山、李宗仁、白崇禧在中原地区展开大战，双方动用兵力一百多万，死伤三十多万，成为民国时期规模最大的一场军阀混战。桂军一度形势大好，主力一路杀入湖南岳阳，逼近湖北。但由于北方的冯玉祥、阎锡山先后溃败，白崇禧只得放弃进攻湖南，返回广西。1930年10月，中原大战结束，蒋介石获得胜利。白崇禧随李宗仁退回广西，闭关自守，锐意经营广西。①

可惜的是，中原大战之后，桂系军心动摇，就连黄绍竑都自觉无法再与蒋介石抗衡下去，争天下终究争不过蒋介石。于是，黄绍竑准备离开桂系，投靠蒋介石。白崇禧先是对黄绍竑竭力劝阻，而后是忍不住对他大加指责。白崇禧对黄绍竑讲出了自己多年总结出的一番道理："广西人是不会投降的。不但现在不投降，即使将来的环境比现在更困难，也不会投降。所谓为团体而努力的意思，就是在不投降的原则下，使团体的力量更大，更强，更坚固。"但黄绍竑心灰意冷，不愿再继续打内战。白崇禧最终不得不对此表示理解，黄绍竑由此脱离桂系，归入蒋介石麾下。

黄绍竑离开了，白崇禧毫不灰心，反而决心将广西经营得更好。为此，白崇禧提出的方针是："对内是亲仁善邻，精诚团结；对外是

---

① 郭廷以、贾廷诗、陈三井：《白崇禧口述自传》，中国大百科全书出版社2009年版，第596~612页。

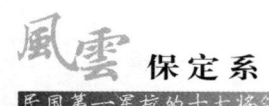

抗日剿共,奋斗到底。"当时李宗仁常驻广州,负责与广东粤系的陈济棠保持联系,广西省内事务则完全由白崇禧主持。

白崇禧先是提出"三自政策",即"自治、自卫、自给"。所谓"自卫",就是在全省推行民团制度,实行全省皆兵;所谓"自治",就是在全省推行区、乡、镇、村、街的保甲制度,强化基层建设,抵制蒋介石势力插手广西政务;所谓"自给",就是设法增加收入,不依赖中央政府的补助。他自称"三自政策"是三民主义广西化的产物,是实现三民主义的手段,三民主义则是"三自政策"的理想。为了推行"三自政策"中的"自卫",白崇禧又提出了"三寓政策",即"寓兵于团"、"寓将于学"、"寓征于募"。所谓"寓兵于团",就是广西正规武装力量的兵源来自民团;所谓"寓将于学",就是广西正规军的干部来源由各级学校培养;所谓"寓征于募",就是采取渐进式,由征、募混合制而最终达到全省义务兵制。经过白崇禧的治理,广西的经济大为好转,饥荒基本不复存在。而全民军事化的制度更让桂军的战斗力进一步增强。广西被称为"模范省",国民政府"立法院"院长孙科更是一度感叹,只有广西实现了他父亲孙中山提出的三民主义。①

---

① 白先勇:《白崇禧将军身影集》,广西师范大学出版社2012年版,第96页。

第五章　白崇禧

4. "送客"之道

　　1934年10月,由于第五次反"围剿"失败,中央红军八万六千人被迫从江西瑞金出发,开始了二万五千里长征。蒋介石与自己的心腹谋士杨永泰商议之后,开始实行一条"一举除三害"的计策。简单来说,蒋介石将以中央军的强大兵力,一路压迫红军由龙虎关两侧进入广西平乐、昭平、苍梧,另一路压迫红军进入广东的新会、阳春。两广的兵力自然不足以对付长征的红军,到时候中央军尾随红军大举进入两广,困扰蒋介石已久的桂系与粤系问题便可以一举解决。

　　为此,蒋介石任命白崇禧为广西"剿匪军"总司令,指挥桂系第七军、第十五军等部队。蒋介石的计划是将红军消灭在湘江、漓水以东地区。谋士杨永泰等人提醒蒋介石——粤系、桂系不会完全听命行事,而白崇禧的部队乃是"防堵共军"的关键。所以,南京方面是不是应该派人去广西联络一下?蒋介石自信地回答:"命令只管下,白崇禧他们不听令行事,红军进了广西他们也受不了。他们不执行命令,这是我们第二步才要考虑的问题。"

　　为了进一步让白崇禧入局,蒋介石还向白崇禧发电允诺:待湘江一战消灭红军之后,将任命李宗仁、白崇禧为桂黔绥靖公署正、副主任。同时蒋介石答应为桂军提供军费一百万元,为桂军补充武器弹药。蒋介石要在湘江与漓水以东地区建立第四道封锁线,形成口袋,等待红军的到来。

　　蒋介石的打算,白崇禧看得清清楚楚。对此,白崇禧与自己的军事高参刘斐有过一段著名的对话。

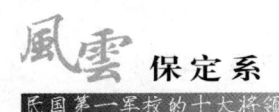

白崇禧问:"老蒋对广西是不怀好意的。你看,我们这个仗怎么打好呢?"

刘斐叹道:"这确实是一个难题,输是输不得,赢也赢不得。"

白崇禧分析道:"是呀,我们十八个团,若打输了,红军进广西。老蒋说,我来替你们打。广西就是老蒋的了。"

刘斐接着分析道:"即使打赢了,红军覆灭了,广西已经疲惫不堪。老蒋说,我来替你们善后,叫黄季宽(黄绍竑字)回广西,把你们调到中央挂个空名义吃饭。我们就只好卷铺盖走路。"①

白崇禧慎重分析局势,最后提出了著名的桂军作战总方针——"送客"。简言之,白崇禧要保存桂军的实力,既要阻止红军进入广西腹地,又要避免蒋介石的中央军跟踪红军进入广西。具体方法是,白崇禧开放一条让红军西进的道路。由于白崇禧判断红军的前进方向是川黔山地,因此他下令桂军不拦头,不斩腰,只击尾,打击红军的后卫部队,"送客"早走。

最后,白崇禧私下里吐露出了自己的真实态度:"老蒋恨我们比恨朱毛更甚,这个计划是他最理想的计划,管他呢,有匪有我,无匪无我,我为什么要顶着湿锅盖为他造机会?不如留着朱毛,我们还有发展机会,如果夏威(桂系第十五军军长)挡不住,就开放兴安、灌阳、全县,让他们过去,反正我不能叫任何人进入广西内地,牺牲我们全省的精华。"

于是,按照白崇禧的部署,桂北湘江一带只有桂军三个团分别闭城固守,从全州到兴安界首之间的一百三十里的湘江两岸,整整三天没有桂军正规军防守,这等于给已陷入困境的红军让出了一条生路。据说,白崇禧干脆对桂系第十五军军长夏威开玩笑道:"谁给红军送

---

① 张学继、徐凯峰:《白崇禧大传》,浙江大学出版社 2012 年版,第 74 页。

第五章　白崇禧

个信,说我们让一条路任其通过!"

果然,作为红军先头部队的林彪红一军团赶到界首,因为界首已无人防守,所以红军未经战斗即占领了这一重要渡口。左翼彭德怀的红三军团第四师则占领光华铺,向南警戒兴安方向桂军,第五师占领了新圩、马渡桥,准备阻击从灌阳北上的桂军。到当天晚上,红军控制了界首至屏山渡之间六十里长的湘江两岸——在此区域内有四处浅滩可以徒涉过江。因此,中央纵队日夜兼程向渡口进发,准备渡江。

蒋介石得知桂系谎报军情撤离湘江防线,大为震怒,马上发电报斥责白崇禧"任匪从容渡河,殊为失策"。蒋介石质问白崇禧:"共匪势蹇力竭,行将就歼,贵部违令开放黔川通道,无异纵虎归山,设竟因此而死灰复燃,永为党国后患,千秋万世,公论之谓何?中正之外,其谁相信兄等与匪无私交耶?"但蒋介石终究是不敢将话说的太重,只是再次令桂军重新夺回渡河点,对渡过湘江的红军先头部队进行夹击,对未过江的红军各部进行堵击。

眼见红军先头部队已经过江,白崇禧明白时机已到,随即开始动手。他指挥桂系第十五军和第七军的一个师回师灌阳,分兵挺进,一路由灌阳地区北上,向湘江东岸进攻,一路由兴安向湘江西岸的红军进攻。桂军与左翼彭德怀的红三军团展开激战,湘江战役由此进入惨烈阶段。

在惨烈的战斗中,彭德怀的红三军团、林彪的红一军团都挡不住强悍桂军的冲击。历时九天的湘江之战,中央红军损失惨重,兵力由长征之初的八万六千人锐减为三万人。红八军团第二十一师几乎全军覆没,第二十三师仅剩不足两千人。被白崇禧切断在湘江以东的红军部队更是全部被歼灭。著名的红三十四师师长陈树湘受伤被俘后,愤然从腹部伤口处掏出肠子绞断,壮烈牺牲。白崇禧由此成为红军的仇敌,他对此却并不在意,只是半开玩笑道:"红军没什么了不起的,

比我们桂军差远了。"

面对并不认真执行自己命令的白崇禧,蒋介石气得骂道:"这真是外国的军队!"但他对白崇禧还是无可奈何。

1936年5月,国民党元老胡汉民突发脑溢血去世,两广实力派失去重心。蒋介石计划趁机分裂两广,然后各个击破。粤系的陈济棠认为与其坐以待毙,不如先发制人。于是,陈济棠联合李宗仁、白崇禧,以"抗日救国"为口号,联合出兵湖南。这是白崇禧在抗战前最后一次反蒋。但他们终究还是抵不过蒋介石的政治手腕,从粤军空军倒戈开始,陆军、海军纷纷倒戈投蒋,陈济棠只身逃亡香港。白崇禧治军有方,桂军总算没有哗变。可是桂系与蒋介石实力悬殊,该如何应对蒋介石的讨伐?这次白崇禧也用上了政治手腕,他看准蒋介石在全力消灭红军之前,不会冒险和桂军决战。因此,白崇禧又搬出黄绍竑调解,再度与蒋介石消除分歧。蒋介石最终妥协,保留了广西全部官员和军队,两方签订停火协定,白崇禧保住了广西。尽管如此,白崇禧和桂系数次反蒋,但最后总是败在蒋介石手下。

5. 抗战岁月

"七七事变"的爆发,让白崇禧与蒋介石暂时搁置了原有的冲突。1937年8月2日,蒋介石电邀白崇禧去南京,共商抗日大计。其时,白崇禧的桂系幕僚都反对他去南京。他们认为,蒋介石为人出尔反尔,唯恐对白崇禧不利。"西安事变"之后送蒋介石回南京的张学良

第五章　白崇禧

便是明证。但白崇禧不顾众人劝阻，还是决定前往南京。白崇禧指出："如果自己不到南京，不但辜负蒋公之德意，则往昔揭示之抗日口号乃是自欺欺人，必将为国民所唾弃。"

白崇禧飞抵南京的第二天，日本报纸刊出大标题——《战神到了南京，中日战争终不可避免》。①

白崇禧就任国民政府军事委员会副总参谋长一职，兼军训部长，在蒋介石身边参与中枢决策。赴任之后，白崇禧立即投入到参与制定抗战全面策略之中。与其他战将相比，白崇禧在抗战初期更多扮演了战略家的角色。他主持制定了《对日战争时期之指导大纲》，根据敌我双方的实力，将抗战分为三个时期：第一期，即消耗战时期；第二期，即持久战时期；第三期，即反攻时期。按照这一战略方针，抗战初期，中国军队运用大兵团作战同日军拼消耗，进行了数次大规模会战。蒋介石自豪地称："我们所到阵地，必须屹立如山，伤亡损失至何种程度，切勿后退一步。"

1938年，上海、南京等城市相继沦陷后，国民政府在武汉召开军事会议。白崇禧审时度势，提出了"游击战与正规战相配合，积小胜为大胜，以空间换时间"的对日战略方针。有人对此提出异议：游击战是保存实力之作法。白崇禧当面反驳：中共能打好游击战，国军也就能打好游击战。打游击绝非为保存实力，敌后游击，任务艰巨，补给困难，以寡敌众，以弱抵强，绝非保存实力的部队所能胜任。后来，白崇禧还专门编著《游击战纲要》一书，发放各战区，用作训练游击队的教材参照。②

八年抗战，白崇禧不仅以战略家的身份参与制定了各阶段对日作

---

① 张学继、徐凯峰：《白崇禧大传》，浙江大学出版社2012年版，第305页。
② 郭廷以、贾廷诗、陈三井：《白崇禧口述自传》，中国大百科全书出版社2009年版，第69页。

战计划,还多次奉命协助或亲自指挥了若干会战。1938 年 3 月 24 日,白崇禧奉命奔赴徐州,协助李宗仁指挥台儿庄会战。历时二十多天的台儿庄战役,战斗空前惨烈。面对日寇大军云集,城池几次被攻破,中国军队从将军到士兵,人人抱着与阵地共存亡之决心与敌人血拼。在英勇顽强的抵抗下,日军矶谷师团遭到重创。中国军队歼敌一万多人,台儿庄大捷成为抗战以来中国方面所取得的一次重大胜利。

7 月 17 日,李宗仁因病休养,白崇禧就任第五战区代理司令,指挥武汉会战。当时长江北岸为第五战区作战区,长江南岸为第九战区作战区,司令长官为陈诚。武汉保卫战期间,中国军队分布于长江两岸,倚大别山、九宫山、庐山等山脉构筑坚固阵地,同时临湖泊大泽布防,发动大规模的游击战。武汉会战坚持打了四个半月,迟滞了日军的侵略步伐,迫使日军停止战略进攻。白崇禧的《对日战争时期之指导大纲》预言准确,抗日战争由此进入到第二期,也就是持久战时期。

白崇禧与其爱驹"乌云盖雪"

1939 年底,桂南会战爆发,白崇禧奉命组建桂林行营。他被任命为桂林行营主任,统辖长江以南第三、四、七、九战区。在桂南会战中,白崇禧指挥各军同日军在南宁、昆仑关数度展开鏖战。因日军来势凶猛,致使南宁、昆仑关一度失守。白崇禧亲临前线,甚至深入到阵地,指挥收复战斗。当时的前线流传这样一则故事:昆仑关战前,中央军士兵无心训练,坐在地上写信。桂军老兵走过来问:"为何不

第五章　白崇禧

去训练？"中央军回答："我们已经奉命明天开始向昆仑关的日军进攻，所以先把遗书写好。"桂军老兵告诉中央军士兵："打鬼子不用写遗书，打胜了再写信报捷，这次战役的总指挥是'小诸葛'，此战必胜。"中央军士兵一听，随手将信纸撕碎："原来这次是白长官指挥，我们肯定能打赢！"

昆仑关一役，白崇禧统率大军，以优势步兵辅以炮兵，经过十几次冲锋，长期迂回，苦争恶战，终于取得昆仑关攻坚战的胜利。这也是抗战以来所取得的首次攻坚战胜利。昆仑关战役，歼敌五千余人，击毙日军第五师团第十二旅团长中村正雄。经一年多苦战，在抗日民众的全力配合下，1940年10月30日，白崇禧指挥第四战区所部收复南宁，进而一举追击，迫使日军残部只得由海路退却。

如前文所言，白崇禧早年就因伤落下左腿的终生残疾。武汉会战时，白崇禧染上恶性疟疾。他仗着自己身体强健，坚持在前线指挥。因未得到彻底医治，白崇禧的恶性疟疾转为潜伏性疟疾，折磨数月才得以治愈。后来在桂南会战中，因久住潮湿的岩洞，又使白崇禧的风湿病大发作。抗战八年，白崇禧以副参谋总长身份先后兼任军训部长、校阅部主任委员、桂林行营主任、海军整建委员会主任等要职。他运筹帷幄，指挥若定，还为国民党军训练了大批军事指挥人员，为赢得抗战做出了特殊贡献。为了表彰白崇禧在抗战中的业绩，1945年8月，国民政府晋升他为陆军一级上将。

另外，指挥作战之余，白崇禧总结自己带兵作战的经验，对军事战略深入研究，写下了大量的军事著作。他在抗战中写下了《现代陆军军事教育之趋势》、《抗战中敌我战法之演变》、《游击战纲要》、《全面战争与全面技术》、《军事抗战与政治抗战》、《军事战与经济战》、《国民兵之建设教育》等著作。担任军训部长期间，白崇禧还主持修订"各兵科典范令四十八种",作为各军事院校的教材。①

1946年,任国防部部长的白崇禧

6. 逼蒋下野

抗战结束后,蒋介石采用了美国军事顾问团的建议,决定还都南京后撤销军事委员会及军政部,仿照美国体制成立国防部。执掌国防部的人选让蒋介石颇费脑筋。当时,何应钦与陈诚都有意此职,两人展开了激烈的争夺。蒋介石权衡再三,索性将这一职位交给了与自己为敌多年的白崇禧。一则因为白崇禧在抗战期间的表现可圈可点,一时间名望颇高;二则美国方面对白崇禧的印象不错,他出任国防部长,容易得到美国方面的支持和同意。

---

①郭廷以、贾廷诗、陈三井:《白崇禧口述自传》,中国大百科全书出版社2009年版,第310~341页。

第五章　白崇禧

白崇禧就这样被推上了国防部长的位置。就职后白崇禧很快发现，所谓的国防部长不过是一个虚职。国防部长下面设有参谋总长一职，由陈诚担任。按照规定，参谋总长直接秉承国民政府主席（蒋介石）之命，指挥全国海陆空军，发号施令，实际掌握军政、军令大权。许多作战会议白崇禧不得参加，就连重要公文白崇禧都不得过目。①

1947 年，台湾爆发"二二八事件"，白崇禧奉蒋介石之命飞赴台湾，平息了危机。蒋介石投桃报李，允许白崇禧在江西九江设立国防部九江指挥所，对付大别山区的解放军刘邓大军。这是白崇禧就任国防部长以来，蒋介石首次给他军权。白崇禧得到兵权，立即调整部署，在大别山重创刘邓大军，一度大大减轻了南京的威胁。

1948 年春，李宗仁不顾蒋介石的反对，执意参加副总统竞选。白崇禧开始本不同意李宗仁竞选。但在李宗仁的坚持下，白崇禧不得不出面助选。李宗仁赢得大选后，更遭蒋介石忌恨。蒋介石不方便动李宗仁，便首先拿白崇禧开刀。恰逢此时，白崇禧向蒋介石提出了

1948 年 1 月下旬，李宗仁宣布参选副总统，赴南京与白崇禧磋商

---

① 张学继、徐凯峰：《白崇禧大传》，浙江大学出版社 2012 版，第 444 页。

自己"守江必守淮"的战略。白崇禧总结这几个月来国民党军与解放军作战失败的经验教训,建议中原只能设一个战区,以利于集中兵力,机动使用。他同时建议华中"剿总"设在安徽蚌埠,以利于紧靠南京,取得补给。另外,白崇禧提出应该采取攻势防御的作战方针,使中原大军运动于江淮河流山谷之间,完成守淮守江的任务。这一战略本来大有道理,却正好撞到了蒋介石的枪口上。

蒋介石根本没有接受白崇禧的设想,还是将中原地区划分为徐州与武汉两个战区,在徐州成立了另一"剿总",由刘峙主持。这样,华中"剿总"只能指挥长江上游军事,总部也就设在了汉口。1948年6月,蒋介石将白崇禧外放到武汉,担任华中"剿总"司令。由国防部长调为"剿总"司令,明显是由中央降到地方。白崇禧大为沮丧,跑到上海,隐居不出。

蒋介石见白崇禧不受命,只好请黄绍竑从中劝解。黄绍竑见到白崇禧,一番话将其点醒:"你和德公(李宗仁字德邻)在南京做副总统和国防部长,等于关在笼中的鸟。现在笼门打开,还不快快地远走高飞?武汉进可以攻,退可以守。蒋介石到了无法应付的时候,必定下野,德公就可以出来收拾局面。你岂不是大有可为?"

白崇禧恍然大悟。事实上,他来上海,同样是以退为进。借华中"剿总"司令上任的机会,白崇禧要抓军队。他不但要抓广西的军队,还要抓住蒋介石的中央军。他回到南京,跟蒋介石讨价还价,要蒋介石答应他两个要求。一是扩大华中"剿总"的职权和区域;二是到武汉之后,要直接向蒋介石负责,不受国防部和参谋总长的节制。白崇禧还提出,将桂军的张淦兵团和徐启明兵团派到华中,直接归自己掌握,河南的张轸兵团同样归到自己麾下。在华中带兵的"黄埔系"将领李默庵、刘嘉树、黄杰等都是湖南人,白崇禧自然也要笼络。他还请"黄埔系"出身的湖南人陈明仁出任武汉警备司令,再升他为兵团

第五章　白崇禧

司令。然后,白崇禧把陈明仁派回湖南,让他看守湘桂大门。这样,白崇禧战可去中原,守可回广西。无论时局怎样变化,白崇禧都有后路可走。

1948年9月下旬,解放军攻克济南。济南解放后,徐州地区的形势日趋紧张。国防部长何应钦和参谋总长顾祝同都觉得让刘峙担任徐州"剿总"有些不放心,他们提出让白崇禧来统一指挥华中和徐州的军事行动,与解放军在淮海地区进行一场大会战。换言之,南京当局接受了白崇禧以前所提出的"守江必守淮"战略方针。然而,刘峙听到这一消息后,私下里发牢骚道:"白健生(白崇禧字)是寡妇改嫁,对老头子(指蒋介石)可以抗衡论理,不听调动。我好像是童养媳长大,骨头多大,当婆婆的都摸得清,服从是无条件的。"刘峙手下的亲信将领对此更是十分不满,徐州"剿总"参谋长李树正就到处散布:"这简直是多此一举,他白崇禧又不是三头六臂,他来就一定行吗?"白崇禧的"守江必守淮"战略方针再度遭遇阻力。

此时辽沈战役胜败已定,美国已提出要蒋介石下台,由副总统李宗仁与共产党重开谈判,沪宁方面要求国共和谈的呼声日益高涨。白崇禧看准时势,不再重提"守江必守淮",拒绝统一指挥华中和徐州的军事行动。现在,白崇禧要的是拥兵武汉,图谋天下。他已经筹划好,如何重演二十年前逼蒋介石下野的那一幕。

淮海战役开始后,蒋介石的中央军主力在淮海地区被解放军包围。蒋介石想将华中"剿总"的部队调去解围,遭到白崇禧的百般推诿。他只将黄维第十二兵团派到前线,坐视淮海战役失败。因为黄维的部队属于"黄埔系"之下的"土木系",并非白崇禧控制的部队。蒋介石要调属于华中"剿总"指挥的宋希濂部去淮海参战,部队从湖北沙市装船运往南京。但船只到汉口时,白崇禧竟然派警卫团把所有船只都看守起来,不许宋希濂部登船。

蒋介石亲自打电话给白崇禧,说明淮海战场形势紧急,希望部队马上东调。但白崇禧强调武汉的重要性,认为华中"剿总"部队太少,不能再调。愤怒的蒋介石指责白崇禧故意违反军令。白崇禧的反击颇为出名:"合理的军令我服从,不合理的命令我不能接受。如果你认为我不听命令,你撤我的职好

阅读文件的国防部长白崇禧

了。"听了这番通话之后,蒋介石怒掷电话筒,掀桌,痛骂粗话,却又无计可施。

  淮海战役以解放军大获全胜告终,蒋介石的嫡系部队五十五万人全军覆没。蒋介石的政权根基全面动摇,白崇禧趁机发难。12月24日,白崇禧从汉口给蒋介石发出电报,向蒋介石提出三点建议:第一,相机将真正谋和诚意转知美国,请美、英、苏出面调处、共同斡旋和平;第二,由民意机关向双方呼吁和平,恢复和平谈判,双方军队在原地停止军事行动,听候和平谈判解决;第三,乘京、沪、平、津在吾人掌握之中,迅作对内对外和谈部署,争取时间。与此同时,一直与白崇禧交好的长沙绥靖公署主任兼湖南省政府主席程潜也配合白崇禧,致电蒋介石,倡议与中共谈和,直言要求"总统毅然下野"。

第五章　白崇禧

舆论一时对蒋介石极为不利。

不久，平津战役爆发，局势更加恶化。白崇禧二度通电，将话说得更明确："无论和战，必须速谋决定，时不与我，恳请趁早英断。"这是毫无掩饰地逼蒋介石速速下野。舆论开始倒向白崇禧一边，一些地方军政人物也发来通电，表达同样主张。蒋介石面对白崇禧的压力，进退维谷，只得与二十年前一样，黯然同意。1949年1月，蒋介石被迫下野，由李宗仁接任总统，白崇禧再度担任国防部长。[①]

白崇禧的目光与远见在此又有所体现。见到蒋介石的下野文告之后，他立刻从汉口打电话给南京，对李宗仁道："全文没有'引退'这个词，蒋介石既不'引退'，你李德邻怎么上台呢？这是值得注意的问题，应当设法补救。"李宗仁却道："没有什么值得担心的。蒋介石走得很干脆，不会拖泥带水。"

两人因看法相左争吵起来，最后李宗仁道："算了吧，你这一套我已经听够了，我不要听了。"说完就把电话挂断。白崇禧、李宗仁的关系由此出现裂痕，桂系的最终消亡开始初见端倪。

[①] 张学继、徐凯峰：《白崇禧大传》，浙江大学出版社2012年版，第517~523页。

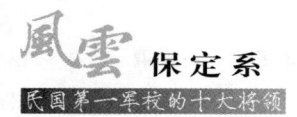

7. 去台之误

1949年4月，国共和谈。白崇禧坚决反对接受中共方面的条件。他认为那样的条件形同"无条件投降"。白崇禧手中还有数十万军队和半壁江南，他坚信能与解放军周旋。白崇禧曾对李宗仁道："我手上有兵，想让我缴枪办不到，只要我还有一口气，就会战到一兵一卒。广西每一寸土地都是桂系官兵用血换来的，解放军想占领广西，就要用血来换。"

于是，白崇禧筹组半环形湘粤联合"反共防线"，统率华中"剿总"所辖六十万部队，在南方与解放军展开鏖战。解放军实力绝对占优，但白崇禧用兵巧妙，努力拖延解放军南下的脚步。可惜，大势已去，蒋介石在幕后拆台，使李宗仁无法指挥，白崇禧再精明，也无力支持已倾的大厦。包括陈明仁在内的大批将领起义倒戈，桂系军队只得一路南撤。随着衡宝战役与桂柳战役的结束，白崇禧的桂系部队所剩无几。解放军于1949年12月14日占领中越边境镇南关，切断了桂系大部退入越南的后路。最终退入越南的桂系部队不过两万人，其余部队全部被林彪的第四野战军歼灭。

桂系全军覆没之后，李宗仁以治病为名赴美，白崇禧在1949年12月3日乘飞机去了海南岛。他开始为前途命运而踌躇，究竟该何去何从？此时，蒋介石给白崇禧来信，邀请他到台湾，共图"反共复国"大计。12月10日，蒋介石派陆军副总司令罗奇和前上海代市长陈良飞赴海南，请白崇禧去台北组阁。他们随机带来金砖数万两，表示这是蒋介石特批，以发清从前拖欠的白崇禧华中"剿总"所辖部队

第五章 白崇禧

军饷。白崇禧看出了蒋介石的"诚意",但还是不太放心,又派李品仙先行赴台,名为办理华中军政长官公署和桂林绥靖公署结束事宜,实际是赴台打听政治行情。李品仙赴台后,很快致电白崇禧,称蒋介石、陈诚都希望白崇禧速速去台湾。这坚定了白崇禧赴台的信心。1949年12月30日,白崇禧按原定计划,终于从海口飞往台湾。

李宗仁此前早就劝过白崇禧,桂系已经全军覆没,"小诸葛"到台湾根本无用武之地。其他亲信对白崇禧也多有劝阻,但白崇禧只是回答:"我自追随蒋公北伐以来,殆逾二十载,既处遇顺境,亦处遇逆境,一生一世历史第一,我必对历史有所交代,生死利害,在所不计,君勿为此喋喋也。"

事实上,白崇禧赴台无疑是一项轻率的决定。与白崇禧相交多年的程思远后来回忆道:"白崇禧在过去的二十二年中,曾三次逼蒋介石下野,蒋介石对他自然恨得刻骨铭心,必欲置之死地而后快。蒋介石所以不立刻对他下手,是因为李宗仁在海外进行反蒋活动,白崇禧还有可供利用的余地。但这一次进入台湾就休想出来了。"白崇禧的政治算计不及蒋介石,最终自投罗网。

结果,白崇禧赴台之后仅获聘为"总统府战略顾问委员会"副主委等职,实际上遭到监视与软禁。白崇禧的后半生过得堪称凄凉,不但时时遭到监视和搜查,还屡屡被"国大代表"弹劾,追究其在大陆时代的反蒋历史。1952年10月,蒋介石在台湾召开"国民党第七次全国代表大会",宣布国民党改造结束,组建"中央委员会",同时设立"中央评议委员会"以安置"党国元老",白崇禧未能在这两个机构中占一席之地。国民党元老们为白崇禧抱不平,特推于右任、居正两人前往见蒋介石,要求设法补救。蒋介石听取于右任、居正的意见后,沉吟了一下,即以决然的态度说:"健生,这个,这个,他的问题我知道。"话说到这里便再无下文。

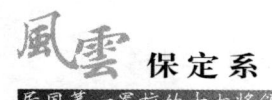

20世纪50年代中期,约旦国王侯赛因在访问亚洲途中经过台北,专程邀请白崇禧访问中东。事实上,挂着"战略顾问委员会主任委员"虚衔的何应钦尚有一些自由,可以出席"道德重整会"会议到美国去看看,而白崇禧绝无此种幸运。蒋介石不准白崇禧离开台湾,怕他一去不回。

由于李宗仁还在美国,蒋介石还要利用白崇禧来牵制李宗仁,虽对白崇禧当年乘危逼宫非常嫉恨,但并没有立即公开处治,只是将白崇禧列为头号政治敏感人物,并给其取了个"老妹子"的代号。保密局在白崇禧公馆对面设了个派出所,对白崇禧的一举一动进行严密监视。敏感的白崇禧马上就知道是怎么回事,于是减少外出活动和与朋友的交往,连打猎、下棋的爱好也自动收敛。但蒋介石不依不饶。1952年,蒋经国派遣特工人员将白崇禧和薛岳两人的家进行了彻底搜查,连地板都被挖开检查了一番。当时白崇禧很生气,立即打电话责问蒋经国。蒋经国回答说:"健公,这并不是我的意思,你不信,打电话去问总统好了。"白崇禧又打电话问蒋介石,蒋介石回答说:"我知道这件事,不仅对你们两人如此,人人都应该这样来一次。"其实,别人都无此"待遇"。还有一次,白崇禧夫人马佩璋去香港。刚到机场,奉命盯梢的特工就对马佩璋说:"你的皮包里如果有信件,应该交出来由我们代你寄出,不应该由你带去。"马佩璋对此很生气,从包中取出信,随手撕毁,说不必麻烦你们了。

1965年,李宗仁夫妇冲破阻难,抵达北京,受到中共党政军领导人的热烈欢迎和很高的礼遇。李宗仁一回大陆,白崇禧牵制李宗仁的作用消失,蒋介石不再需要白崇禧了。据说,白崇禧曾很痛苦地对身旁的人说:"德邻投共,我今后在台湾,更没有脸见人了。"

1966年12月2日,白崇禧因心脏病于台北逝世,终年七十三岁。关于白崇禧的真实死因,至今存在争议。心脏病为白家遗传病,但许

第五章　白崇禧

多人怀疑白崇禧其实是死于蒋介石的暗杀阴谋。

　　白崇禧逝世后，台湾当局为其举行公祭。蒋介石亲自为他颁发了"轸念勋猷"挽额以及"旌忠状"。出殡当天，心情复杂的蒋介石亲自来向白崇禧的遗体告别，鞠躬致敬，献花致祭。根据习俗，白崇禧葬于台北市近郊六张犁公墓。与其他客死台湾的国民党高级将领一样，白崇禧的墓地面朝大陆方向。

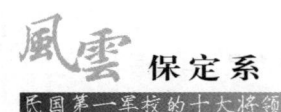

白崇禧（1893—1966）年表：

1893年3月18日，生于广西桂林六塘山尾村。

1916年，毕业于保定陆军军官学校第三期步兵科，回广西在陆荣廷部任见习。

1918年，任广西模范营连附。

1919年，升任模范营连长。

1921年，粤军入桂讨伐陆荣廷，模范营起义，白崇禧升任营长、统领。

1923年，任广西讨贼军总指挥部参谋长。

1925年，任定桂讨贼军前敌总指挥兼参谋长，先后击破陆荣廷、沈鸿英主力，又败唐继尧入桂滇军，统一广西全境。

1926年7月，受命为国民革命军副参谋总长，代行总参谋长职务，随军北伐。

1927年，任东路军前敌总指挥，率第一军克复杭州、上海。随任淞沪卫戍警备司令、第二路军代理总指挥。8月，逼蒋介石下野。

1928年6月，率军进入北京。

1929年3月，蒋桂战争爆发。白崇禧不敌蒋介石。6月，白崇禧被迫避居越南。

1930年，中原大战爆发，白崇禧任反蒋联军前敌总指挥。反蒋失败后，白崇禧锐意经营广西。

1937年抗战全面爆发后，8月，白崇禧到南京就任军事委员会副总参谋长。

1938年7月，白崇禧代理第五战区司令长官。在武汉军事会议上，白崇禧向最高军事委员会提出抗日战略方针："积小胜为大胜，以空间换时间，以游击战辅助正规战，与日本人作长期抗战。"12月，

第五章　白崇禧

担任桂林行营主任,统一指挥四个战区。白崇禧就任期间,指挥了昆仑关大捷等重要战役。

1946年6月,国防部成立,白崇禧任国防部长。

1948年,白崇禧就任华中"剿总"司令。12月,白崇禧从汉口通电,建议重开国共和谈。蒋介石被迫再度下野。

1949年12月,白崇禧从海口飞往台北。此后他一入台北再未能离开。自此,白崇禧挂着"战略顾问委员会"副主任委员(主任委员何应钦)的名义,在台北度过晚年。

1966年12月2日,白崇禧逝于台北。

第六章 傅作义

姓名：傅作义

字号：宜　生

出生日期：1895 年 6 月 27 日

逝世日期：1974 年 4 月 19 日

出 生 地：山西荣河县

发迹事由：1927 年率孤军坚守涿州城三月之久，顶住三倍于己的奉军反复进攻，名震华夏。

最后结局："文化大革命"中于北京病逝。

一生总结：

你是北京的大功臣，应该奖你一枚天坛一样大的奖章。

和平解放北平，宜生功劳很大，人民永远不会忘掉你。

——毛泽东

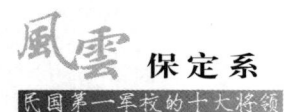

1. 带兵有方

傅作义，字宜生，1894年6月27日生于山西省荣河县安昌村。这是一个濒临黄河、常遭黄泛灾害的贫穷村庄。傅家世代务农，耕种黄河滩地，或佃种一点他人的田地，勉强维持生计。傅作义祖上没有上过学的人，二百多年间连家史都未能留下。

傅家的运道在傅作义的父亲这一代开始有转机。傅作义的父亲傅庆泰，年轻时除了种地，也在黄河边摆渡维持生计。逢水浅时，傅庆泰靠自己的体力，背来往的行人过河，名为"脚力背水工"，每次能挣一两枚制钱。在黄河边挣脚力钱的时间长了，傅庆泰对黄河的水性渐渐了解。当地船商雇他当船工，收入比背人过河要高。等稍有积蓄，傅庆泰不惜借债租船，与人合伙，从禹门口到西安贩运煤炭。用乡人的话说，这是"黑石头换来白银子"。久而久之，积蓄渐多。傅庆泰买船独立经营，还在西安开设了煤厂。等到八国联军攻陷北京，慈禧太后避难西安，更大的商机到来了。这年冬季特别寒冷，皇室所需取暖用煤骤增，官买民用，煤价飞涨。傅庆泰往返运煤于西安、潼关之间，得利甚厚，家境从此殷实，后来又设立若干商号，渐成荣河县有名的富户。傅作义此时六岁，也从一个贫农的儿子变成了富家子弟，有了读书进学的机会。

傅庆泰生三子一女，傅作义是次子。他六岁进私塾开蒙，小小年纪就胆大泼辣，喜骑烈马，敢游黄河，村人常议论说："这孩子胆子太大，将来或成大事，或闯大祸。"饶是如此，傅作义天资聪颖，成绩一直不错。他九岁入荣河县立小学堂，各门功课考试成绩均名列前

第六章 傅作义

茅，深得父母喜爱。高小毕业，父亲送他入读运城河东中学堂，为的是将来能支撑门户。清末筹建新军，各省陆军学堂纷纷建立，尚武风气遍及全国。1910年，十五岁的傅作义也决心投笔从戎，考入了太原陆军小学。

受到革命理念的影响，少年傅作义在太原参加了同盟会的外围组织"少年革命先锋队"。1911年10月，辛亥革命爆发，太原随之起义响应，少年傅作义欢喜若狂。身为"少年革命先锋队"学生军的排长，傅作义随总司令姚维藩（姚以价）开赴娘子关抵御清兵。由于作战勇敢，姚维藩对其颇为赏识。随后，傅作义又参加了李鸣凤率领的起义军攻打平阳府（今临汾）。

可惜，一个月之后袁世凯派北洋军杀入山西，刚宣布独立的阎锡山逃出太原，革命党人顿遭镇压。此后，阎锡山率军转战晋北、包头等地，一直到次年南北和谈之后才回到太原。

战事平息后，傅作义回到太原陆军小学继续学习。经过辛亥年间的磨炼，1912年，十七岁的傅作义由太原陆军小学保送入北京清河镇第一陆军中学。这时的傅作义还很年轻，因为北京远离家乡，平日里耗费较大，自己又不注意节省，一度在北京向人借了二十两银子花销。二十两银子可是一笔大钱，寒假回到家中，傅作义将此事告诉了父亲傅庆泰。父亲没有责备傅作义，只带他到黄河边，让他脱掉鞋袜，跳入水中。站在冰冷刺骨的黄河水中，傅庆泰对儿子傅作义道："我的钱是这样挣来的。"傅作义顿时深感内疚，自此一生崇尚简朴，人称"布衣将军"。傅庆泰的教子之法更是名闻乡里，为人称道。[1]

1915年，傅作义二十岁，以优异成绩毕业，升入保定陆军军官学校第五期步兵科。当时保定军校的课程分为学科和术科。学科包括步

---

[1] 张新吾：《傅作义传》，团结出版社2005年版，第3页。

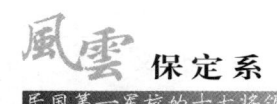

兵的战术学、筑城学、地形学、兵器学四大教程及设计教范、野外勤务令等；术科包括步兵操练、战斗演习、射击、马术、体操等。这些课程，傅作义基本保持了全优。特别是射击，弹无虚发，名列全校第一。

关键是，傅作义在保定军校善学而思，稳健持重，积极进取，颇得同期同学的钦佩。后来，诸如袁庆增、陈炳谦、曾延毅、李生达、李世杰、楚溪春等人，其中才华高于傅作义的不乏其人，但均甘为傅作义之下，听他指挥。甚至连傅作义的老师崔正春、苗玉田都给他当过参谋长、高参，人格的力量由此可见。保定军校的生活给了傅作义典型的军人品格，为他奠定了成功立业的基础。

1918年，傅作义从保定军校毕业回到山西，参加阎锡山的晋军。初任独立炮兵第十团见习官，不久，转任排长、连长。四年之后，傅作义升任少校团副兼团技术队队长，负责全团技术训练。当时部队驻扎在山西平定，傅作义身穿士兵服装，亲率士兵严格操练，每项训练都亲自示范。傅作义要求尽量设置难度大、近似实战的场地和障碍。士兵练走独木桥，傅作义下令将独木桥架在水泊上。骑兵练骑马，傅作义下令将马镫拴起，并且在刚收割过的高粱地里训练。由于傅作义以身作则，严格要求，独立炮兵第十团的体操、射击、劈刺、投弹等项目在山西全省军事技术比赛中均名列第一。

1923年，二十八岁的傅作义升任营长。他深知爱兵如子的道理，平时共甘苦，战时方能同生死。全营弟兄的名字，傅作义都叫得出。士兵家属来营探望，一律热情招待，如有困难，傅作义还以财物相赠。逢年过节，傅作义总派人买猪肉、粽子、月饼慰劳全营官兵。他更是经常把自己的薪金补贴在练兵上，由此深得官兵的信赖。

1924年8月，第二次直奉战争爆发。阎锡山配合直系，派出晋军四个旅，由张培梅指挥，乘机出兵娘子关，攻占石家庄。傅作义营在石家庄担任警戒任务，他将兵力集中于市内要隘，派得力班长率几名士兵，携带电话机分散于各个要口。恰巧这天晚上晋军前敌总指挥张培梅夜间巡防，发现哨位上兵少，不禁发怒，招来营长傅作义，责问："这是怎么回事？"傅作义坦然回答："将兵力分散在各个路口，如果发现情况，无法应付。倒不如将兵力集中，组织机动力量，接到哨位的电话之后，可以应付紧急情况。"张培梅一听，大为嘉许。战后，张培梅力保傅作义升任第四旅第八团团长。

2. 苦守涿州

1924 年 10 月，直军将领冯玉祥联合胡景翼、孙岳等发动北京政变，所部改组为国民军。

后来，直奉联合晋军进攻国民军。国民军在腹背受敌下，往西北撤退。晋军扼守京绥路东起柴沟堡西至大同北孤山一线，试图截断国民军的退路。但晋军兵力有限，战斗力也不强，众寡悬殊，心余力绌，导致战斗失利，锐气大挫。晋军不得不以主力退守雁门关，留下傅作义的第八团固守天镇。京绥路上的天镇，地处要冲，是国民军的必经之路。晋军除了派傅作义的第八团驻守天镇阻截，雁北的其他十二个县也各派一个团的兵力守御。不久之后，除了傅作义驻守的天镇外，其他留守县城一一被国民军攻占。

国民军宋哲元部以一个师的兵力进攻天镇，兵力是傅作义第八团的三四倍。傅作义亲临指挥，鼓舞士气，创造性动用了各种守城战

法,一一挫败了国民军架云梯、挖地道、上攻下炸突入城内的计划。比如国民军善于用地道进行迫近作业,守军难以侦察到对方地道的方位,因而无法阻止,但傅作义有办法。他出了重赏,派人沿着天镇城墙挖掘外壕,横断地道。傅作义还在城内沿城每隔几十米就在地上埋一口大缸,缸口向外,缸底凿出小孔,派人监听国民军的动静,侦破对方的地道作业,让宋哲元无计可施。

　　宋哲元历时三个月的攻城,未能将天镇攻下。此战充分显露了傅作义守城的才能。阎锡山对他大为赏识,立即将其提升为第四旅旅长。恰逢此时国民军第三军军长孙岳病故,继任军长徐永昌有意作壁上观,这帮了阎锡山大忙。再加上奉军以优势兵力由热河向张家口进攻,国民军被迫向绥远西部进行总撤退。傅作义于是转守为攻,率第八团乘机出击,衔尾猛追,一路追到归绥附近,迫使国民军韩复榘、石友三两部向晋军总指挥商震投降。徐永昌率国民军第三军退到包头之后,也不再西退,就地向阎锡山请降。阎锡山的实力从此大为增强,占据晋绥广大地盘,为翌年参加北伐添加了资本,并得以与蒋介石、冯玉祥、李宗仁等人分庭抗礼,更为尔后分获国民革命军第三集团军的建制创造了条件。此战之后,阎锡山提升傅作义为第四师中将师长。傅作义自此迈入高级将领行列,时年不过三十一岁。

　　1927年5月,北伐军在河南临颍大战中击溃奉军主力,胜利北上。阎锡山看准局势,放弃了与奉系张作霖的联合,正式宣布易帜,接受南京政府的委任,担任"北方国民革命军总司令"。阎锡山将晋军改编为国民革命军第三集团军,于1927年9月29日出兵北伐,向奉系开战。阎锡山兵分两路,商震的左路军沿京绥铁路东进,占领张家口、宣化等地;徐永昌的右路军沿正太铁路东进,一举占领石家庄、正定,然后沿京汉铁路北上。傅作义则率第四师及炮兵团归阎锡山的司令部直辖,作为别动队配合晋军主力作战。

第六章　傅作义

10月上旬，傅作义利用奉军换防之机，率军深入奉军腹地，计划一举占取涿州。涿州位居北京、天津、保定三角地带之要冲，扼守北京咽喉。张作霖为确保京汉铁路安全，将前线指挥部设在保定，令少帅张学良在保定指挥，在涿州派驻了嫡系的第十五师。傅作义计划先以先遣支队突进涿州，主力随后入城增援。10月11日上午，晋军先头部队在傅作义麾下第三十六团团长袁庆增的带领下，化装成商旅，驱赶着驮载装满弹药荆筐的毛驴，由北门进入涿州城。他们立刻抄了警察所，控制了钟鼓楼。随后，晋军在没有阻力的情况下，向南大街挺进。就在此时，前来接防的奉军王以哲旅由涿州火车站下车，整队从南门进入涿州城。两军在涿州城内南大街猝然相遇，由于两军的服装和所戴臂章的颜色、样式都颇为相似，战斗在两军最接近的时候才仓促打响。奉军在晋军先头部队的猛烈打击下，被迫退出涿州城。晋军先头部队此时关闭四门，开始固守涿州城。袁庆增指挥先遣支队顶住城外奉军王以哲旅的反攻，而后傅作义亲自率全师主力翻越九宫口群山，出其不意猛攻奉军的防线，经过激烈战斗攻入涿州城，迫使奉军撤退。

可是，傅作义打下了涿州，晋军各主力部队却迭告失利，纷纷撤离京汉、京绥两铁路线，涿州成为孤悬于奉军包围中的唯一据点。张学良得知傅作义占领涿州，立即增调部队，合兵三万多人围攻涿州。傅作义则采取固守待援之策。他亲自绕城视察，召集官佐会议，商讨守城方略，进行布防。傅作义还以师司令部名义布告涿州民众，严申纪律："凡我民众，各安生业，勿相惊疑。公平交易，勿抬市价。倘官兵或有不法行为，准予来部控告，定行尽法惩治，决不姑宽。其各凛遵。"

傅作义命令士兵修筑工事，加强守备。整个涿州城墙由青砖包裹，城上堆积沙包，每隔二十余米设有机枪阵地，布置机枪侧向交叉

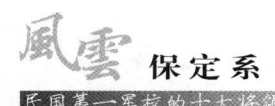

火力。垛口后堆满砖石，以做弹药缺乏时应急之用。东南西北四座门分别建有瓮城，四野均无高大建筑，城东五里的京汉铁路都清晰可见。火车站和来往列车，均在晋军炮火射程之内。

围城最易从内部动摇。所以布防伊始，傅作义严格约束军纪。除了告示居民可以控告官兵违法外，他还在城防司令之外特设卫戍司令一职，指令麾下旅长白濡青为卫戍司令，团长袁庆增为城防司令，专事管理城市。傅作义还命工兵为居民挖掘地窖，统一管理城内粮食和各种物资。傅作义当时不过区区师长，但作为一个政治人物的格局和能力已可见一斑。

10月15日晨，奉军发动第一次总攻。奉军动用火炮数十门，猛烈轰城，并派出飞机助战。傅作义指挥守城晋军前后击退奉军五次冲锋，旗开得胜。为了鼓舞士气，傅作义当天写了份训兵文告，颁发全军。这份文告语言平白，语气坦诚，内容真切，给了晋军官兵不小鼓舞。傅作义写道："弟兄们此次作战，又勇敢，又坚忍，真算得一等革命军人。我们所占的地方，正是敌人的致命伤。所以敌人用全力来攻咱们，哪知道咱们是真正的革命军人，什么飞机、大炮都是绝对恫吓不动的。……大家咬紧牙关，捏定拳头，提起全副精神，好好和敌人打上几天，咱们的光明大道不是就在眼前吗？"

16日清晨，奉军由工兵司令柏桂林指挥，发动第二次总攻。奉军万炮齐发，弹落如雨，涿州城内南北大街的民房几乎全被夷为平地。傅作义指挥晋军顽强抵抗，阵地未丢半寸。两天之后，傅作义抓住战机，命令三个营的步兵分别出涿州城东西门偷袭奉军，一举击毙奉军团长一人，击伤旅长一人，俘虏奉军士兵三百余人，缴获山炮五门，步枪百余支。奉军也不甘示弱，随即发起进攻，还用云梯强行登城，但都被傅作义击退。

傅作义估计，奉军连日攻城不利，伤亡惨重，必将改变战术。于

第六章 傅作义

是傅作义拿出天镇之战时的老办法,在城墙内侧挖开壕沟,防止奉军从城外潜挖进城地道。傅作义还组织挖掘各种防护壕沟,以防奉军使用燃烧弹火攻。果然,奉军在第三次总攻失利后,张作霖派大将万福麟前来督战。万福麟计划采用坑道战术,炸开城墙缺口,强行入城。奉军从门头沟调来善于坑道作业的矿工,从九个方向同时作业。时已晚秋,清晨地下作业时,奉军工兵的呼吸凝成白雾出现在一片空旷的河北平原上,被警惕的傅作义发觉。傅作义利用在城墙内侧挖开的壕沟,摧毁了奉军的八条坑道,只有最后一条坑道挖到了涿州西南城墙下,秘密埋下了两吨炸药。

两个月之后,10月27日拂晓,奉军第四次总攻开始。工兵司令柏桂林亲自点火引爆炸药,大队奉军随即冲向炸出的城墙缺口。少帅张学良亲自驾驶飞机在空中视察督战,下令飞机轰炸,炮火掩护。大队奉军冲上去,却瞠然发现大部分被摧毁的城砖和泥土又重新堵上了炸开的城墙豁口。城上晋军更以密集火力迎击奉军。城下奉军积尸成堆,城上晋军同样伤亡不小,两个排全部战死。奉军的此次总攻仍然以失败告终。[①]

30日黎明,奉军发起第五次总攻,战斗更加惨烈。奉军动用了六辆法国"雷诺"轻型坦克,掩护步兵进行波浪式猛攻。这些坦克,有的是第一次世界大战中协约国使用过的旧货,有的甚至是快要报废的样品。除了少数有小型火炮,许多仅仅装备有机枪。有些坦克的履带诱导轮和托带轮是木制的,只在外面包了一层钢圈。不过奉军炮火猛烈,将涿州城墙东北角炸开了一个洞。战斗持续一昼夜,奉军屡攻不下。次日,又延续一个整天,双方伤亡枕藉,只得暂告结束。到11月1日,涿州城屹然无恙,气得张作霖要亲自出马攻城,经左右竭力

[①] 刘峰搏、韩丹丹:《傅作义与1927年涿州之战考论》,《兰台世界》2012年第25期;张新吾:《傅作义传》,团结出版社2005年版,第19页。

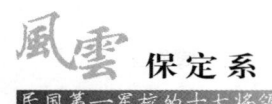

劝阻才罢。

奉军五次大规模攻城全部失利，而后几次总攻也未能获胜。第六次总攻时，奉军使用了不少燃烧弹，这却正中傅作义的下怀。奉军的燃烧弹烧毁了涿州城内不少房屋，傅作义的晋军却成功控制住了城内火势，事先挖设的防护壕沟派上了大用场。

奉军的兵力虽三倍于傅作义的晋军，但攻守有别，不足以发动四面同时围攻。而每每上万人的兵力集结，无论佯攻还是强攻，均被傅作义提前发现，判断出意图并及时做出反应，以至奉军相当长时间的围攻毫无效果。这等精准的预知能力奥秘何在？奉军很快便发现了傅作义的命门——涿州双塔。双塔即始建于辽代的智度寺塔（南塔）和云居寺塔（北塔）。这两座塔的高度分别为44米和55.69米，塔顶四面有窗，可谓傅作义的天然瞭望塔。奉军在旷野布阵，根本瞒不过高塔上的守军。于是，奉军的加农炮连发两炮，第一炮击中塔顶，第二炮的炮弹击中后竟然未爆炸——几十年后被人在塔顶发现。最神奇的是第三发炮弹，竟然在奉军炮膛中爆炸。迷信的奉军将之归咎于炮击佛塔而遭天谴，再也不敢对双塔发炮。所以，这次战事，奉军攻城时炮弹如蝗飞，城内繁华街市尽成焦土，双塔却被保存下来。

第七次总攻，张作霖命令万福麟向涿州城的晋军阵地发射毒气弹。这些毒气弹都是第一次世界大战的剩余物资，首次亮相中国内战。五百多发毒气弹打过去，奉军满以为这回可以如入无人之境。谁知步兵一攻城，城上依然枪炮齐发，奉军攻势顿挫。原来这些毒气弹作为第一次世界大战的剩余品，已失时效，杀伤力大打折扣。而且奉军使用的是相对原始的氯气弹，氯气比重较高，大部分沉淀在了坑道和壕沟中，并未对城墙上的晋军造成什么伤亡。事后阎锡山通电痛斥奉军用毒瓦斯攻城，张作霖则声辩为烟幕弹而非毒瓦斯。总之，这次总攻击又告失败。力攻不克，张作霖只得下令："不用打啦，把涿州四周挖上壕沟，架上铁丝网，加紧封锁，傅作义不投降，就把他们饿死在城里！"

3. 涿州开城

涿州之战，牵动着全国各方的神经。中国红十字会会长、前国务总理熊希龄首先派代表到涿州调停，随后各方代表或知名人士陆续入城或劝解议和，或投书慰问。傅作义派员一一以礼相待，婉言致谢盛意。比如，张学良就积极谋求和平解决途径，他派山西旅京同乡会等机构的代表到涿州城内进行调解，与傅作义磋商。张学良还致电阎锡山，表示决不侵犯山西，希望和平解决。继张学良之后，北京红十字会派员入城接洽，放出妇孺四百余人。张作霖手下的高参于国翰，原是保定军校教官，与傅作义有师生之谊。他向傅作义投书劝降，傅作义回信道："老师当年教导我们的军学中，学生并未学到投降这一项，故不敢从命。"

其实，此时傅作义身处绝境，日子并不好过。晋军初入城时，傅作义就责令对城内军民全部实行"计口授粮"，即因存粮无多，实行定量分配。无奈双方战事持久不罢，城中粮源断绝，不久存粮殆尽。傅作义将造酒的"烧锅"所存杂粮和糕点铺的存粮全部征收以供食用，不日又尽。傅作义起先下令官兵每天只吃一餐，后来粮食实在不足，只能吃酒糟和树皮，甚至连麻雀、老鼠都打来充饥。晋军9月间离开山西，10月进入涿州城，当时穿的还是单衣。如今时值隆冬，寒

风刺骨,守城之兵可谓饥寒交迫,何况又处于奉军重重围困之中,内无粮草,外无援兵。士兵因为吃多了酒糟,大多病倒,难以继续作战。涿州城的百姓,更因病饿而死者日多。涿州城内繁盛市区南北大街战前共有商店近三百家,全部毁于炮火,民房被毁者也在十分之八。居民按户分配粮食,粮尽时同样以酒糟为食。奉军打进城内的炮弹最多一天曾达五千余发,百姓死伤枕藉。城中百姓环绕晋军司令部伏地泣告,请速罢战。此时,傅作义以不足万人的无援之师,死守涿州达百日之久,已陷于弹尽粮绝、兵民交困的绝境。面对局势,傅作义一时进退维谷。①

仗打成这样,已经可以了。傅作义一面派参谋长朱锡章出使奉军言和,一面派人出城联络增援。阎锡山鉴于死守涿州已无意义,如此下去对大局不再有战略作用,于是在各界劝和声中,授意傅作义与奉军停战议和。参谋长朱锡章代表傅作义向奉军提出议和条件——奉军后撤二十里,晋军引兵退出涿州城。奉军前敌总指挥万福麟军长不肯答应晋军所提的条件。此后,傅作义先后与奉方代表郭瀛洲、北京各慈善团体、红十字会、山西旅京同乡会等代表举行三轮谈判。双方代表经过一周的往返,谈判成功,于1927年12月30日通电宣告停战。最后各方达成的协议是——傅作义仿照三国时代关羽"降汉不降曹"的办法,将所部"挺进军"改编为"国防军",直接受陆军部的指挥,永不参加内战。1928年1月6日,傅作义出城到松林店,与进攻涿州的奉军主将万福麟相见。临行前,傅作义亲撰《与部队临别训话文》和《临别谢慰涿州全城父老子弟词》。1月12日,晋军如约开城。涿州城由奉军和平接收,守城晋军七千人改编为北洋政府的国防军第三

---

① 中国人民政治协商会议全国委员会文史资料研究委员会编:《傅作义生平》,文史资料出版社1985年版,第122页。

第六章　傅作义

十六师，以白濡清为师长，移驻通州。历时三个月之久的涿州之战宣告结束。

傅作义此番守城，守得堪称是名动海内。1927年12月，南京国民政府给在涿州守城的傅作义发去"嘉勉电"："三晋军兴，九边声震，主帅以智勇名，将士以坚强胜……涿州固守，经月余旬，弥见声威，立功殊伟。""涿州屏藩三晋，锁钥九门，形胜之区，兵家所重。傅师长力撑大局，固守斯城……众志成城，自有金汤之固，敌不得逞，民有所归，弥著功勋，实深嘉慰。"南京政府代表称颂傅作义："傅师长神勇无比，各将士忠义绝伦，国内报章以至海外人士，无不惊服，传颂不置。弹丸涿邑，将因傅作义伟大之战功，而为战史上最著之名城矣。"南京国民政府更是任命傅作义为军事委员会委员，以资鼓励。

直到十年后的1936年，毛泽东为营造抗日民族统一战线，给傅作义写信，首先以赞誉的口吻提起此事："涿州之战，久耳英名，况处比邻，实深驰系……"周恩来则称傅作义是"守城名将"。但聂荣臻在平津战役中对傅作义的谈判代表道："傅先生再用当年守涿州的方式在北平负隅顽抗是要碰壁的。"前国民政府副总统李宗仁说得最简明——傅作义"是以守涿州而一举成名的"。①

人生毫无疑问需要这样一举成名的机会，傅作义正是成功抓住了这样的机会。这为他带来的赞誉，足以令他受用一生。除上述的评价之外，当时流传最广的，可算是清末遗老、八十一岁的樊增祥（樊山）老人所赋的一首诗：

---

① 宁有常：《守城名将傅作义》，《文史精华》1998年第2期。

> 新收涿鹿七千人,
> 百日燕南立大勋。
> 十六年来千百战,
> 英雄吾爱傅将军。①

　　傅作义选择放弃抵抗,成全百姓,这种颇有西方军人气质的举动,丝毫没有影响他的名誉,相反更赢得了一时盛誉和对手张学良的尊敬。傅作义在议和之后,与万福麟一同到保定会见张学良。张学良设宴款待,对他表达钦佩之意。按照合议,张学良如约向涿州城内运送大批粮食物资,救济涿州百姓。几天之后,张学良带傅作义到北京去见张作霖。张学良对傅作义暗示,见到张作霖不要说软话——否则大帅是瞧不起的。张作霖在中南海大摆筵席,欢迎傅作义。果然,席间张作霖讲起了涿州从恶战到议和的种种过往,傅作义坚定地说:"那是因为涿州城里的粮食早都吃光了,否则我还要打下去。"张作霖大感傅作义气魄惊人,打算任用他为奉军第十三军军长,但被傅作义婉言谢绝。纵然不能为我所用,也不能放虎归山。张作霖命令张学良将傅作义软禁在保定,不准回山西。

　　张学良在保定将傅作义奉为上宾,名为软禁,却并不严加看管。数月后,傅作义在友人的帮助下,成功潜逃天津。此时北伐终于告胜,奉系被迫退出关外。1928年6月初,南京国民政府特任阎锡山为京津卫戍总司令。8月,阎锡山任命傅作义为国民革命军第五军团总指挥,兼天津警备司令。

　　傅作义到天津上任,先以铁腕整肃新近收编的直鲁联军散兵游勇,天津全市治安一时大好。紧接着,傅作义开始想办法还自己在涿

---

①樊增祥、涂晓马、陈宇俊:《樊樊山诗集》,上海古籍出版社2004年版,第65页。

州城的一笔"欠账"。在涿州守城时，为解燃眉之急，傅作义曾发行过一种"临时流通券"，即俗称的"军票"，或称"军券"。发行时，傅作义向涿州百姓郑重宣布："一旦战事停止，一律兑换大洋。"因为傅作义的晋军军纪较好，所以涿州百姓也就接受了这种毫无保证可言的"军券"。后来晋奉双方议和，晋军处于不利位置，对此自然无法兑现。不过傅作义仍叫军需处统计了军券的发行数目，总计十四万余元。傅作义言出必行，当上天津警备司令，立马想办法筹了这笔款。他下令警备司令部采取断然行动，在天津大规模搜捕鸦片贩子，限期缴纳罚款。此法非常有效，鸦片贩子们很快乖乖交上了罚款，帮傅作义凑齐了这笔欠账。

不料好事多磨，这笔巨款由天津汇到北京某银号转运涿州的第二天，这家银号居然刚好吃了倒账，宣布倒闭了。消息传到天津，傅作义不依不饶，干脆派兵包围了这家银号，迫使银号偿付这笔巨款。然后傅作义派兵将巨款解送涿州，收回全部"军券"。消息传出，涿州百姓奔走相告，涿州城里像过节一般热闹。傅作义重信守诺，再度名满全国。

4. 长城抗战

名气大了，自然有人来挖墙脚。蒋介石认定傅作义是不可多得的将才，两次派人来游说，赠予巨款。但傅作义恪守对晋军的忠诚，两

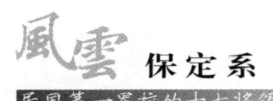

次婉言谢绝,还把收下的万元巨款如数上缴给阎锡山。阎锡山十分高兴,对僚属赵戴文道:"傅作义是咱们的关云长,义重如山。"回头又叫人把钱送还给傅作义。

1930年5月,中原大战爆发,傅作义被任命为晋军第三集团军第十军军长,负责指挥津浦线北段战事。6月25日,傅作义率部进占济南,兼任济南行营主任,所部继续南下兖州、曲阜一线。但曲阜一战,傅作义久攻未下,与蒋介石的中央军形成对峙局面。蒋介石调陈诚、蒋光鼐两部增援,傅作义分兵抗击,结果被陈诚击败。加上马鸿逵、夏斗寅等部乘机出击,傅作义全线动摇,向北溃退。

蒋介石的中央军经海运在胶州登陆,奔袭济南,韩复榘等部乘势猛烈反攻。晋军全线溃败,于8月15日弃守济南。数万晋军在黄河南岸难以立足,强渡黄河时伤亡惨重。阎锡山见大势已去,下令全军撤回山西。9月18日,张学良发出拥蒋通电,分兵入关援蒋。中原大战以蒋介石的胜利宣告结束,张学良得以接管华北。阎锡山看到自己如不离开山西,残局无法收拾,不得不通电下野,避居大连,图谋再起。

战后,张学良节制晋军,着手收编阎锡山的部队,但他首先想到的就是傅作义。1931年1月,张学良在天津召开军事会议,将晋军整编为四个军。1931年1月16日,国民政府军事委员会任命傅作义为陆军第七军军长兼第十师师长,同年7月改任第三十五军军长兼第七十三师师长。8月18日,傅作义任绥远省代理主席,12月28日被正式任命为主席。就这样,傅作义率部移防绥远。傅作义从此坐镇塞外,集军政大权于一身,逐渐成了该方面的一股势力。

绥远省在清末地方勉强平静,到民国之后反而动乱起来。由于连年动乱,土匪遍地,民不聊生,让历任主政者都很头疼。傅作义接任绥远省主席,鉴于绥远省的现状,向国民党三届四中全会提出"移

第六章 傅作义

民、实边、发展生产、巩固国防"案,由此开始励精图治。傅作义首先以铁腕剿匪,将绥远分为绥东绥西两个防区,将第三十五军部署在丰镇和包头一线。经过一年的追剿,绥远大小四五十股土匪相继溃散。紧接着,傅作义在绥远大举清乡。先贴布告,凡是加入过匪帮、窝藏过匪贼和枪支者一律登记,交出枪支,可以具结取保释放,不咎既往。然后组织联保,发动百姓检举,军队沿村、沿沟搜查。凡搜出枪支弹药和无人联保者,一律就地正法。

整军经武、消解匪患之后,傅作义又着手整顿税收、金融,疏浚河渠,发展工农业生产。短短几年间,绥远面貌大为改观。至1937年"七七事变"之前,绥远省社会基本安定,经济恢复,财政税收增加,库存现金八十四万元,白银二百一十万两。第三十五军屡经扩充,部队装备和给养也有改善,为绥远抗战准备了条件。这一切,傅作义功不可没。①

1931年的"九一八事变",举国震惊。事变后不过十天,傅作义与宋哲元等五十余名北方将领联名通电,呼吁全国各方团结一致,同舟共济,群策群力,抗日救国。傅作义深知,日本在侵占东三省之后,势必得寸进尺,继续向热河、绥远和华北扩张。为此,傅作义对所部加紧抗日动员。每天早晚点名,傅作义亲自带领官兵,齐声高呼:"誓保国土,以尽责任,不惜牺牲,以雪耻辱。"傅作义下令在劈刺训练用的草人上书写日军将领的名字,激发官兵的愤怒,对之连劈带刺。实弹射击训练时,傅作义让人在标靶上画上日本军官头像。攻防战术演习中,傅作义完全以日本为假想敌,引用日军惯用战术术语,拟定各种日军进攻的情况。傅作义在绥远提前几年就做好了充分

---

① 田惠琴:《论傅作义将军与"绥远方式"的成功实施》,《内蒙古大学学报(哲学社会科学版)》2009年3期。

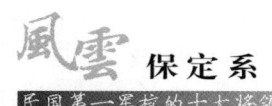

准备，等待着与日本开战的到来。

1933年1月3日，日军侵占山海关，中国军队揭开长城抗战的序幕。1月5日，傅作义不失时机地分别致电阎锡山、张学良、蒋介石，请缨抗日。傅作义还以绥远省主席名义发表《告全省民众书》，号召全省同胞奋起抗日，救国御侮。1月25日，南京国民政府军事委员会下达命令，傅作义率部由绥远出师东进，开赴抗日前线。2月上旬，傅作义所部与前来增援的部队在张家口编组为第七军团，傅作义任总指挥，第三十五军番号暂改为第五十九军。

2月24日，日军分兵进攻热河。热河省主席汤玉麟弃守承德，望风而逃。日军仅以百人小队进入承德，轻易占领热河省会。3月4日，日军侵占承德后向长城各关口进犯，遭到中国军队的顽强抵抗。但国民政府依然在谋求对日和局，整条战线没有通盘计划，也没有协同作战的措施。结果日军攻破长城一口之后，中国军队即全线败退。奋战半月，冷口、喜峰口、古北口和榆关相继失陷，日军直趋平津。

蒋介石清楚，平津丢失，华北局面将难以收拾，于是他下令加强在北平周围布防。属于蒋介石嫡系中央军的徐庭瑶第十七军虽多次奋战，毕竟难以抵挡日军进攻，从南天门向密云节节败退，北平愈发岌岌可危。以军政部长身份代理北平军分会委员长的何应钦急调傅作义率部开往牛栏山西至昌平一线布防。张家口距离昌大平约二百余里，傅作义接到命令后却仅用了二十四个小时就率全军赶到。何应钦大感惊奇，赞许道："宜生兄（傅作义字）运动如此神速，实在没有料到。若不是训练有素，何以如此！宜生兄治军有方，确实名不虚传。"

5月22日，日军以第八师团西义一部向傅作义的阵地发起进攻。傅作义将早年守城的经验成功运用到阵地战上，提出"七分用土（即构筑防御工事），三分用枪"。傅作义亲临指挥，构筑了完善的防御工事，率全军英勇抵抗。傅作义麾下的董其武团在牛栏山一带，孙兰峰团在怀柔以西阵地，皆与日军白刃相接，多次打退日军的进攻，双方形成拉锯态势。正当傅作义英勇苦战时，国民政府代表黄郛在北平接受了日方的停战条件。何应钦随即令傅作义停止战斗，撤出阵地。傅作义大感愤慨，坚持只有日军先撤，自己才能撤，否则决不后撤。最后经过交涉，约定双方同时后撤，傅作义才不得不下令撤兵。长城抗战的最后一战，就这样宣告结束。

5．"七路半"

长城抗战，令傅作义名声如日中天。1935年，南京国民政府授予傅作义陆军二级上将军衔。但与此同时，华北的危机却在不断加深。日本利用《塘沽协定》不断在华北制造事变，又先后逼迫国民政府签订《何梅协定》、《秦土协定》等卖国条款。1936年春，日本又在察绥积极扶植德穆楚克栋鲁普（即德王）和李守信，成立所谓的"蒙古军政府"。日本还收买汉奸，组织所谓的"蒙汉西北防共自治军"和"大汉义军"。德王更是拉拢部分王公代表，召开第一次百灵庙自治会议，要求实行"高度自治"的通电震惊全国。一时间全国舆论激愤，各方都在关注傅作义的反应。

傅作义此时身处困局之中。傅作义对日本和德王等人蚕食绥远的行径怒不可遏，但他也清楚自己目前的两难处境。傅作义手下只有一个第三十五军，阎锡山对从自己窝里硬了翅膀飞走的傅作义一直不满，蒋介石则想以傅作义牵制阎锡山。在这种情况下，1936年10月，

傅作义先到太原见阎锡山，又到洛阳见蒋介石，坚决要求反击日军和汉奸，以伸张民族正义。蒋介石劝傅作义以忍让为主，非不得已时，不可轻易对日作战。

然而，1936年11月，傅作义得到情报：德王在日军指挥下，准备分三路大举进犯绥远。傅作义下了决心——现在已经是不得已时了。11月8日晚，傅作义秘密召开营以上军官会议，郑重告知大家："岳武穆三十八岁壮烈殉国，我傅作义已过三十八岁，为抗日死而无怨。"

11月15日清晨6时许，日本驻"蒙古军政府"特务机关长田中隆吉果然指挥五千余日伪军，分三路向红格尔图发起猛攻。红格尔图是绥远东部的门户，由察北、商都通往百灵庙的重要驿站。日伪军侵占红格尔图旨在打开绥东门户，会师归绥，进而占领整个绥远。按照傅作义事先制定的作战计划，针对敌人三路攻势，他采取以攻为守，主动出击，出其不意，各个击破的战略。傅作义亲临集宁前线指挥，命令部队星夜奔袭，出敌不意，抄袭敌后。

早在1932年，傅作义在长城抗战中就认识到日军装甲部队的威力，便决心建立一支自己的类似部队。他把这一任务交给了警卫营营长王雷震。王雷震按照自己的思路把部队中的汽车集中起来，组成汽车队，而且将其中一部分加了装甲，变成了装甲汽车。这种装甲汽车就是在普通卡车上面加一个金属罩，上面安装机枪。看上去很威风，但战斗中只能抵挡枪弹，对炮弹就没有抵抗力。这一手不起眼，其中的含义却深远，那就是集中使用机动车辆，建立快速突袭部队。第三十五军各部隐蔽集结，突然向攻击红格尔图的敌军发起反攻，傅作义的汽车队发挥了出色的机动性。日伪军猝不及防，全线溃退。红格尔图战斗以傅作义全胜告捷。

当时百灵庙是日伪军在绥远的最重要据点。百灵庙地处群山之

第六章 傅作义

中,驻有日本的"大蒙公司"和"稽查处"。德王在日本的支持下,在百灵庙修建了飞机场、营房、电台等设施。德王在百灵庙驻有伪蒙军第七师穆克登宝部一千八百多人的兵力,囤积了大量武器弹药和粮食,并凭借险峻山势构筑了坚固的防御工事。傅作义决心拔掉这个钉子。11月22日,他指挥各部秘密集结百灵庙附近,进入攻击位置。第二天午夜,部队突然发起猛攻。傅作义以汽车队为先锋,迅速长途奔袭,在零下20度的严寒中奇袭百灵庙。到第三天上午,傅作义全歼日伪军,取得百灵庙大捷。伪蒙军两个旅阵前反正,傅作义部击毙日军顾问二十九人,俘敌二百余人,检点敌尸六百余具,草地尚有冻毙敌尸二百余具,缴获武器、弹药甚多。12月4日,傅作义在击退伪蒙军反扑后,乘胜收复了百灵庙以东另一战略要点大庙。在收复大庙的战斗中,傅作义更以装甲汽车强攻日军顾问据守处,将负隅顽抗的日伪军全歼。至此,绥远抗战胜利结束。[1]

1937年抗日战争全面爆发,南京国民政府任命阎锡山为第二战区司令长官,统领晋绥抗日军事全权。晋绥军共编第六、第七两个集团军,傅作义任第七集团军总司令。他转赴大同,与周恩来、彭德怀共商抗日,从此与共产党结下了情谊。9月,日军坂垣师团由宣化南下攻取广灵,傅作义奉命在雁门关布防。日军因雁门关易守难攻,以主力向平型关进攻。平型关守军杨爱源部出战不利,连连告急。傅作义受命率部驰援,并接替杨爱源担任总指挥,迎战平型关正面之敌。当日军向傅作义部猛攻时,适八路军一一五师伏击坂师团预备队和辎重队,取得平型关大捷,给傅作义以有力支援。在随后的忻口会战和晋西北诸战役中,担任正面抗敌的傅作义部在八路军配合之下,顽强阻击

---

[1] 刘凤茹:《试论傅作义与绥远抗战》,河北师范大学2006年硕士毕业论文;中国人民政治协商会议全国委员会文史资料研究委员会编:《傅作义生平》,文史资料出版社1985年版,第234页。

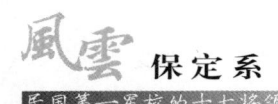

日军,取得不小战果。傅作义与共产党在战火中结下的情谊日渐深厚。

由于娘子关失守,太原告急,傅作义部奉命向太原集结。11月2日,阎锡山召集高级将领军事会议,提出保卫太原、依城野战的计划。实际上,阎锡山为保存实力,已将晋军主力调往临汾等地。因此对于"保卫太原",晋军将领个个缄默不语。傅作义是有担当的人,虽知其不可为,但他以国家民族利益为重,挺身而出,毅然请命:"弃土莫如守土光荣,太原城我守!"周恩来作为第十八集团军代表参加了这次会议,对傅作义的知难而进深表敬佩。接受守城任务后,傅作义把守城不需要的多余物资和武器就近拨送给八路军,派人护送走周恩来。临别之时,周恩来只送傅作义三个字——"多保重"。

当日军进攻太原城郊时,驻防城外的中央军、晋军部队纷纷溃退,倚城野战计划完全落空,傅作义部陷于独守孤城之境,仿佛涿州之战的再现。傅作义下定舍身报国的决心,送走家眷,写下"只要一息尚存,誓与日寇血战到底。为国捐躯,义无反顾"的遗书。他命人买来棺材,面对集结的部队,指着棺材道:"我们是活人躺在棺材里,就差盖盖了。困兽犹斗,在此国家存亡之秋,我们必须奋斗到底!"全军将士奋勇抗敌,艰苦守城七昼夜,掩护了卫立煌、孙连仲、王靖国、陈长捷等部安全转移。日军虽侵占太原,但也无力继续南犯。

1937年底,傅作义受任第二战区北路军总司令,所部第三十五军扩编为二师一旅,移防晋西北柳林镇,整军经武,以待再战。此时的傅作义与共产党关系更加紧密。他信服周恩来,多次拜会过毛泽东,并同王若飞等人结为好友。1938年初,傅作义仿照八路军的经验,建立北路军政治工作委员会,自兼主任。通过八路军一二〇师政委关向应、政治部主任甘泗淇的帮助,延安陕北公学和"抗大"向傅作义的第三十五军输送了大批学员。当时傅作义在部队各级设立政治工作机构,其中许多负责人都是延安派来的干部。当时第三十五军两个师的

第六章 傅作义

政治部主任阎又文、康保安都是共产党。日后内战中的绥远和平起义，这两位正是傅作义方面的谈判代表。

1938年12月，南京国民政府任命傅作义为第八战区副司令长官兼第二战区北路军总司令。傅作义返回绥远，从此脱离晋军，终于不再受阎锡山的节制。在绥远，傅作义与共产党合作更加紧密。他仿照共产党的组织形式，建立"动员委员会"，改组省政府，1939年5月又在百川堡亲自举办"抗战建国讨论会"，轮训各级军政干部。傅作义所部从上到下作风简朴，傅作义本人同样布衣粗食，与共产党"土八路"颇似。而且傅作义部作战积极，战术作风颇似八路军，日军情报部门甚至将傅作义部的第三十五军、新编第三十二师统统称作是共产党部队。一时之间，傅作义的部队居然有了"七路半"的绰号。阎锡山对此大为忌恨，私下大骂傅作义"把部队带赤化了"、"第三十五军已成为七路半了"。他发电给蒋介石，提出要将傅作义撤换，但蒋介石对此也没有办法。①

傅作义不但善于守城，同样善于机动性强的进攻作战。当年的绥远抗战即是明证，现在他更是将自己善于进攻的素质进一步发扬。"七七事变"后，傅作义曾派骑兵突袭商都，为全国首次克复县城。1937年年底，他曾指挥第三十五军反攻太原，下四十余寨。而从1939年12月中旬至1940年5月，傅作义先后参加了包头战役、绥西战役、五原战役，几个月来，克敌制胜，三战三捷。特别是五原战役，战果辉煌，被誉为"开反攻胜利之先河"。包头和绥西两大战役使日军受到极其沉重的打击，日军防不胜防，只好龟缩于五原城中。

---

① 马寒梅：《试述傅作义的军事思想》，《内蒙古大学学报（人文社会科学版）》2003年第1期。

1940年春，日军从平绥、同蒲沿线抽调三万余人，向绥西河套地区进犯，侵占五原。此时恰逢绥西一带河水解冻，道路翻浆，很不利于重武器和机械化部队行动。傅作义抓住战机，率部对盘踞在五原的日伪军发起猛攻，血战两昼夜，收复五原。血战中，傅作义部遭到重大牺牲，有的连剩下不到十人，营、连、排长伤亡过半。但此役击毙日军水川伊夫中将、大桥大佐、桑原特务机关长以下日军一千四百余人，俘五十余

蒋介石和傅作义

人，毙伤伪军三千余人，俘一千八百余人，缴获汽车、火炮、轻重机枪、电台等大量军用物资。直到抗战结束，日军未能再向西北地区发动攻势。至此，连续一百余天的奇袭包头、会战绥西、收复五原三大战役，以五原大捷告终。

五原战役的胜利，是抗战以来国民党战区内第一次收复失地的战役，影响极大。各报纷纷称赞五原战役为"历史上的空前伟绩"、"人类历史的光荣纪录"。1940年4月17日，国民政府继蒋介石之后，将第二枚最高荣誉奖章"青天白日勋章"授予傅作义。傅作义以谦和的姿态递上呈文，提出"五原大捷，乃所部全体官兵艰苦抗战，奋勇

抗战的功绩，个人不应领此勋奖"。傅作义不居功，婉拒"青天白日勋章"，更让他誉满华夏。

6. 北平起义

抗战中傅作义的部队，来源其实相当复杂。傅作义出身"保定系"，他本身是阎锡山的老部下，属于晋军，抗战爆发后才摆脱阎锡山的控制。傅作义部下有"黄埔系"出身的人，有徐永昌国民军第三军的人，有民团保安队出身的人，有冯玉祥西北军的人，有伪蒙骑兵旅出身的人，还有阎锡山晋军的余脉，可以说"鱼龙混杂"。但经过傅作义的指挥，这些部队却战斗力惊人，在华北堪称劲旅。他的部下对他更是忠诚。这一切出自傅作义的个人魅力。傅作义部下大将、同为"保定系"出身的陈长捷曾说过傅作义为人"不说硬话，不作软事"。的确，傅作义待人宽厚坦诚，大公无私，又能够破格提拔人才，战阵中从不肯轻弃部下。这让他在部下中威望极高。在傅作义的部队中，傅作义被称作"老总"、"傅先生"。这样的称呼，甚至几十年后始终无改。

抗战胜利之初，傅作义升任第十二战区司令长官。从此时起，傅作义卷入了内战。最初傅作义不过是与共产党摩擦不断，与解放军在晋、绥以东的铁路沿线形成对峙。1946年6月，全面内战爆发。北平行辕集中第十一战区孙连仲部、第十二战区傅作义部，共十一个整编师七万人，从东西两面沿平绥路向张家口进攻。10月11日，傅作义

占领张家口,在内战中立下"头功",受到蒋介石的特别嘉奖。①

内战中,傅作义所部以第三十五军为基干,扩编成三个军。1947年12月,华北"剿总"成立,南京方面计划让傅作义任总司令。这时解放军已由战略防御转为战略反攻,傅作义对国民党政府的前途渐渐开始产生忧虑,是否接任有所犹豫。但想到

蒋介石(中)与傅作义(左)、卫立煌(右)合影

自己实力的扩大,思前想后,他还是接受了新职。就这样,傅作义将总部移往北平,统一指挥晋、察、冀、热、绥五省军事,拥兵六十余万,成为国民党高层将领中最重要的实力派人物之一。

当上"剿总"司令,傅作义却连遭败绩。1948年1月中旬,傅作义的第三十五军被解放军重创,军长鲁英麟在高碑店战败自杀。鲁英麟是傅作义在保定军校五期的同学,抗战时期任参谋长。鲁英麟自杀的消息传来,傅作义失声痛哭。他开始思索,下一步究竟要如何走?国民党政权还能维持多久?

对待战场态势,傅作义的态度转向了明哲保身。1948年9月,辽沈战役开始。随着锦州被围,东北形势急转直下。蒋介石飞到北平,当面要求傅作义急速出兵援锦。蒋介石告诉傅作义:"一旦援锦不

---

①张新吾:《傅作义传》,团结出版社2005年版,第451页。

第六章 傅作义

成，请你马上率师南下，加强徐海，确保江淮。"

傅作义对战局看得分明——此时济南已经落入解放军之手，国民党军南北陆路联络被完全截断，东北战场败局已定。傅作义审时度势，深知出兵援锦无异于白白断送自己的实力，南下则更加受控于蒋介石，无论北上还是南下，两条路都不能走。傅作义使出"拖字诀"，历陈自己资浅能鲜，无法指挥东北全局。只有蒋介石以统帅地位亲自指挥，增援锦州才能奏效。总之，傅作义的态度无非四个字：拒绝援锦。从这时起，傅作义在行动上已经不完全听从蒋介石的指挥了。①

辽沈战役结束，解放军的战略决战方向迅速移向华北战场。11月4日，蒋介石在南京召开最高军事会议。蒋介石为了让傅作义南撤，当面答应他，将任命他为东南行政长官职务。傅作义当然不肯入蒋介石的局。为保存自己的实力不被蒋介石吃掉，他提出"坚守华北是全局，退守东南是偏安"，表示要坚守平津，确保海口。

傅作义的心思，是要暂守平津，保持海口，扩充实力，以观时局变化。他将自己的嫡系军队配置在平绥线，为退守西北边陲留下后路，而将中央军置于北宁线，保障海上南撤和抵御解放军东北野战军南下。傅作义心思缜密，他如此部署，也为自己留下了走和平道路的余地。

当时傅作义的计划不是要起义，而是希望与共产党在华北建立地方联合政府，并不交出军队，这在当时情势下并不切实际。为了给傅作义制造压力，毛泽东断然作出东北解放军主力迅速入关的决定。与此同时，11月29日，华北野战军杨成武兵团迅速包围张家口。傅作义为保住西撤的通道，下令第三十五军三个师增援张家口。等到傅作义发觉东北野战军入关，又急调天津附近的八个师到北平附近布防，

---

① 蒋曙晨：《傅作义传略》，中国青年出版社 1990 年版，第 258 页；中国人民政治协商会议全国委员会文史资料研究委员会编：《傅作义生平》，文史资料出版社 1985 年版，第 461 页。

并令第三十五军从张家口突围回防北平。结果第三十五军突围后，被华北野战军包围在新保安。至此，傅作义西撤道路被完全切断。

1948年12月22日，中共中央公布战犯名单，傅作义名列第三十一位。这一度令傅作义大感沮丧，其实这仍是毛泽东在向他施加压力的手段。华北野战军包围张家口、新保安后，一直"围而不打"。东北野战军主力切断津塘、平津间国民党军的联系后，则形成了"隔而不围"的战略态势。完成对平津塘的战略包围后，解放军发起总攻，攻克新保安，全歼第三十五军两个师，军长郭景云自杀。这令傅作义在精神上大受打击。

在各方面压力的推动下，傅作义终于下定决心，准备迈出和平起义的关键一步。1949年1月14日，中共方面对傅作义施加了最后的压力——是日，解放军平津前线司令部下达对天津总攻令，当晚天津解放。终于，傅作义和共产党方面就北平和平解放问题达成了协议。21日，傅作义召开华北"剿总"高级将领会议，宣布北平城内的国民党守军接受和平改编，颁布《关于全部守城部队开出城外听候改编的通告》。22日，傅作义正式宣布《关于和平解放北平问题的协议》公告。同日，北平城内的二十余万国民党军移出城外，开至指定地点听候改编。31日，中国人民解放军举行入城式，北平宣告和平解放。①

起义之后，傅作义在河北平山县西柏坡见到了毛泽东。毛泽东对傅作义笑道："蒋介石一辈子耍码头，最后还是你把他甩掉了。"傅作义听后，心中颇多感慨。北平起义之后，在傅作义、邓宝珊、董其武等通力合作下，终于实现了绥远起义。傅作义回到北平，出席中国人民政治协商会议，当选为第一届全国政协委员、中央人民政府委员。1949年10月1日，他以新中国领导人的身份，参加开国大典。

---

① 王宗仁、史庆冉：《傅作义将军与北平和谈》，华艺出版社1991年版，第200页。

第六章 傅作义

1949年2月，周恩来和前来西柏坡的原国民党将领傅作义（右三）、邓宝珊（右四）及前来商谈国共和平谈判和南北通航通邮等问题的"上海和平代表团"成员的合影

新中国成立后，根据他本人的愿望，傅作义担任了水利部部长。

在二十多年水利部部长任内，傅作义为中国水电事业的发展作出了重要贡献。直到1972年10月，他才因病辞去部长职务。此时正逢"文化大革命"时期，人人自危。1974年，傅作义病情加重，周恩来抱病到医院看望他，对他道："毛主席说，你是对人民有大功的人。"傅作义听后感到十分欣慰，终于放下心来。1974年4月19日，傅作义在北京医院病逝，终年七十九岁。

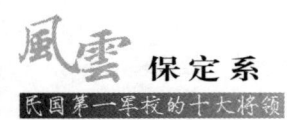

傅作义（1895—1974）年表：

生于1895年6月27日，山西荣河县安昌村人，字宜生。

1918年，保定陆军军官学校第五期步兵科毕业后，派任山西陆军第一混成旅第一团少尉见习官。

1919年1月，调升步兵第十团中尉排长。11月升任第二营上尉营副。

1922年3月，升任第十团少校团副兼技术队队长，负责全团技术训练。

1923年5月，调升第二混成旅第四团第一营中校营长。

1924年8月，第二次直奉战争爆发，阎锡山率晋军攻石家庄，傅作义营担任警戒任务，表现出色，得到晋军前敌总指挥张培梅的嘉许，力保其升任扩编的第四旅第八团团长。

1926年9月，傅作义率第八团驻守天镇，国民军宋哲元部历时三个月攻城，未能将天镇攻下，由此显露了傅作义守城的才能。战后傅作义被擢升为第四旅旅长。第四旅扩编为第四师，旋又升第四师中将师长。

1927年10月初，傅作义利用奉军换防之机，从太原深入奉军腹地，一举占取涿州，造成对奉军的致命威胁。奉军凭借优势，对涿州发动九次总攻。傅作义以不足万人的无援之师，死守涿州达百日之久。1928年1月12日，傅作义率第四师残部七千人出城接受奉军改编。

1928年6月，出任国民革命军天津警备司令部中将司令。

1929年6月，升任第十六路军总指挥兼第四十三师师长。

1930年5月，中原大战爆发，傅作义被任为升任第三方面军（总司令阎锡山）第二路军总指挥兼第十军军长，负责指挥津浦线北段战事。6月25日，率部进占济南，兼任济南行营主任。

1931年1月，因反蒋失败，傅作义任第七军军长兼第十师师长。8

第六章 傅作义

月,代理绥远省政府主席。12月,实任省政府主席兼全省保安司令部司令。

1933年5月,指挥长城抗战。

1935年4月,被南京国民政府授予二级陆军上将。

1936年11月,指挥绥远抗战。

1937年抗日战争全面爆发后,傅作义任第七集团军总司令兼第三十五军军长,参加忻口会战。11月,兼任太原守备司令部司令,指挥太原保卫战。

1939年1月,升任第八战区副司令长官兼第三十五军军长。

1939年底至1940年春,指挥五原大捷。

1945年8月,升任第十二战区司令长官。

1947年12月3日,升任华北"剿总"司令。

1949年1月31日,在北平率部接受人民解放军和平改编。9月,当选全国政协委员。

1972年10月,因病辞去部长职务。

1974年4月,在北京病逝。

第七章 唐生智

姓　　名：唐生智

字　　号：孟　潇

出生日期：1889 年 10 月 12 日

逝世日期：1970 年 4 月 6 日

出 生 地：湖南东安县

发迹事由：在保定军校深受校长蒋百里赏识，到湖南陆军任职后又得师长赵恒惕提携，逐渐发迹。

最后结局："文化大革命"中因直肠癌病逝于长沙。

一生总结：

　　孟潇先生，你够朋友，国民党一级上将，只有你没和我们红军、解放军打过仗。

——陈毅

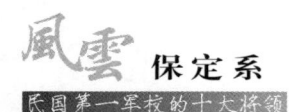

1. 蒋百里得意门生

唐生智，字孟潇，1889年10月12日（光绪十六年九月十八日）生于湖南省东安县南应乡（现芦洪市镇）大枧塘村。唐家是当地望族，唐生智的祖父唐本友，十岁时父母双亡，孤苦伶仃，以放鸭为业。为谋出路，唐本友投身曾国藩的湘军，以战功得到擢升，最后做到广西提督，曾得清朝皇帝御赐赏穿黄马褂。唐生智的父亲唐承绪，辛亥革命前曾任湖南省盐务署署长。辛亥革命后，唐承绪历任湖南省资兴县、零陵县和湘乡县县长，后调任湖南省政府实业司司长。唐生智便是生于这样的官宦世家。作为唐承绪的长子，以孟排序，以潇水为名，唐生智遂取字孟潇。

唐生智自幼在乡间出了名的胆大敢为。八岁时他从塾师唐诗亭攻读古书，到十几岁时决意投笔从戎。清末各省都兴办新军，陆军小学堂随之建立。1904年春，十五岁的唐生智考入湖南武备学堂第一期，思想倾向新派，次年入读湖南陆军小学堂。在此读书期间，唐生智曾因在为慈禧太后和光绪皇帝举哀的仪式上发笑而遭学校处分。1909年，唐生智又考入湖北武昌南湖第三陆军中学，在同盟会元老居正、谭人凤等人影响下参加了同盟会。

1911年秋，唐生智在陆军中学毕业后，被调入保定陆军速成学堂入伍生队学习。适逢辛亥革命爆发，速成学堂停课。幸亏速成学堂在保定，若是在武昌赶上那场热闹，以唐生智的性格，必定会投入革命军作战。但唐生智早就不甘寂寞，他邀集了刘文岛（日后的国民党陆军上将，黄埔军校政治教官，国民政府驻德国、意大利、奥地利等国

第七章 唐生智

大使)、刘兴（日后的国民党陆军上将，唐生智部下干将）、欧阳起莘等几个同学，一起要去上海参加革命。学生们囊中羞涩，没有路费，唐生智出主意到保定的湖广会馆去要钱。会馆不给钱，惹得唐生智性起，捋胳膊卷袖子就要打人。唐生智大骂："家乡人出钱把你们养得又白又胖，现在家乡的学生有事要用钱，你们敢不给？那要湖广会馆何用？"会馆的人见惹不起这几位小爷，只得掏钱消灾，给了他们从天津到上海的船票钱。

唐生智与同伴在上海没找到心仪的革命工作，倒是闲逛时见到公园门口有"华人与狗不得入内"的牌子，一怒之下非进去不可，结果与把门的"红头阿三"（即印度巡捕）大打出手，等人家吹响警笛才跑掉。这事对唐生智的刺激很大，他觉得上海这地方洋鬼子太欺负中国人，要革命还是回老家湖南去。回到湖南，经谭人凤的介绍，唐生智又去了山东烟台的李燮和都督府，先任参谋，很快当上了连长。

唐生智初任连长，雷厉风行整治军纪作风。他发现全连一百二十多人，竟有三十多个空额，还有四十多个患花柳病的。一怒之下，唐生智招兵补足员额，找医生来治花柳病，还把营长吃空额的事报告给都督李燮和。整治吃空额，还敢越级上报，这事大大坏了军队里的规矩。唐生智因此得罪了长官，被排挤出来。经此一事，唐生智初知世事的艰难。正好保定陆军军官学校重新开学。1912年冬，唐生智重返保定。他本是入伍生队学生，因而被免试进入保定军校步兵科第一期第二连学习。

在保定军校，因学习成绩优异，唐生智很受校长蒋百里的器重。但两人的相识，说起来简直是段笑话。年轻气盛的唐生智与同学打赌，说自己敢打校长蒋百里的耳光。同学们不信，唐生智偏偏要打给他们看看。

这天晚上，校长蒋百里正进行每天的例行工作——查房。一切正常,蒋百里放轻脚步,准备退出房去。就在这时,只见唐生智跳下床来,仿佛没睡醒的模样,赤着脚,跌跌撞撞,像是要到屋外解手。没想到,当他走到蒋百里的身边,一把抓住蒋百里的衣襟,嘴里骂道:"好你个龟孙儿!将老子鞋子偷走,让老子打赤脚!"

蒋百里刚要分辩,唐生智抬起手来,不由分说,大耳刮子左右开弓,打得蒋校长眼前金星直冒。刚刚还在假寐的满屋学员都齐刷刷坐了起来,他们都在等这一幕,有好事者竟然鼓起了掌。唐生智这时却似刚刚清醒,一个劲赔着不是,说是睡昏了头,认错人了,请校长原谅。

蒋百里真以为唐生智是认错了人,并不怪罪他。倒是后来同学们对此反应不一,有人说要找校方告唐生智的状。唐生智害了怕,赶紧自首,找到蒋百里认错。蒋百里却觉得这学生如此胆大,倒是难得。而唐生智见校长如此大度,更加后悔自己的荒唐。从此,唐生智敬蒋百里如同父兄,而蒋百里也就特别关照和器重唐生智。①

有了蒋百里的器重,唐生智渐渐出名。不久,袁世凯准备组建"模范团",根据唐生智的家世背景和训练成绩,蒋百里理所当然让他上了推荐名单。"模范团"是袁世凯推行帝制的一支重要力量,由袁世凯本人亲兼团长一职。"模范团"成员并非亲贵子弟,乃是袁世凯用来培养北洋军骨干的。谁知唐生智对此不屑一顾,拒绝进入"模范团"。蒋百里问他原因,唐生智答道:"何谓模范团?不过袁氏之摆设,之鹰犬耳。吾辈从军入伍,原欲为国家干城,当今天下将大乱,正是吾辈重整江山好时机,决不甘为私人之家将也。"

一席话说得蒋百里悚然动容。他没有看错人,唐生智果然志向远大。所以毕业时,蒋百里亲笔题写孔子名言赠给唐生智——好学,力

---

① 刘心语:《夹缝生存——湘系军阀全传》,团结出版社2002年版,第193页。

第七章 唐生智

行,知耻。

1914年10月,唐生智于保定学校毕业,如愿以偿分配到湖南陆军混成旅任见习排长,1915年夏,任代理连长,参加"讨袁护国驱汤(芗铭)"运动。紧接着,1916年7月,唐生智升任湘军第一师第二旅第三团第三营营长。第一师的师长,就是对唐生智日后的发展大有帮助的赵恒惕。

1917年夏,"护法战争"爆发。唐生智率部参战,立刻被升为湘军第二师第一旅第三团团长。由于湘军实力远不如北洋军,衡山很快陷落。后来两广的桂军和粤军增援湖南,组成联军,大败北洋军。唐生智率部克复长沙和岳阳,一时雄踞湘北。

1920年,湖南爆发"驱张运动",唐生智的老师长赵恒惕向皖系的湖南督军张敬尧开战。唐生智义无反顾为赵恒惕效命,率第三团为湘军前锋。唐生智在衡阳以南大败张敬尧,一路攻入湘乡县城。张敬尧仓皇北逃,"驱张运动"获得成功。但赶走了张敬尧,湘军内部又生变乱。这年11月,唐生智奉调从黄盖湖一带进兵湘西,平息王育寅之乱。年底,赵恒惕取代谭延闿出任湘军总司令,立即任命唐生智为湖南陆军第一师第二旅旅长。凭借战功和对赵恒惕的忠诚,唐生智如愿以偿,再升一级。

第二年初,王育寅再次兴兵。唐生智亲赴前线督战,迅速攻下澧城,缴获大炮六门,枪弹十万余发,俘获敌军两千余人。此战之后,唐生智将王育寅所部"靖国军"全部收编,实力大增。此后,唐生智更是一路追随赵恒惕。赵恒惕发动湘直战争,唐生智勇为前驱,出师湖北,驱逐了湖北督军王占元。等到赵恒惕与北洋军开战时,唐生智同样义无反顾。但唐生智毕竟不是北洋军阀吴佩孚的对手,湘军被打到溃败。情急之下,唐生智干脆亲自横躺路上,才阻止了败兵溃退。

1923年8月,广州大元帅府建设部部长谭延闿奉孙中山先生之

命,任湖南省省长兼湘军总司令,由粤返湘,讨伐湖南省长赵恒惕。赵恒惕此时已经归附于吴佩孚,被广东方面视为北洋军的走狗。于是,湖南省内支持谭延闿的湘军和支持赵恒惕的湘军由此展开了拉锯式的战争。唐生智奉赵恒惕之命,配合贺耀祖、叶开鑫等部,将谭延闿赶出衡山。正当赵恒惕的湘军继续进军时,原坚持中立的朱跃华团突然攻占长沙,谭延闿又乘势反攻。赵恒惕的湘军首尾不能相顾,纷纷溃逃。唐生智见势不妙,与贺耀祖部一起退兵至湘阴一带,保存实力。这年10月,吴佩孚调遣北洋军入湘,进驻长沙、常德等地。赵恒惕得到后援,大举向谭延闿反攻。唐生智率部接连打败了谭延闿麾下的谢国光、蔡巨猷两部,一时风头无双。11月底,谭赵战争终于结束,赵恒惕把留在湖南的湘军整编成四个师。唐生智任第四师师长,从此正式步入了高级将领的行列。①

2.编练"佛军"

当时湖南省防军的这四个师,以唐生智的第四师兵力最强,比其他师多出兵员几乎达三分之一。当上师长后,唐生智驻军衡阳,不再掩饰自己的野心,开始整军经武。唐生智严格整顿所属军队,他开办第四师军官讲习所,自兼所长,以师参谋长周斓为教育长,何键、李品仙、刘兴三个旅长为副所长,轮训营以下干部。唐生智同时还抓军

---

①何明:《国民政府十二位一级上将的最后结局》,中共党史出版社2008年版,第352页。

第七章　唐生智

风军纪，抓训练装备。为提高教育效果，唐生智不仅提倡结合实战经验，开展互教互学，还同三个旅长轮流到讲习所任教。讲习所除轮训现职军官外，还从地方招收部分青年学生，施行以老带新的方法，加速基层战斗骨干的培养。唐生智对部队的制式教练尤为重视，每天清早，他总是先于部队到达操场，监督部队操练。

作为地方实力派，整军经武的同时，还要广开财源。所以唐生智一手抓枪，一手抓钱。他自兼"湘南善后督办"和"水口山矿务督办"，以源源不断的财政收入来扩充实力。唐生智先后任命宾步程、邓寿荃为水口山矿务局局长，经营开采锌矿。将卖出矿砂的收入，以小部分解省，大部分截留下来，用来购买武器弹药。到了1926年，唐生智的第四师发展到五万人，一直是湘军中装备最佳、训练有素、人数最多、实力最强的一个师。所以，第四师在北伐时改编为国民革命军第八军，成为北伐军战斗力最强的主力之一。

除兵权之外，民心同样重要。这时正赶上湖南连续两年大灾，大批灾民流离失所。唐生智管辖下的湘南却不是这番景象。他实行"以工代赈"，在湘南这块桑梓之地，组织灾民修筑公路干线、发放工资，使救灾和改善交通两全其美，得到湘南百姓的交口称赞。

此时的唐生智渐渐与共产党搭上了线。早在1922年11月处理水口山工人运动时，唐生智即与夏曦等共产党人有了接触。唐生智敏锐意识到与共产党保持良好关系的重要性。于是，中共湖南省委书记李维汉在衡阳召开共产党骨干分子会议，成立中共湘南特委，都是在唐生智的地盘上公开进行。故而，衡阳民众评价唐生智"提倡民权，痛抵军阀，具有世界眼光"，称其"有如家人父子"。连共产国际布勒洛夫委员会（专门研究中国革命问题的部门）也称唐生智的第四师为"一支友好的颇有实力的部队"。1926年初，唐生智与夏曦商量，选派了一批湘籍青年去黄埔军校和毛泽东、李富春主办的广州政治讲习班

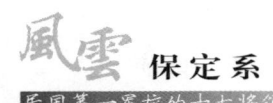

学习，其中即有唐生智的四弟唐生明。北伐前夕，这批学员均回到唐生智的第八军。他们中有的加入了共产党，如黄克诚、段德昌等人，日后皆成为共产党军队中的战将。

唐生智接受的是近代的新式教育，却笃信佛教。他的师父是近代密宗三大家之一的顾伯叙。顾伯叙名畴，字伯叙，法名净缘，法号正明，江苏淮安县人，亭林先生顾炎武之后裔。顾伯叙早年学儒而道而佛，遍访高师参学，修法自悟。1924年，他在湖南省长沙市与梁壁垣等人创办"二学园"道场，以圆融大小乘，圆融显密教，圆融世出世法为宗旨，吸收信众、戒众、行愿众、法众等四众弟子修学，弘法利生。1924年秋，唐生智借赴省开会之机，前往"二学园"道场听顾伯叙宣讲佛学，对顾伯叙的学问深为折服。为此，他单独拜见顾伯叙，专心谈佛。从此，唐生智笃信佛教，尊顾伯叙为师，取法号"法智"。①

回衡阳之后，唐生智请来顾伯叙，奉为上宾，礼之为师。唐生智所部上下官兵，也都礼待顾伯叙如同礼敬唐生智，甚至有过之而无不及。唐生智要将佛教引入军中，对部队进行"精神教育"，以佛教教义来统一军队思想，维系军心。1924年冬天，唐生智在衡阳请顾伯叙主办"金光明法会"，全师数万官兵一律受戒，成了佛门弟子。唐生智与顾伯叙不辞劳苦，一个营一个营为手下官兵受戒。所到之处务必大治佛堂，尽量做到金碧辉煌，受戒时钟钹齐鸣，全体官兵一律身披袈裟，合十顶礼，五体投地，由顾伯叙摩顶传戒，每人发给"受戒证章"一枚。

全体官兵摩顶受戒成为佛门弟子之后，唐生智以"五戒"定军纪，即"戒偷盗、戒妄语、戒乱杀、戒邪淫、戒酗酒"。唐生智还提倡"自利利人，救人救世，精猛勇进，慈悲喜善"之佛门精神，以修

---

① 刘心语：《夹缝生存——湘系军阀全传》，团结出版社2002年版，第199～201页。

第七章 唐生智

养军人身心。唐生智教育官兵们佛门五戒中,"戒杀生"的意思是"戒妄杀",也就是不滥杀无辜,对于盗贼土匪,你不杀他,他就要危害众生,使人不能成佛。所以,身为军人,对坏人但杀无妨。

对此唐生智很得意,他认为佛学与孙中山的"三民主义"有异曲同工之妙。佛家所谓"众生解脱我解脱",正是"天下为公"之翻版。因此,唐生智正式提出"党化佛化,二位一体,唯物唯心,两极相通"。就这样,唐生智练成了一支数万人的"佛军",所部全体官兵佩戴"大慈大悲救人救世"胸章。官兵相遇,不是举手行军礼,而是双手合十,呼"阿弥陀佛"。这堪称20世纪中国军队的一大奇观。有人送唐生智"唐僧"绰号,正是为此。①

1924年1月,孙中山在广州主持召开中国国民党第一次全国代表大会,确定"联俄、联共、扶助农工"三大政策,改组国民党,实现第一次国共合作,并创办黄埔军校。大局的主动权开始渐渐转到广东方面。唐生智敏锐察觉到时局的变化,他派人与广东方面建立了初步联系,并将自己的胞弟唐生明等人送去黄埔军校学习。而与自己当初的恩主赵恒惕,唐生智只是保持着非常一般的关系。毕竟,唐生智清楚,自己以佛教治军,部队自成一格,自成一系,别人无法插手,早已被赵恒惕猜忌了。

1926年1月,国民革命军统一广东。早已知道唐生智与广东方面私下有往来的赵恒惕坐不住了。在吴佩孚的支持下,赵恒惕以统一财政为名,要从唐生智手中收回湖南最富油水的水口山锌矿。与此同时,赵恒惕请来"白喇嘛",到省城长沙主持"禳灾祈福金光明法会",长沙一时满城充满诵经佛号之声。赵恒惕召唐生智来长沙参加法会,准备一举将他除掉。外界全看在眼里,一时人称"佛门斗法"。

---

① 郦千明:《"佛教将军"唐生智》,《文史天地》2013年第5期。

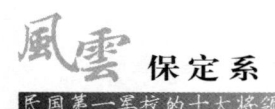

就在这时，共产党在长沙组织了万人大会，掀起"讨吴驱赵运动"，提出"打倒赵恒惕"、"组织代表民意的政府"、"督促湖南军队讨伐吴佩孚"、"请求国民政府北伐"。唐生智眼见时机已到，再不顾当初的恩主情谊，于1926年3月初起兵向长沙进发。第四师挺进长沙，大炮一律卸下炮衣，露出炮口，对赵恒惕施以武力威胁。赵恒惕手无兵权，被迫通电辞职。唐生智随即成为湖南代理省长。①

唐生智入主长沙，马上电邀湘军第一师师长贺耀祖、第二师师长刘铏、第三师师长叶开鑫及各师旅长以上军官来省城，共商善后事宜。叶开鑫称病请假，只派来自己的参谋长张雄舆。这时的唐生智早已拿定了主意，根本不打算与这些人商量，主要是看这些人是否听命。

贺耀祖是唐生智在湖南陆军小学时的同学，关系最密切。于是，唐生智首先约见贺耀祖，对贺耀祖道："革命形势迅速发展，北伐战争即将举行，广东方面我已派人秘密接头，他们内定我为国民革命军第八军军长，你是第九军军长。只等北伐军进入湖南，就可以发表新命。"但这事干系实在太过重大，贺耀祖犹豫不决。

再经过一轮态度摸底，刘铏、张雄舆等人皆反对与广东方面合作，依然希望以吴佩孚作为湖南的靠山。唐生智明白，到了以霹雳手段下狠手的时候了，否则湖南省大局难定，贺耀祖也会一直犹豫不决下去。唐生智以召开军事会议为名，将湘军第二师师长刘铏、秘书长肖汝霖、第三师参谋长张雄舆等人招来，不由分说，全部押出去枪毙。叶开鑫称病未来长沙，算是躲过一劫。紧接着，唐生智任命贺耀祖兼任湘西善后督办，派兵攻占叶开鑫部所据的岳州。不久，唐生智宣布废除了赵恒惕的《湖南省宪法》，自任湖南省临时政府的主席。自此，湖南大局定鼎。

---

① 刘心语：《夹缝生存——湘系军阀全传》，团结出版社2002年版，第205页。

第七章 唐生智

3. 参加北伐

吴佩孚眼见湖南地盘丢失，调遣部队准备对湖南用兵。他派谭道南到长沙，向唐生智提出条件：必须在二十四小时内让出军事重镇岳州，并通电宣布"讨赤"。否则，他要为赵恒惕讨个公道。

唐生智直截了当告诉谭道南："我们湖南人生就的硬脾气，要干就干。历史上的事不是哪一个人能够做得完的，人生在世，只能做好一件事。我生平不会虚伪待人，也决不欺骗人。既已答应了广东方面，就决不会去跟吴子玉（吴佩孚字）走。'讨赤'不干，回湘南也可以，'省宪'恢复不恢复，待广东北伐军来了再说吧！"

等到送谭道南出门时，唐生智道："吴子玉不要小看湖南，他如进攻长沙，我就直取武汉，胜则饮马长江，败亦不住租界！"

没有谈判的余地了。吴佩孚以叶开鑫为"讨贼联军"湘军总司令，在北洋军的支援下，向长沙进攻。唐生智作战失利，被迫退出长沙。由于吴佩孚进攻湘境，唐生智彻底投入了广东方面的革命阵营。他公开表示拥护国民党的三大政策，愿意参加北伐，并向广州国民政府紧急求援。1926年5月底，广州国民政府首先派出国民革命军第四军独立团作为北伐前锋先行开入湖南，"北伐战争"就此拉开了序幕。

唐生智在衡阳宣布"反英、讨吴、驱赵"的政治主张，取消代理湖南省长的名义，正式加入了国民革命军，就任国民革命军第八军军长兼北伐军前敌总指挥。7月1日广州国民政府发表《北伐宣言》，国民革命军誓师北伐，主力向湖南进军。北伐军第四军第十师、第十一师、第一军教导师、第七军和第三军先后到达湖南。唐生智以前敌总指挥名义,指挥各部展开全线反攻。北伐各路大军合力反击,唐生智连战皆捷,叶开鑫与吴佩孚大败,狼狈溃退。7月初,唐生智收复长沙。而后,唐生智率第八军集体加入中国国民党。北伐兵锋直指武汉。北伐军因此一举成名,全国震动。

8月14日,北伐军总司令蒋介石亲临长沙东门外大校场,校阅北伐军第七军、第八军。一万五千人马,列队整齐,军容极盛。在阅兵时,唐生智将自己的坐骑让给蒋介石。蒋介石看到北伐军兵强马壮的气势,十分高兴,按辔徐行。蒋介石首先检阅的是李宗仁的第七军。第七军由来自广西的桂军改编而成,广西地瘠民贫,所以第七军穿戴破烂,没有军乐队和仪仗队,军威不壮。蒋介石对此面露不悦之色。

而唐生智的第八军完全由湘军改编,服装整齐,旗帜鲜明。见到第八军的军容,李宗仁自叹不如,事后道:"在几个军中,唐生智的第八军阵容格外壮观和整齐,制式训练十分有素。"当蒋介石行至第八军队列前时,排头的乐队立刻奏乐。一时间,军乐大作,号兵齐吹,动作整齐,声音刺耳。变故就在此时猝然发生,蒋介石的坐骑竟然受惊,长嘶一声,前蹄高举,向校场中心狂奔。蒋介石勒缰不住,翻鞍坠地,狼狈不堪。因为摔到了腿,蒋介石不能再骑马,只得徒步检阅,一颠一跛,勉强将阅兵式举行完毕。

主帅跌于马下,可谓不祥之兆,唐生智的心顿时揪紧。但是,听到第八军官兵的窃窃私语,唐生智心中又是一惊——"蒋总司令爬不过第八军这一关"。唐生智本是予智予雄之人,心中怦然而动。与蒋介石争雄天下的想法,或许就起于此时。

北伐战争中,唐生智的部队得到迅速壮大,其部已经扩大为三个军,分别为第八军、第三十五军和第三十六军。这让蒋介石看了暗暗心惊,便起了裁抑的念头。蒋介石在长沙召集北伐军高级将领开会,

第七章 唐生智

研究讨论北伐第二期作战的战略计划。在会议期间,两人有了交锋。为防止唐生智得志于武汉,蒋介石不惜犯兵家之大忌,两线作战,欲将战事引到江西,让唐生智打消耗战。唐生智则极力主张对湖北采取攻势,继续向北进军。唐生智指出:趁正面的吴佩孚三十万精兵与张作霖联合夹击冯玉祥的国民军时,北伐军主力直捣武汉,截断长江中游,再顺流东进,抵定东南,指日可待。最终,蒋介石同意了唐生智的作战计划,即以主力先攻武汉,对江西暂取监视的态势。但唐生智却对蒋介石极为反感。

于是,唐生智任北伐中路军前敌总指挥,率第四、第七和第八军等部,开始两湖战场的第二期作战。他以第八军攻南渡、岳州,第七军经活口,强渡汨罗河、攻克长乐街后,向平江以西进击;第四军攻克平江后,直取通城、崇阳、进击粤汉路,截断岳阳至武汉间的交通。三路大军齐头猛进,连克平江、岳州等地,顺利攻入湖北。

吴佩孚在保定接到告急电报,星夜南下。他在军事会议上怒斥北洋军各路将领,调动两万主力部队,死守粤汉路上的军事要隘汀泗桥。8月20日,蒋介石抵达岳州督战,吴佩孚同样亲临前线,惨烈的汀泗桥战役爆发。吴佩孚命营务执法总司令赵荣华组织大刀督战队,分八路把守各要口,监视各

唐生智

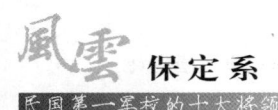

军。遇到败退的官兵，不容分辩，一刀一个，砍得人头滚滚。一天之内，光退却的团长、营长就砍了九个，逃兵正法者不计其数。除了大刀督战队，吴佩孚还组织了机枪督战队。对于没有战意的北洋军，算是稍挽颓势。北伐军集中主力，与吴佩孚激战终日，也未能攻克汀泗桥。

8月27日，叶挺独立团在当地群众带领下，穿过高山，抄小路绕到北洋军后面，出其不意地发起猛冲，突破了阵地。正面攻击部队乘机一起猛攻，北洋军仓皇溃逃。接着，北伐军乘胜追击，又攻克了鄂南另一战略要地贺胜桥，打开了通往武汉的大门。这时，吴佩孚率主力部队十万人退守武汉，誓与北伐军决一死战。吴佩孚任命靳云鹗为"讨贼联军"副总司令兼武汉警备总司令，据城固守待援，以刘佐龙师守汉阳、高汝桐师守汉口，形成掎角之势。

唐生智以第四军、叶挺独立团、第七军，第一军第二师主攻武昌，以第八军的何键师和刘兴师分别自嘉鱼、金口渡江，截断北洋军南下增援。守汉阳的刘佐龙临阵倒戈，被改编为国民革命军第十五军。吴佩孚率残部北逃，第八军主力乘胜追击，相继占领武胜关、平靖关和九里关，捣毁靳云鹗的司令部。北伐军攻占汉阳、汉口后，武昌已成孤城。

唐生智以第四军和第七军包围武昌，连续发起三次大规模攻击，均未成功。硬攻不下，唐生智改变部署，采用封锁围困战术，待敌粮绝弹尽之时再发起攻击。唐生智围困武昌一个多月，守城之敌内绝粮弹，外无救兵，军心大乱。10月8日，吴佩孚麾下第三师师长吴俊卿率部投诚。10月10日，唐生智命令所部在吴俊卿部接应下攻进武昌城，歼敌两万余人，俘获北洋军守将刘玉春和陈嘉谟。至此，吴佩孚的主力基本被消灭，北伐军取得了两湖战役的决定性胜利。北伐军攻克武昌后，广州国民政府迁往武汉。

第七章 唐生智

4. 投蒋反蒋

第八军经两湖的血战后实力大增，但蒋介石却在南昌召集会议，讨论整编军队问题。唐生智明白这很大程度上是冲着自己来的，心里对蒋介石更为不满。他利用战场上的缴获，趁势将第八军扩充为国民革命军第一集团军第四方面军，唐生智自任总指挥。第四方面军下辖第八、第十二、第三十五、第三十六军，共计六万余人。不久，前敌总指挥部撤销，第四方面军改称第四集团军，唐生智任总司令，实际掌握两湖地区的军政实权。北伐战事一路顺利，唐生智的部队兵强马壮，而蒋介石的嫡系黄埔军在两湖战场寸功未立，这怎能让唐生智不生出与蒋介石一较长短之心？

1927年4月12日，蒋介石在上海发动"四一二"政变，全面"清党"。4月18日，蒋介石在南京另立国民政府，与武汉国民政府相对立，"宁汉分裂"局面出现。蒋介石的目标是对付共产党，但时人相信，蒋介石此举也有忌惮唐生智的因素在内。

武汉国民政府随即免去蒋介石国民革命军总司令之职，任命唐生智为北伐总指挥，誓师继续北伐。唐生智率第四集团军从河南驻马店沿京汉铁路北进，与张作霖的奉军先后交战于西平、漯河、上蔡等地，歼灭奉军主力逾万。当战事最紧张之际，部队粮草不继。唐生智想不到别的办法，只好求助于负责农民运动的湖南同乡毛泽东。当时在毛泽东的领导下，湖南形势正如火如荼，农工运动迅速发展，共产党领导的农民群众达四十多万人，工人群众十一万多人。毛泽东果然不负所托，立即通知各地农民协会，从岳阳起运了一批粮草，救了唐

生智的燃眉之急。这件事留给了唐生智深刻的印象，他慨叹道："共产党很仗义，很够朋友。"

有了足够的粮草补给，唐生智一路向郑州、开封挺进，相继攻克洛阳、孟津、偃师等地。与此同时，冯玉祥率部五原誓师后，也连战连捷。最终，唐生智与冯玉祥在郑州会师，进占开封，控制河南全境。至此，武汉国民政府的第二期北伐胜利结束。

就在此时，唐生智的部队发生分裂，老部下夏斗寅师和杨森在后方发动反共政变。唐生智对中共颇为同情，曾有名言一段："国父（指孙中山）的三民主义，又名共产主义，最后的目的是一样的，就是要造成世界大同。反共产就是反革命。"唐生智是聪明人，他不见得是对各种主义不甚了了，只是这些似是而非的说辞一时可以制止部队的分裂，暂时维持住北伐的士气。

局势逐步向不利于共产党的方向恶化。唐生智的部下第三十五军军长何键趁唐生智去河南前线之机，发动"马日事变"，解散湖南省工会、农会等一切团体。7月15日，汪精卫召集武汉国民党中央执行委员会，正式做出关于"分共"的决定。唐生智不得已，同意了汪精卫的分共方针。但他毕竟不是汪精卫。做人留一线，唐生智还是为自己留了一条后路——他将一大批中共人物"礼送出境"，其中有日后战功卓著的中共名将黄克诚、陶铸、陈赓、罗瑞卿等人。当初中共中央陈独秀等领导人误判形势，他们根据英国的一则谚语"魔鬼总归是魔鬼，老鬼总比新鬼强"，推断蒋介石要比唐生智更革命，从而作出"扶蒋抑唐"的决策。如今陈独秀等人又提出"联唐反蒋"，却是晚了。唐生智私下表明——"和平分共而不反共"，不管情况发展如何，"绝不捕杀一个共产党人"。唐生智还专门托人给毛泽东送了两根金条

第七章 唐生智

当盘缠,叮嘱他赶快离开湖北,脱离险境。①

虽然武汉和南京方面在对待共产党问题上取得了一致,但对立的局面并没有结束,权力斗争渐渐激烈。唐生智眼见时机已到,起兵东征,率部讨蒋。时值南昌起义前夕,贺龙率其所部第二十军自九江向南昌移动,黑夜行军,火把照红了山野,被第二方面军其他部队发觉。有人报告唐生智,请示是否予以拦截。唐生智对军长贺龙非常了解,只说了句:"由他们去吧,都是为了讨蒋。"等到 1927 年 9 月,南昌起义与秋收起义部队会聚浏阳,因缺乏武器弹药中共派陈赓、陶铸、罗瑞卿前往武汉,要求唐生明予以支持。唐生智特意调总司令部警卫团的一连,以护送唐生明回长沙的名义,送去步枪三百支、弹药近万发。

借讨蒋之机会,李宗仁、白崇禧趁机逼蒋介石下野,国民党高层一时群龙无首,呈现混乱局面。随后"宁汉合流",唐生智所部进占安徽,却陷入桂系的敌视之中。10 月 20 日,南京国民政府以"通敌叛党"罪名,免去唐生智本兼各职,同时任命李宗仁为西征军总指挥兼第三路军总指挥,率部西征讨伐唐生智。唐生智的部队虽然人多势众,号称"百团",其实大多是在两湖战场收编的前北洋军部队。在桂系部队强悍的攻击面前,唐生智从安徽全线溃退。唐生智只得宣布下野,流亡日本。

唐生智被迫下野后,他的部队大部分被桂系收编,第八军军长李品仙、第三十六军军长廖磊都是广西人,全追随白崇禧去了华北。1928 年,唐生智由日本回到上海寓居。第二年,蒋桂战争爆发。为了对付白崇禧,蒋介石想办法与唐生智"捐弃前嫌",派人迎回了唐生

---

① 文建龙、肖宗志:《大革命中唐生智对湖南工农运动的贡献》,《衡阳师范学院学报(社会科学版)》,1999 年第 4 期。

智,希望他能去华北重招旧部,拆白崇禧的台。唐生智信不过蒋介石,但更不愿放过这个重掌部队的机会,于是答应下来。这真是一桩再现实不过的互相利用。

就这样,唐生智带着蒋介石给他的"第五路军总指挥"委任状,身携蒋介石批给他的一百五十万元巨款,北上天津、唐山,以"打倒桂系,返回湖南"为口号,收回旧部的指挥权。果不其然,唐生智一出现在塘沽,原先的旧部纷纷倒戈反对白崇禧,重投唐生智麾下。白崇禧丢了整个华北,唐生智重掌湘军,为蒋介石在蒋桂战争中获胜立下了大功。

1929年6月,蒋介石任命唐生智为国民政府军事参议院院长兼国军编遣委员会编组部主任,调他到南京就职。名为封褒,实为削唐生智的兵权。唐生智对此并不在意,他对自己的部队很有信心,更有充足的信心去看蒋介石此举造成的笑话。一切真的被唐生智看准了,是年10月,蒋冯战争爆发。唐生智的第五路军被调到河南,与冯玉祥的军队作战。但第五路军根本指挥不动,作战连连受挫。蒋介石明白了,赶快将唐生智派去指挥。于是,唐生智亲赴前线,指挥旧部先挫后胜,在西村、黑石关一线与冯玉祥麾下的刘汝明等部激战三天三夜,将冯玉祥的部队全部赶回了陕西。战后,蒋介石亲自到郑州车站慰问第五路军官兵,当着嫡系部将的面对唐生智推许备至:"孟潇(唐生智字)有军事天才,这回打得很好,我不及他。大家往后要听他的指挥,听他的指挥就等于听我的指挥。"

话是这样说。但一朝得胜,蒋介石又对非嫡系部队起了大加裁撤的心。尤其是没了唐生智就指挥不动的第五路军,以及唐生智本人,更是蒋介石所不能容。蒋介石当晚就约谈唐生智,希望调他去西安坐镇,担任西北边防军事长官,但被唐生智婉言谢绝。蒋介石又提出,希望唐生智去负责军队训练工作,或者去国外考察军事,都被唐生智

第七章 唐生智

用"考虑一下"对付过去。

不久，唐生智又接到蒋介石的密电，要他在郑州扣留韩复榘，接替韩复榘担任河南省主席。唐生智已经不愿再受蒋介石的摆布，决意反蒋。当蒙在鼓里的韩复榘从开封赶来郑州见唐生智时，唐生智没有动手将韩复榘拿下，而是掏出蒋介石的密电，摊在韩复榘面前。韩复榘一看，脸色发青，连呼"饶命"。唐生智不动声色道："我如果要为难你，又怎么会把电报给你看？不要怕，今后一起反蒋吧。"韩复榘对唐生智感激得五体投地，当场表示——今后绝对服从总司令（指唐生智），叫我干什么，我就干什么！

就这样，1929年12月1日，唐生智与冯玉祥、阎锡山、韩复榘等七十五名高级将领第二次通电反蒋，唐生智就任"护党救国军"第四路总司令。第二天，石友三在浦口通电反蒋，炮轰南京。唐生智将部队集中在河南驻马店、漯河一线，准备夺取武汉。蒋介石不甘示弱，以南京国民政府名义下令免去唐生智本兼各职，通缉拿办。

12月26日，唐生智指挥部队向蒋介石的嫡系中央军发动猛攻。当时天降大雪，唐生智的部队是湘军班底，来自南方，不适应环境，结果部队被阻于遂平、确山之间，与中央军苦战五昼夜，相持不下。蒋介石趁机施展自己最擅长的政治手腕，原本与唐生智达成一致的何键、刘文辉、夏斗寅、阎锡山均与蒋介石站在了一起，按兵不动，唐生智孤立无援。尤其是阎锡山，被蒋介石任命为国民革命军陆海空军副总司令，居然从太原到达郑州，以"讨逆军"总司令的身份率各路人马围攻唐生智。唐生智的窘迫关头，连杨虎城都被蒋介石任命为新编第十四师师长，率两个旅由南阳突袭唐生智的总司令部，占领驻马店，给唐生智以致命打击。不到一个月，唐生智兵败如山倒。大势已去，唐生智只能化装潜逃，流亡香港和东南亚一带。

1931年2月蒋介石将胡汉民软禁，在国民党朝野引起轩然大波，

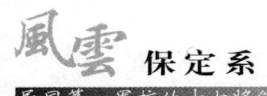

又引发了另一次反蒋高潮。"中国国民党中央执监委员非常会议"在广东成立，唐生智被推选为广州非常政府国府委员及军委三常委之一，这是唐生智在抗战爆发前最后一次公开反蒋。唐生智以"湖南宣抚使"名义进军湘南，直逼衡阳。但战况随即出现逆转，唐生智兵败湖南，被迫退回广东。

正在此时，适逢"九一八事变"爆发。国难当头，所有人都被推到了风口浪尖上。民族大义高于一切，更何况一旦失去了大义名分的制高点，任何争斗必败无疑，于是，唐生智提议一致对外，终于暂时与蒋介石握手言和。蒋介石派代表俞鹏飞到上海与唐生智见面，唐生智直言："只要举国团结抗日，我任何事情都可以做。"俞鹏飞另有所指道："但愿举国团结，恐怕有许多人不是真心抗日的。"唐生智当即回击道："只要执政负责的人有诚意，天下兴亡，匹夫有责，谁敢叛国，遗臭万年？"一句话说得俞鹏飞无言以对。

5. 南京保卫战

蒋介石毕竟对唐生智不放心。他将唐生智调到南京，授以厚爵，拢其心志。1932年6月，唐生智再次出任南京国民政府军事参议院院长。1935年4月，唐生智被蒋介石授予一生中所达到的最高军衔——陆军一级上将。[1]12月，唐生智任南京国民政府军事委员会第一厅主

---

[1] 张军、唐本富等编著：《国民党高级将领花名册》，华文出版社2011版，第70页。

第七章　唐生智

任兼任训练总监部总监。

尽管如此，唐生智位高而无权，在南京的生活与寓公无异。他每日里只是诵经念佛，日子过得自在。那时南京市民经常可以看到，每到黄昏时分，唐生智总会叼着香烟在百子亭一带散步。到底是陆军一级上将，架子颇大，散步时后边还跟着一位端茶壶的勤务兵。唐生智抽几口烟，就要停下来漱漱口，然后大声打喷嚏。打喷嚏也极有气势，声若洪钟，惹得老百姓窃窃私笑。

蒋介石听说后并无表示，因为他了解唐生智——这是在演戏。唯其如此，更可见唐生智野心未泯。

1937年7月7日，抗日战争全面爆发。四个月后，上海陷落。日军华中方面军司令官松井石根指挥七个师另两个旅约二十万人，分三路直逼国民政府首都南京。11月中旬，蒋介石在他的中山陵官邸召集军事会议，讨论防守南京问题。由于中国军队在上海损失严重，已经失去大部分战斗力，短期内难以再组织大规模的守城战役。然而，如果主动放弃首都南京，于国、于民、于国际舆论，都难以交代。蒋介石连续召开三次高级幕僚会议商讨对策，对是否固守南京依然举棋不定。

11月19日，在第三次商讨保卫南京的会议上，毫无征兆间，唐生智突然站起来发言："南京是国际观瞻所系，又是总理陵墓所在，如果弃守，何以对总理在天之灵？抗战以来，我们中下级干部在战场上牺牲的很多，但还没有一个高级将领为国捐躯。我愿意防守南京，誓与首都共存亡。"

唐生智主动承担防守南京的使命，令蒋介石大为高兴。唐生智当面向蒋介石保证——"临危不乱，临难不苟"。当日，蒋介石宣布迁都，24日，任命唐生智为南京卫戍司令长官，编组卫戍军共十四个师十一万余人保卫南京。这背后的故事并不为人所知。平心而论，当时

中日军队实力相差悬殊,南京无险可守,守南京堪称是"跳火坑"的活计。据说蒋介石本人其实力主南京必须守,却又不便公开表态,于是私下里授意唐生智出来守南京,甚至说出了"要么是我留下,要么是你留下"这样的话。无奈之下,唐生智才在会议上公开做了表态,揽下守南京的重任。

多年后,唐生智如此为自己辩白:"我自从'九一八'回到南京之后,始终是主张抗日的。同时,担任的工作也是筹划抗日的工作。上海战事开始时,我又兼任军法执行总监部总监,我能违抗命令,不守南京吗?加之,在这种情况下,蒋介石这样来将我的军,我明知不可为而为之。事后,有人说我办蠢事,我说,世界上有些事也是要蠢人办的。在当时的情况下,我虽身患重病,还不得不担任守南京的任务。"

事实上,唐生智此次主动请缨并非真的是一心许国这样单纯。他自1932年到南京赴任以来,已经五年未掌兵权。失去了军队的唐生智如龙卧浅滩,没有发挥力量的余地。如今日军打到南京城下,他要冒险为自己搏一个东山再起的机会。当上南京卫戍司令长官,他手里就有了十一万部队。只要南京能守三个月,这些部队就将成为自己东山再起的班底。

11月27日,刚刚就任新职的唐生智对驻南京中外记者发表讲话,表示与南京共存亡:"中国为一爱好和平之民族,从不侵略他国,日本以数十年之准备,大举进犯中国国土。中国在物质上虽乏准备,但精神上则具无上之抵御决心。本人奉令保卫南京,至少有两件事最有把握:第一,即本人及所属部队誓与南京共存亡,不惜牺牲于南京保卫战中;第二,此种牺牲将使敌人付出莫大之代价。"

唐生智向外界尽可能做出姿态——准备与南京共存亡。12月9日,唐生智命令将各部所有船只尽数收缴,以作背水一战。12月10

第七章 唐生智

日,战事已经打响,日军向唐生智发出劝降书,限令中国守军弃城投降。唐生智置之不理,下令各部队必须与阵地共存亡。

在日军的攻势下,唐生智努力保持镇定。每天黄昏,他依旧在百子亭散步、吸烟、喝茶,一派气定神闲。可是战局的发展太快,容不得唐生智如此镇定下去。白天日本飞机轮番轰炸,地面炮火密集。唐生智的指挥部多次遭受日军炮击,只得趁黑夜巡视各据点。阵地屡屡失守,南京守军伤亡惨重。12月11日,蒋介石发来急电:"如情况不能久持时,可相机撤退,以图整理,而期反攻。"12月12日,日军主力猛攻雨花台,至正午,雨花台陷落。下午二时,又攻陷中华门,南京城被打开了一个缺口。至此,南京陷落已经无可避免。

唐生智慌了手脚。下午五时,唐生智匆匆开了一个历时二十分钟的师以上将领会议,散发了一份油印的突围命令,正式下达弃守南京、分别突围的命令。但是,有些军长、师长并没有将突围的命令传达下去,而是自行仓皇渡江出走。没有人组织撤退,南京守军随即崩溃,撤退成了溃败。大批溃兵涌向城北挹江门,场面极度混乱。防守挹江门的宋希濂部没有接到撤退命令,为此不惜开枪阻止大军溃逃。混乱之中,唐生智侥幸率少数人员趁夜色渡江,一路步行撤到了汉口。未能撤退过江的大批部队扔掉武器,脱下军装混入老百姓中间,留在了城内。12月13日晨,日军入城,南京陷落。①

日军进城之后,以搜捕中国军队溃兵为名,进行了惨绝人寰的"南京大屠杀",三十余万中国人遇害。唐生智对此难辞其咎。他撤退到汉口,提交了一份《南京战役概要》,向蒋介石自请失守南京的处分。但蒋介石挥挥手,表示"毋庸置议"。如前文所言,南京原本就无险可守,唐生智守南京乃是代蒋介石受过。所以,蒋介石只是免去

---

① 陈长河:《唐生智与1937年南京保卫战》,《军事历史研究》,2005年第4期。

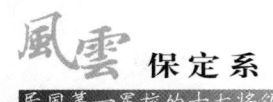

了唐生智的军法执行总监职务。从此,唐生智再未担任军政实职。很快,唐生智借口父亲病重,从陪都重庆回到老家湖南东安,不再过问外面的军政大事。蒋介石自然还是对唐生智不放心,他派了一个班的宪兵到唐生智的祖居周围,名为保护实为监视。不过,唐生智对此已经全然不在意了。

1938年底,唐生智的父亲唐承绪病逝。唐生智居丧在家,更有了不出门的理由。他与佛门师父顾伯叙共同创办东安耀祥书院(抗战后改为耀祥中学),研究国学与佛学,收留逃难学生,清静度日。学校的宗旨是维护抗日统一战线,培养抗日救亡英才。唐生智与顾伯叙、李君尧开始在长沙做筹备工作,三人确定了一条重要原则,即禁止一切党派、帮会在校内活动,以后将此原则定为校规之一。但是,当时国民政府教育部有明文规定:专科以上学校的训导长、训育主任和训导员必须由国民党员担任;中等以上学校要求建立国民党与三青团组织。对此,唐生智嘱咐办事人员权当不知。学校礼堂只挂孙中山像,不挂蒋介石像;集会时只唱校歌,不唱当局规定的《党歌》。

日军占领东安前,唐生智举家迁居重庆。在重庆,他一度又出任重庆国民政府军政委员会运输总监的虚职,协助蒋介石调节与西南各省关系,共同抗日。抗战胜利后,1945年10月10日,唐生智被授予抗战胜利勋章。

第七章 唐生智

6. 走向光明

抗战胜利后的唐生智又到了一个抉择命运与前途的时刻——自己不能再相信蒋介石,不能再为蒋介石打内战。自北伐"分共"后,唐生智绕了一个大弯,终于又回到了与共产党合作的路上。1946年,蒋介石任命唐生智为西北行政长官,唐生智坚辞不受,带领全家老小仍回湖南东安老家办学。

1948年底,战局对国民党方面日趋不利,蒋介石又想起了唐生智。11月16日,蒋介石邀请唐生智到南京会谈。唐生智先到上海,邀其好友、总统府参军李觉一同去见蒋介石。李觉对唐生智的行为感到奇怪,唐生智如此解释道:"现在不光是大局危急,而是国民党整个垮台,我是去为蒋介石送终的。"

果然,在南京,唐生智三见蒋介石,两人根本谈不到一起。蒋介石打算重新起用唐生智,让他出任衢州绥靖公署主任。唐生智依旧坚辞不受。私下里,他对人道:"蒋介石的心思我清楚,他这是想把我绑到他的战车上当炮灰呢。我今生只是抱定一个主意,即坚决不与此人合作。"

离开南京,唐生智再度绕道上海,与中共地下组织取得联系。按照与中共协商的结果,中共方面派人在耀祥中学架设秘密电台。次年初,中共湖南省工委派张华联(化名张凡)来校,以唐生智秘书兼历史教师的公开身份,在学校正式建立地下党组织。唐生智的长子唐仁曼在校内建立地下共青团组织,并担任核心小组组长。连顾伯叙的女婿吴立民都成了中共党员。唐生智在中共地下党组织支持下,动员周

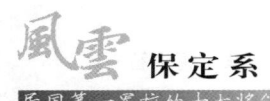

边的地主、乡绅减租、减息，发动农民成立农会，校内还组织了"应变委员会"、"青年志愿设助解放服务队"等，耀祥中学成了地地道道的"赤化学校"。①

唐生智在湖南一直联系旧部，与程潜、陈明仁联系起义事宜。1949年3月，唐生智拒绝李宗仁、何应钦要他参与南京国民政府组阁的邀请，于4月底在湖南组织起"湖南人民自救运动"。他出任湖南省人民自救委员会主任，与白崇禧的"联省自治"相抗。唐生智于5月2日省会各界举行的盛大欢迎会上，公开演讲道："兄弟以六十岁的残生，愿为救湖南、救自己作最后的努力，为大家服务，发扬湖南人的骡子精神，为湖南的安定、前途的光明，为全省的团结而努力。"

白崇禧退守湖南，明白唐生智搞的"自救运动"实际上是起义投诚共产党的前兆。果然，1949年8月4日，程潜、陈明仁通电起义。第二天，唐生智领衔发表湖南各界知名人士一百零四人响应起义的通电，欢迎解放军早日进入湖南。8月9日，唐生智的老部下李品仙代表李宗仁来拜会唐生智，劝说他南下广州。唐生智拒绝了，反而劝李品仙留在大陆。白崇禧又派第一二六军军长张湘泽来找唐生智，唐生智拒不相见。张湘泽见不到唐生智，干脆直言——"他的安全我们无法保障了"。

唐生智清楚白崇禧的手段。所以张湘泽一走，他也赶紧趁黑夜离家。唐生智猜得一点不错，张湘泽一回去，白崇禧马上派兵来搜捕唐生智。唐生智在当地百姓和自家亲戚的掩护下，躲在附近的一家农民的柴堆里。白崇禧的兵搜了半个多月也没搜到唐生智，索性把唐生智的夫人霍福光和六个孩子押到桂林软禁作人质。为逼问唐生智的下落，白崇禧还将唐生智的佛门师友顾伯叙拷打致残。后来还是李品仙

---

①文建龙：《论唐生智与共产党的关系》，《同济大学学报》(社会科学版)2000年第4期。

第七章 唐生智

顾念旧情，将他们辗转送至香港。直到1951年，唐生智的家人才回家与唐生智团聚。

等到1949年10月衡宝战役东安解放，唐生智才算劫后新生。12月14日，在毛泽东的亲自指示下，黄克诚、萧劲光派李觉、张立武到东安，把唐生智接到长沙。1950年4月，唐生智到北京，受到毛泽东、周恩来的接见。解放后，唐生智担任湖南省副省长。1961年12月，陈毅曾看望直肠癌手术后正在养病的唐生智。见面伊始，陈毅对着唐生智竖起大拇指道："孟潇先生，你够朋友，国民党一级上将，只有你没和我们红军、解放军打过仗。"唐生智连连摆手道："不敢当，不敢当。"①

"文革"初期，唐生智由周恩来总理提名，被重点保护起来。当时唐生智的身份是著名起义将领、全国人大和全国政协常务委员、国防委员会委员、湖南省政协副主席，所以"文革"开始时，红卫兵和造反派对他不敢胡来，他所受到的只是一些轻微冲击。但是，1968年，有专案组来湘调查贺龙的所谓"特嫌"问题。当时贺龙的罪名是"大土匪"、"大军阀"和"国民党奸细"。当年贺龙在唐生智的麾下当过师长，于是这个以某部装甲师师长为首的专案调查组要唐生智提供贺龙的"黑材料"。专案组要求唐生智提供证据，证明刘少奇在当时下令武汉工人纠察队缴枪，证明贺龙当年参加南昌起义动机不纯。唐生智摇头不语。他只是表示在北伐期间，贺龙所部的独立第十五师归他节制，作战异常英勇，武汉政府"分共"后就投奔了共产党，参加了南昌起义，从未与蒋介石、汪精卫勾结。唐生智对专案组道："这种血口喷人的事我不能做，你们非要这样说，那可以去台湾找蒋介石，他是惯做这种事的。"其实唐生智当年对贺龙的独立第十五师

---

① 刘心语：《夹缝生存——湘系军阀全传》，团结出版社2002年版，第405~417页。

也是另眼相待，不是发半饷，就是停发薪饷，独立第十五师一度九个月没有正式发饷。这些恩怨自然不在专案组的兴趣范围内。

专案组又逼唐生智承认和写出"贺龙是派到红军里的特务和脚踏两只船的奸细"。唐生智道："这纯属无中生有。贺龙走上革命道路，并在革命低潮时要求加入共产党，完全是他自己的觉悟。我们过去虽有过上下级关系，但南昌起义前贺龙已是国民党第二十军的军长了。他一生光明磊落，哪有左摇右摆，敌特嫌疑之理呢！"专案组未达目的自然不死心，天天守着唐生智软磨硬逼，唐生智只好实事求是写一些人尽皆知的贺龙情况，以及他与贺龙的正常关系。每写一次就被专案组打回一次，因为他的材料里面没有专案组需要的东西。

最后，专案组的人恼羞成怒，竟然用枪对唐生智进行威胁逼供。唐生智哪里吃这一套，迎上前去，撕开衣襟，露出累累伤疤："小子，有种的你冲着这里来吧，老子南征北战，枪林弹雨走过来了，何时怕过死！"大义凛然下，来人悻悻而走。

专案组的目的没有得逞，干脆于1969年指使当地造反派，把唐生智抓到省政协关押起来，继续逼审，整整关了十个月。1970年初，唐生智直肠癌症复发，专案组不许给药治疗。4月6日，唐生智不治而逝，终年八十岁。

第七章　唐生智

唐生智（1890—1970）年表：

1890年10月12日，生于湖南省东安县南应乡（现芦洪市镇）大枧塘村。

1914年10月，自保定陆军军官军校第一期步兵科毕业，分配到湖南陆军混成旅任见习排长，历任代理连长、湖南督军署卫队营营长、湖南陆军第一师第二旅第三团第三营营长、第三团团长、第二旅旅长等职。湘直战争中任第二纵队司令兼左翼司令。

1923年8月，谭赵战争爆发，唐生智任第三路军指挥，讨伐谭延闿。谭赵战争结束，湘军整编为四个师，唐生智任暂编第四师师长。随后在湘南训练部队，扩充实力，兼湘南善后督办、水口山矿务督办。

1926年3月，率军进逼长沙，逐走湖南省长赵恒惕。

1926年4月，国民政府任命唐生智为国民革命军第八军军长、北伐军前敌总指挥，兼理湖南民政。

1926年7月，唐生智就任湖南省政府主席，宣布废除省宪法、解散议会、成立省政府。8月，当选为国民党第二届中央执行委员、湖南省党部执行委员，兼湖南军事厅长。10月，唐生智任国民党中央执行委员会委员及国民政府临时联席会议委员。

1927年4月，唐生智任国民革命军总指挥，率部继续北伐。6月，唐生智被武汉国民政府任命为第四集团军总司令。8月，唐生智以第四集团军总司令名义通电讨蒋。9月，南京举行"中央执监委员临时联席会议"，选唐生智为国民党特别委员会委员、国民政府委员、军事委员会主席团成员。10月，南京国民政府讨伐唐生智，唐生智被迫通电下野。

1929年3月，蒋桂战争爆发，蒋介石重新起用唐生智收集部队。

此后多次投蒋又反蒋。中原大战中任反蒋联军第六方面军司令。

1932年1月，唐生智任国民政府军事委员会委员兼军事参议院院长，并无实权。

1935年4月，任陆军一级上将，叙第一级。

1935年12月，任训练总监，留居南京。

1937年7月，抗日战争爆发后，唐生智兼任军事委员会警卫执行部主任。

1937年12月，任南京卫戍司令长官，负责指挥南京保卫战。作战失利，日军入城后进行了惨绝人寰的南京大屠杀。

1938年2月，唐生智被免职，从此避居家乡闲居。

1948年11月，任总统府战略顾问委员会委员。

1949年5月任"湖南人民自救委员会"主任委员。湖南和平起义后，8月，唐生智领衔湖南各界人士通电起义，公推为湖南军政委员会委员。11月，任第一届全国政协委员。

1950年2月，任中南军政委员会委员。4月湖南省人民政府成立，唐生智任省政府副主席、土改委员会委员。

1954年9月，任第一届全国人大代表、国防委员会委员，12月，任第二届全国政协委员、常委。1955年2月改任湖南省政府副省长、湖南第一届政协副主席、湖南各界人民代表会议协商委员会副主席。

1959年4月，任第二届全国人大代表、常委会委员、国防委员会委员，并任第三届全国政协常委。

1970年4月6日，病逝于长沙。

第八章 余汉谋

姓名：余汉谋

字号：幄奇

出生日期：1896年9月22日

逝世日期：1981年12月27日

出 生 地：广东高要县

发迹事由：蒋桂战争中余汉谋与北伐名将白崇禧"激战"四日，迫使白崇禧"撤退"，因此声名鹊起，一朝发迹。

最后结局：因肺癌病逝于台湾。

一生总结：

主敬以立其本，穷理以致其知，反躬以践其实。

——余汉谋手书座右铭

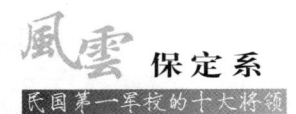

1. 真仗假打

余汉谋，字幄奇，1896年9月22日出生在广东省高要县肇庆镇一个盐商家庭。余汉谋的父亲余起鹏曾是武秀才，当过广东罗定县的守备，后来赋闲在家，开始经商。本来余家还算殷实，每年几百担的盐经广宁、怀集、连县销往湘南一带，可以挣不少钱。随着清末动乱加剧，余起鹏明显感到生意越来越难做。据说，有一次装盐的船半路翻了，余家从此再也没能翻过身来，开始走下坡路，年少的余汉谋倍感生活的艰辛。

余家是一个大家庭，十几个兄弟叔侄共同生活在一起。余起鹏自己家里也是人口众多，子女十多人，余汉谋排行第九。因为行九，脑袋也大，余汉谋得了"大头狗"（即广东话"九"）和"大头鱼"（余）两个绰号。从前生活殷实时，家里人多倒也热闹，现在家道衰落，人多就成了一个大负担。余汉谋虽然受父亲熏陶，自幼习文练武，但到他六岁时，想进学堂，父亲已经拿不出钱来供儿子念书。余汉谋的四姐余淑贤当时已嫁出家门，得知弟弟的情况后，她毅然答应出钱供弟弟读书。此后，余汉谋靠姐姐的资助，读到高小毕业。毕业后，余汉谋考上了广州黄埔陆军小学，一直读到保定陆军军官学校毕业。

余汉谋从六岁开始读书，到二十四岁军校毕业，共念了十八年书。这对于一个出身清寒家庭的少年来说，相当不易。这一切都靠余汉谋四姐余淑贤的帮助。余汉谋同样知恩图报，在姐夫去世后，一直把四姐供养到百年之后。

第八章 余汉谋

在保定军校期间,余汉谋与同期同队的上官云相一起,被分配到北洋军里任实习排长职务,他从此与上官云相结成生死之交,二人结拜为异姓兄弟,余汉谋甚至还娶了上官云相的妹妹上官贤德,给上官云相当了妹夫。1919年秋,余汉谋从保定军校毕业,进入北洋边防军(皖系)第一师曲同丰部,正式任少尉排长。他从此步入军界,开始了长达几十年的戎马生涯。虽然余汉谋是在安徽开始从军,但他的发迹史却从广东书写。原来余汉谋在曲同丰麾下没几天就碰上直皖大战。皖系兵败,曲同丰被俘虏,部队也被遣散。余汉谋流落回广东,在同学介绍下加入粤军魏帮平的第三师,继续任排长。[1]

1920年的广东,正是孙中山发动第二次护法运动的基地。当时的粤军领袖是陈炯明,而这支粤军也是孙中山在第一次护法运动时的军政府警卫军,全体官兵都是宣誓效忠孙中山的国民党员。事实上,这支训练有素、颇有战斗力的粤军正是陈炯明与孙中山争夺权力的资本。余汉谋当时只是粤军的下级军官,对陈炯明与孙中山的斗争知之甚少。他只是一个绝对服从命令的合格军人,在上司的指挥下,率部参加了讨伐桂军陆荣廷的战役。平定两广后,余汉谋升任少校营长。

1922年6月16日,余汉谋所在的粤军受总司令陈炯明指挥,对孙中山发动进攻。1923年1月,陈炯明兵败离开广州,"江防会议"上第三师师长魏帮平也被桂系沈鸿英扣留,粤军第三师被全部缴械。没了第三师,余汉谋被分派到广东宪兵司令部任参谋。余汉谋运气实在不错,刚好碰上当年黄埔陆军小学的同学叶挺任参谋长。在叶挺的帮助下,余汉谋调任粤军第一师第二旅中校主任参谋。1925年初沈鸿英在广西再次叛乱,余汉谋随陈济棠前去讨伐,再立战功。余汉谋一

---

[1] 胡必林:《民国高级将领列传》,解放军出版社2006版,第56页。

路累积战功,等到1925年8月,中国国民党领导的广州国民政府决定把在粤的各路军队统编为国民革命军时,余汉谋被委任为国民革命军上校,升任陈济棠麾下第十一师第三十一团团长。从此,余汉谋成了陈济棠的干将,常年在陈济棠麾下带兵。

余汉谋一直率部驻防广东,绥靖地方,未参加出师北伐。1927年"四一二"反革命政变爆发,广东方面同样开始全面"清党"。余汉谋想办法给自己留了条后路——他故意拖了一晚上时间,秘密通知中共广东方面负责人黄学增等人,要他们速速离开。到第二天,余汉谋才派兵展开搜捕,查封各地工会、农会和工人纠察队,给上面一个交代。

1927年8月底,叶挺、贺龙率南昌起义残部南下广东,进入潮州、梅州一带。余汉谋率军赴东江堵截,眼看要与当年有恩于自己的同窗叶挺兵戎相见。余汉谋颇有自知之明,他不愿与叶挺为敌,更清楚自己打不过叶挺,所以他干脆使出装病的办法,滞留兴宁。不出所料,余汉谋的部队被叶挺打得大败,替自己指挥的代团长也在肉搏战中阵亡。余汉谋知己知彼,算是帮自己躲过一劫。

北伐胜利后,蒋介石召开编遣会议,强力裁军。粤军第四路军被缩编为第一师,陈济棠任师长,余汉谋任第一旅旅长。编遣后不过三个月,1929年3月,亲桂系的粤系元老李济深被蒋介石软禁在南京汤山,蒋桂战争顿时爆发。陈济棠本应该与桂系站在一起,讨伐蒋介石,解救李济深,但蒋介石却抢先下手,任命陈济棠为广东编遣区主任兼"讨逆军"第八路军总指挥,取代李济深掌握广东军权,与拥蒋的省主席陈铭枢分治广东。于是,桂军大举进攻广东。拥护李济深的粤系第五军军长徐景唐也自组军队盘踞河源,打算与桂系夹击两陈。此时的余汉谋奉命接任北江区善后委员,驻守清远,负责顶住大举进攻的桂军。

第八章　余汉谋

余汉谋当时把兵力布置在北江东岸琶江口，打算在北江东岸以逸待劳迎战桂军。但陈济棠要余汉谋主动出击，过北江把防线推进到四会、清远一带。余汉谋怀疑陈济棠这是故意让自己背水一战，借刀杀人，便死活不肯过江。此时陈铭枢为搞垮陈济棠，独霸广东，又来火上加油，向陈济棠报告余汉谋有私通徐景唐的嫌疑，打算与徐景唐一同起兵反蒋。陈济棠一听，立刻挂了专列赶赴琶江口，以"通敌"等五条罪名把余汉谋逮捕关押，同时调自己的亲信李扬敬指挥余汉谋的第一旅。

李扬敬接受第一旅指挥权后，立刻命令部队过北江直趋四会布防。李扬敬哪里想到，余汉谋带兵有一套，手下官兵对他忠心耿耿。余汉谋被抓，全旅兵无斗志，出工不出力，根本不愿作战。粤军中下级军官又与桂军中下级军官多为军校同窗，所以战事简直与儿戏一般。双方心照不宣，一切以对付上级了事。结果是桂军"强势"进攻，粤军"招架"不住桂军白崇禧部的冲击，大败而逃，退回清远、军田一线。粤军退回军田后，由于此役"伤亡重大"，全旅军官在征得李扬敬同意之后，联名致电省垣，要求陈济棠立即派余汉谋回前线督师。否则全旅官兵将"罢战"。陈济棠怕激起兵变，广州难保，在收电四小时之后即复电，命令余汉谋速速回前方，督率官兵反攻。电报到达前线，顿时一片群情振奋。

此番被逮捕关押，余汉谋对世事心有所悟，在牢房里早已想好了下一步的打算。他一下火车，直接在车站对官兵发表讲话，鼓舞士气。这番讲话中，颇多名言。余汉谋高呼："我与各级袍泽久共患难，保卫桑梓，责无旁贷，万望我全体将士跟我来保障广东安宁。"说完这些，余汉谋高声问："大家打不打？"全体官兵情绪激昂，齐呼："打！"

余汉谋重新部署，分三路反攻，围攻桂军主力。其实最重要的，

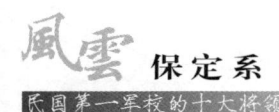

是余汉谋派人私下与桂军协商好了对策。于是，粤军与桂军枪来弹往，打得漂亮，其实都是事先约定好的办法。"激战"之后，桂军主力被"击溃"，全部撤回广西。此战余汉谋打赢了，外人不明就里，认为余汉谋与北伐名将白崇禧拉锯四日，把白崇禧打得退兵而去。余汉谋因此声名鹊起，步入两广名将行列。

2. 赣南"剿共"

1931年秋天，两广联合起来与蒋介石的南京国民政府对抗。陈济棠招兵买马，将第八路军扩充为第一集团军，自任总司令，并将粤军扩建为三个军。余汉谋为第一军军长，下辖三个师。由于"九一八事变"爆发，内战暂停。时隔不久，1932年春，蒋介石对江西苏区展开"围剿"，要求陈济棠出兵入赣相助。这可是个苦差事，粤军将领没人愿去。红军英勇善战，这点人尽皆知。况且，广东地方富庶，各军各师驻防广东境内，地方税收按照议定数额上缴，剩下余额都被驻军截留，所以在驻军队可以大发横财。谁愿离开广东，去江西打红军？

余汉谋却另有想法。从蒋桂战争陈济棠扣押自己，剥夺自己的兵权时，余汉谋就清楚，自己迟早会与陈济棠有分道扬镳的一天。自己正好可以借此机会，带兵出征，远远离开广东，摆脱陈济棠的控制。赣南其实也并不如外人想的那么穷困，若是自己苦心经营，光是赣南地区矿产的收入，足以让自己成为一方实力派。于是，余汉谋向陈济棠主动请缨，愿意率第一军入赣南"剿共"。陈济棠见余汉谋自告奋

第八章 余汉谋

勇，不由得大喜过望，当即表示保证余汉谋的军饷粮道，全力支持第一军进驻赣南。就这样，余汉谋率第一军开进赣南，接替同属"保定系"出身的蒋介石嫡系中央军罗卓英部。蒋介石同时任命余汉谋为江西第六绥靖区司令，由此余汉谋开始了自己的"剿共"生涯。

余汉谋刚到赣南，就被红军当头打了一闷棍。他麾下的粤军独立第三旅一个营进驻新城担任警戒，刚开进去就被红一方面军包围。独立第三旅一个团前往救援，中途被红军伏击。整团被红军全歼，一千余人被俘。红军缴获机关枪、步枪数百支，余汉谋损失惨重。余汉谋有了这个教训，直到多年后还在慨叹："'剿匪'一要用好部队，用杂牌部队等于以枪械子弹和人员资'匪'。"

有了教训，余汉谋的确小心谨慎起来。他唯恐损失，自订守则——要求部队步步为营、稳扎稳打，官长穿士兵服装，士兵呼官长用暗号，一进宿营地立即派警戒、做工事，民房也要挖枪眼，驻地要检查户口，官兵睡觉枪弹随身。余汉谋将部队分驻赣南各地，维护主要交通线，"扫荡"共产党地方组织和地方武装力量，协助地方政权恢复保甲制度，推行联保连坐法，突击检查户口，审讯可疑者。余汉谋支持还乡团反攻倒算，杀了不少共产党地方干部，拥护共产党的农民被迫"登记自新者"也不少。

为了摧毁共产党在赣南的老根据地，余汉谋命令各地筹集经费，征用民工，修筑公路，架设电话网。公路干线由赣县经大余至南雄，与广东公路相连。支线由赣县经信丰至安运、由信丰至南康，从此改变了赣南山区交通不便的状况。县与县间，乡与乡间，都架有电话线，互相联络，以便于围攻共产党地方组织。为了加强地方反动武装力量，余汉谋又下令各地方政府设立名目，增加捐税，筹集部队粮饷。赣南绥靖司令部建立警备第一、第二团，各县建立"铲共队"，完全按照正规部队编制。要维持这些部队，必须购置武器，筹集粮

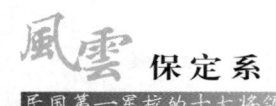

饷，当地百姓因而负担沉重，怨声载道。

为配合蒋介石的中央军对中央苏区进行经济封锁，余汉谋命令各部队协同地方政府，在赣南各地通往苏区的交通要道设立检查站，严禁粮、油、盐、煤油、火柴、西药、布匹等日常生活必需品运入中央苏区，违反者一律以"通匪"论处。轻者没收商品，重者拘留判刑，以致中央苏区上述物品缺乏，特别是食盐奇缺，物价高涨。按照先前的打算，余汉谋要向赣南地区的矿产下手。他以整顿税收为名，从蒋介石那里获得了在赣南开采钨矿的许可特权。赣南盛产钨矿，余汉谋的第一军便成立了双田公司，规定尉官集资一百元，校官集资三百元。余汉谋雇工开采，以每担八十元的低价收购，运往广州，再走私到香港，以每担三四百元的高价出售。一来一往，堪称暴利。如此，双田公司入股最少的少校，每月都可以分得红利三百余元，比少校的月薪高两三倍。所以，余汉谋麾下的粤军比其他军阀的部队富裕太多，一个少校营长的军饷和分红就娶得起两个太太。如此部队，怎么还有劲头打仗？

余汉谋驻军赣南，生意是做得风生水起，作战上却是得过且过，并不与红军打硬仗。此时，蒋介石进攻中央苏区失败，湘军的张辉瓒师全军覆灭，张辉瓒本人也死于战场。这让余汉谋及属下各级军官无不闻风丧胆，生怕重蹈张辉瓒覆辙。粤军的所谓"扫荡"，只是日间在交通线附近活动，一般不敢夜间活动，更不敢深入山区。士兵们终日提心吊胆，怕被红军游击队伏击。每到一地，必步步为营，构筑防御工事。余汉谋麾下的师长叶肇每逢随军活动，身上必佩驳壳枪，还要挂满子弹。营级以上军官，均不敢乘马行军，原因有二：一是怕被打死，二是怕当俘虏。1932年冬，红军某部以一部佯攻大余城，主力则埋伏南雄水口附近打援。结果余汉谋的独立第二旅、第四师各有一部遭到截击，双方激战一昼夜，粤军伤亡惨重。余汉谋被红军围困在

第八章　余汉谋

大余城五天，吓得心惊胆战。部队粮食短缺已引发恐慌，大米几乎用尽，余汉谋向商店征购面粉，并限制商店出售面粉，留做军粮之用。绝望之际，余汉谋扬言要跳水自杀，对其侍从副官刘思时立下遗嘱："大余城若被红军攻破，望你到大余城内的水塘中收拾我的尸体，右手捆扎白布带标志的，就是我。"

由于第五次反"围剿"失利，红军被迫于1934年10月离开江西，开始了二万五千里长征。红军从瑞金、雩都（现于都县）出发，经赣南向湘粤桂边区挺进。余汉谋所部驻防赣南，乃红军必经之路。蒋介石事前电令陈济棠，转令余汉谋在赣南设防阻击红军，不得有误。余汉谋却早跟陈济棠事先联络好，将第一师撤回大余、南雄布防，第二师固守信丰——为的是保存实力，防止蒋介石的中央军乘机入粤。陈济棠怕余汉谋不能完全领会自己的意思，直接向余汉谋指示：如红军不进攻粤北，我军应极力避免与其接触。陈济棠还不放心，干脆派自己的参谋长缪培南亲到大余，向余汉谋传达陈济棠的意图。于是，余汉谋在南雄、新田、始兴、周田、韶关一线占领阵地，构筑防御工事，派出警戒部队，严防红军袭击。红军经信丰、大余、大小梅关、城口、砰石等地向湘南地区推进，却始终没有与余汉谋部战斗。等到红军主力部队即将通过赣粤边境时，余汉谋为了将戏演得更逼真，命令该军第二师派一个营的部队由新田出击，向红军后卫部队进行远距离扰乱射击。红军后卫部队没有应战，继续前进，只是炮兵发射数弹还击而已。双方心照不宣，将这出戏演到了最后，让蒋介石无话可说。

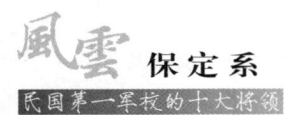

3. 两广事变

红军长征而去，陈济棠仍命令余汉谋回驻赣南，继续"剿共"。此时的陈济棠野心勃勃，虽然已经控制广东，人称"南天王"，但他仍不满足，志在取蒋介石而代之。他一面扩军备战，建立了粤军正规部队陆军六十多个团，海空军几个团，地方保安部队十多个团；另一方面笃信命相，遇事取决于自己五哥陈维周的星相卜易，连办公室的座位每天朝什么方向，都要由陈维周决定。陈济棠总是跟部下说，蒋介石鼻子歪斜，现在正行鼻运，总有一天要失败，抓住时机反蒋，一定会胜。陈济棠占了当年洪秀全在花县芙蓉嶂的祖坟，安葬其母骨灰，宣称这个山坟能出天子。安葬时，他用五千双草鞋（粤军士兵穿草鞋）陪葬，暗指有朝一日必将起兵打天下。1936年5月中旬，胡汉民去世，白崇禧从广西来广东吊唁，力劝陈济棠与桂系一道反蒋，桂系绝对唯陈济棠是尊。陈济棠找来几位"半仙"，算了整整一夜，结果是上上大吉。陈济棠遂"不敢违抗天意"，决心起兵反蒋。

5月19日，陈济棠在燕塘军校召集在穗粤军高级将领余汉谋、张达、缪培南、黄任寰、李汉魂、黄延桢、陈维周等二十余人密谈，白崇禧应邀列席。陈济棠打气道："抗日反蒋是我们的一贯主张。环顾国内，只有粤桂两省担当得起这个重任。"余汉谋当面点头，心里却不愿与陈济棠一起干。在江西，他参加过陈诚主办的"庐山训练团"，与各级军人接触较多，具备了一定的爱国情怀与国际形势认识，感觉国家势如累卵，经不起内战的折腾。而且在与红军的作战中，他也见识过德国顾问整训过后的黄埔系中央军的战斗力。起兵反蒋在军事方

第八章 余汉谋

面,绝不像白崇禧说得那么乐观——起码自己的粤军第一军肯定干不过中央军。他向陈济棠直言劝谏,陈济棠当然不肯听。反过来,陈济棠借口研究军事问题,把余汉谋羁留在第四路军总部,不放他回自己的部队。①

事情好像当年蒋桂战争时的情况重现,平时为余汉谋所厚待的部下们再次出面要求陈济棠放人。这些部下比余汉谋更厌恶陈济棠。粤军第一军常年驻防赣南,虽然得利丰厚,但那里毕竟是战区,随时冒着与红军打仗的风险。脑袋丢了,要钱也没用,所以他们早就盼着能被调回广东。红军长征离开江西,陈济棠却仍命令第一军回驻赣南,这使该军官兵,特别是中上级军官大为不满——第二军、第三军驻防广东境内,总不调来赣南换防,分明是厚此薄彼,难道第一军是后娘养的?为此,他们比余汉谋更想搞倒陈济棠。

部下们向陈济棠发电报,称第一军军士教导队即将毕业,毕业典礼需要余汉谋出席,鼓舞士气。对此,陈济棠视而不见。部下们眼见陈济棠不理,索性伪造军情,声称红军项英残部聚众上万,已经逼近赣南,第一军退守信丰、安远,需要余汉谋回来主持军情大局。不得已之下,陈济棠才同意余汉谋回第一军。

余汉谋回到江西大余,召集部下开会,统一思想。会上部下纷纷提出拥蒋反陈,余汉谋心中高兴,脸上却不露声色。他表示自己与陈济棠私交甚厚,实在不忍心这样做,然后一声不吭起身离席,回到房里哭了一天一夜。余汉谋将戏演得真假难辨,最后部下们一致决定倒向中央后,余汉谋才顺水推舟,表示服从大家的意见,"勉为其难"领头倒陈。

余汉谋当晚电告江西省政府,要求省主席熊式辉派飞机明天一早

---

① 何明:《国民党四十三位战犯的最后结局》,中共党史出版社 2008 年版,第 566 页。

到赣南，接自己到南京汇报工作。第二天，余汉谋率第一军政治部主任李煦寰、参谋处长陈逸吾、秘书谢崧峰和副官刘思时等人秘密由大余乘车到赣州，当天转乘飞机去南京与蒋介石会谈。余汉谋飞南京后，该部赣南防区便贴出"打倒日本帝国主义"、"打倒陈济棠"、"反对打内战"、"拥护蒋介石"等标语。余汉谋当面向蒋介石表明忠心，汇报了自己准备回师倒陈的计划。蒋介石对余大加赞许，当场批给他活动经费二百万大洋，同时派遣五个师协助他反陈。

这时广东东区绥靖主任李汉魂发表了"倒陈拥蒋"声明，"封金挂印"去职，广东空军人员更是一批接一批驾机飞宁投蒋。蒋介石于7月间任命余汉谋为第四路军总司令兼广东绥靖公署主任，统揽广东党政军大权。陈济棠原打算集结兵力在粤北布防，企图阻击余汉谋率部回粤。他哪里想到，7月初余汉谋由江西开抵南雄韶关时，蒋介石早已使出手段对陈济棠的部队进行瓦解。当时驻守马埧、翁源、英德一带的第二军军长张达、第四师师长巫剑雄和第五师师长李振良全部通电"拥蒋反陈"，发表声明欢迎余汉谋回粤。这时广东空军司令黄光锐率部驾机飞韶关转南京投蒋。陈济棠眼见众叛亲离，大势已去，被迫于7月下旬宣告下野，逃往香港。"拥蒋反陈"取得成功，岭南割据数年的局面亦至此告终，余汉谋从此成为蒋介石的一员重要干将。

余汉谋率部于1936年8月中旬由韶关进驻广州，接替陈济棠，从此广州地区的党政军统归他指挥。这几年来广东发展迅速，陈济棠在军事上不但留给余汉谋十五万大军，也留下一套作战所需要的完整系统。余汉谋以"按中央指示办事"为名，首先整编部队。他将从前陈济棠的粤系部队依中央编制番号统一改编，以师为单位，每师辖两旅，每旅辖三团。最重要的是，经过这一番整编，粤军扩充为五个军。余汉谋的实力再度大增。

不过，蒋介石早防着余汉谋，绝不会让他变成第二个陈济棠。余汉谋接管广东之后，蒋介石提出"军政分权，还政中央，军人不干预政治"，派嫡系亲信控制广东各级要害部门。蒋介石派黄慕松为广东省政府主席，曾养甫为广州市长，全面控制广州局面。1937年初，蒋介石又在余汉谋的广东绥靖公署之上，设立军事委员长广州行营，以何应钦、陈诚分任正副主任，以委员长名义直接行使军政监督与处理之权，使余汉谋的绥靖公署形同虚设。蒋介石又调嫡系中央军入粤，压缩粤军的生存空间，并逐步瓦解粤军。身为第四路军总司令的余汉谋，不仅不能像陈济棠主政广东时那样干预党政，甚至连自己部队的指挥、布置也难以尽如其愿。余汉谋无可奈何，只得私下对亲信道："同蒋介石打交道，没有自己的本钱是不行的，对于自己的职务过于负责也是不行的。"可见，余汉谋对蒋介石排斥异己的手段实在是深有体会。

4. "余汉无谋"

1937年"七七事变"爆发，全国烽烟四起。1937年7月15日，余汉谋正式表态，就卢沟桥事件发表《告将士书》："当此民族战争开始发动之时，我们当前的急务唯在如何淬厉奋发，加紧抗战的准备，期以我们的最后一滴血，为国家民族挥洒于战场，收复东北失地，打倒帝国主义，完成国民革命。"蒋介石随即任命余汉谋为第四战区副司令长官兼第四路军总指挥，辖领广东、福建两省。余汉谋从此进入

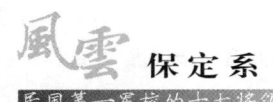

了自己的抗战岁月。①

余汉谋一向是以"反共"而闻名。当年在江西"剿共"时,无论私人闲谈还是公开讲演,余汉谋开口必是共产党"杀人放火,无恶不作"。他一直指出:"共产主义不适合于中国国情,中国只有大贫小贫,根本无阶级之分,共产党制造阶级斗争,在农村打土豪,分田地,乱打乱杀,造成农村萧条景象。"但国难当头,余汉谋还是暂时放下了成见,至少做足了姿态。1937年8月22日,红军改编为国民革命军第八路军,余汉谋致电祝贺。10月,中共代表张云逸来会见余汉谋,余汉谋马上同意八路军在广州成立广州办事处。按照八路军发动群众抗日的路线,余汉谋甚至还在广州发表了《广东民众武装起来》一文,号召广东全民抗日。

1938年1月5日,华侨抗敌动员总会在广州汉民南路联义社召开成立大会,到会华侨团体代表请余汉谋总司令组织华侨义勇队。三天后,广东省民众抗日自卫团统率委员会选余汉谋为主任。3月8日,五千余妇女代表在广东省民教馆召开"三八"国际妇女节纪念大会,妇女代表向余汉谋献旗。3月18日,余汉谋与新任广东省主席吴铁城联名发表《告全省工友书》,号召广东工人积极参战。4月10日下午6时,中山纪念堂举行了"台儿庄祝捷大会",余汉谋在会上讲话表示祝贺。7月7日,广东各界举行纪念抗战及追悼抗战阵亡将士、死难同胞大会,会上代表们又向余汉谋、吴铁城、曾养甫献旗献剑。是日中午12时,全民默哀三分钟。军民全天素食,节约款捐作慰劳金。繁华街口设祭坛,供民众公祭。后来北方各地民众也疏散来到广州,各界代表也纷纷向余汉谋献旗献剑。

锦旗宝剑让余汉谋风光不已,也让余汉谋顿感重任在身,抗战守

---

① 胡必林:《民国高级将领列传》,解放军出版社2006版,第57页。

第八章 余汉谋

土义不容辞。当时他对美国合众社记者道:"敌军如犯华南,我当予以痛击。广东二百万武装民众,随时可以作战。"1938年"双十节"庆祝会上,余汉谋亲自带领民众高呼口号——"保卫广州!保卫广州!"

可惜,事情并不像喊口号那样容易。早在1937年10月,粤军部队先后开驻上海、南京参加会战,结果伤亡惨重。不少官兵从南京突围回粤后,奔走相告,宣扬日军飞机大炮如何厉害,对留粤部队士气影响

1938年,负责广东抗日防御的余汉谋

很大。1938年6月,日军从海上进犯广东省的南澳岛。结果,南澳岛失守,这是余汉谋在抗战中失去的第一分国土。事实上,日军早已计划对广州发动攻击。当时广东是国民政府剩下的唯一出海口,其余都沦为了敌占区。所以广东在全国抗战的大局上显得特别重要。当时国民党驻粤军队有十三万人,加上地方武装,枪支在五十万以上。但是余汉谋在战前同意抽调近五万兵力北上参加武汉会战,严重削弱了广东的防备力量。而且余汉谋对敌情估计错误,他一直认为美、英、法等国在华南利益较多,日本不敢轻易侵犯他们的利益而引起国际争端。所以,余汉谋管控的广东备战工作一直很松弛。

1938年10月14日拂晓,日军华南派遣军利用军舰和空军掩护,乘登陆艇向守备惠阳县大鹏湾一带的粤军第六十五军一五一师何联芳旅阵地发起进攻。该旅毫无准备,仓促应战。当时该师有部分军官离

开部队去度假，致使无人指挥，日军一举登陆成功。战斗打响后，该师才发出紧急通告召其部属回防，甚至在广州和香港各电影院打出字幕——"一五一师军官火速回防"，一时传为笑柄。日军占领沿海阵地，后续部队陆续登陆，向惠阳城进击。10月16日惠阳失陷，日军马不停蹄，快速向广州进攻。

这时在广州外围，博罗、龙门、永汉、增城、石龙、虎门一带的守备部队一五三师、一五四师、一五八师、教导旅等各自为战，碰到敌人就打，有的一触即溃，有的遇敌机轰炸乱作一团，有的不战而逃。炮兵一弹未发，把几十门野炮、高射炮大部分丢弃。城防部队不少官兵见到外围守备部队狼狈溃散，军心早已动摇。凌晨两点钟，余汉谋接到了蒋介石撤退粤北的命令。余汉谋怕本钱被打没了，正好借蒋介石的命令趁机逃跑。于是，大敌当前，余汉谋与广东省主席吴铁城、广州市市长曾养甫带领广东省的党政军机关撤离广州，逃向清远。

守城部队在余汉谋撤走后，开始爆破海珠桥和弹药库、粮仓等军事设施。爆炸声响彻云霄，城内多处起火，广州市民闻声大骇，不少人拖儿带女，携老扶幼，肩挑行李向四乡逃跑。此时，水陆交通均已断绝，只能步行，不少人途中丢弃行李，抛弃婴儿，哭声载道，惨不忍睹。日军的先头部队于21日进入广州，可谓轻而易举赢得此战，伤亡仅六百余人。日军从登陆起仅仅十天就占据广州，余汉谋把陈济棠苦心建设多年的膏脂之地，尽送敌手，真可谓奇耻大辱。

当年广东民间流传着这样的民谣——余汉无谋，吴铁失城，曾养无甫。可见广东百姓对余汉谋不战而退的怨恨。国民政府的文武官员，尤其是广东籍官员，闻此噩耗，无不伤心落泪。驻美大使胡适致电蒋介石："广州不战而陷，国外感想甚恶。"余汉谋精神上也大受打击，日日饮酒，每饮必醉，每醉必哭。蒋介石更是宣布——撤销余汉

第八章　余汉谋

谋第四路军总司令的职务，戴罪立功。

余汉谋带领驻粤的党政军机关撤退至清远连县后，在英德至河源一带设置防线。面对一片责难声，1938年11月10日，余汉谋通电即将大举反攻，誓死雪耻，恢复广东精神，以慰国民。12日，粤军主动出击，攻克从化县城。以后撤退粤北，开始积极抵抗。1939年12月，日军为了配合对广西南部的攻势，以近七万兵力，从广州向粤北进攻。按照余汉谋的说法，他早决心以此一役来报仇雪耻。战斗开始后的头几天，双方激战呈胶着状态，打得异常艰苦。不几天，余汉谋打听到日军一部奉命支援桂南会战而撤出粤北战场。余汉谋当机立断，遂于12月26日率部开始全线反攻，至次年1月，终于把日军赶回战前的阵地，粉碎了日军第一次进犯粤北的战略企图，赢得了广东军民自抗战以来的第一场大胜利，即所谓的"第一次粤北大捷"。

战斗中粤军固守阵地，节节抵抗，阻击正面日军，给日军一定的消耗。当日军后方联络线伸长时，余汉谋派部队反击，袭击日军侧翼，打乱其后方联络线，又给日军一定的打击，但并未因此迫使日军撤退。战斗结束后，余汉谋的部队伤亡不多，始终没有俘虏一个敌兵，只缴获极少量步枪并拾获一些装具、罐头食品等。日军沿原路线撤退回广州时，余汉谋派出部队跟踪追击，只是远距离射击，形同"送行"。清扫战场，粤军也始终未发现日军遗弃一具尸体。尽管如此，余汉谋还是利用这次粤北战役，开动宣传机器，出捷报，贴标语，伪造战绩，扩大宣传——"粤北大捷，敌人尸横遍野，缴获战利品甚多"。他同时发动韶关各界召开"第一次粤北会战大捷大会"，会后组织各界慰问团，携带锦旗食品，分别赴翁源、英德各地前线开展慰问活动。余汉谋的政治部又在韶关韶州师范学校举办"第一次粤北大捷战利品展览会"，发出不少请帖和入场券，邀请各界人士参观。该会展出照片、图表、实物等，都是赝品。例如，展出的三八式步

枪、轻机枪、平射炮等武器,都是从该部军械库中取出冒充顶替的。其中平射炮四门,是从一五三师平炮连搬来的,而且还是陈济棠时代从日本买回来的。

不过蒋介石对"第一次粤北大捷"还是颇为赞许。为表彰余汉谋的战功,他明令撤销余汉谋撤职留任、戴罪立功的处分,任命余汉谋为第七战区司令长官,坐镇韶关,掌管广东党政军大权。同时,蒋介石明令将原驻韶关的第四战区司令长官张发奎调驻广西柳州,给余汉谋让路。余汉谋当然要知恩图报,从此他常对亲信部属道:"只要委员长有一天在,我们就要为他争光,鞠躬尽瘁,死而后已!"

1940年5月上旬,两万日军再次向粤北进犯,在中国军民的配合下,到6月5日,日军被迫全线撤退——第二次粤北会战又以余汉谋获胜而结束。余汉谋对外宣称——两次粤北会战的胜利,挫败了日寇

中间为余汉谋,左右为来华采访抗战的美国作家海明威夫妇

利用广东切断粤汉铁路，威胁湘桂后方，最终迫使南方各省投降的战略，并且有力地配合、支持了桂南会战，振奋了两广军民的人心士气。更重要的是，经过两次粤北会战，余汉谋的声望从谷底开始回升。无论谁来帮他抗日，余汉谋都竭诚欢迎，所以一度与各方面的人士包括共产党都合作得很好。一时之间，第七战区的风评声誉颇为进步。

不过，余汉谋终究是与共产党有根本分歧的。抗战中，余汉谋经常批评"共产党部队不服从蒋介石命令，以抗日为名，扩大实力为实，称兵作乱，破坏抗战"。"皖南事变"爆发后，余汉谋公开表示——"皖南事变"就是对共产党的惩罚。他赞同蒋介石"一个党，一个主义，一个领袖"的理论，经常劝勉部属拥蒋反共，要为蒋介石争光。对于起义投共的人，余汉谋一律斥之为"投降分子"、"变节分子"，是奇耻大辱。但余汉谋在"皖南事变"后，却又写信给妻兄、第三十二集团军总司令上官云相，拜托他适当照顾被俘的新四军军长叶挺的生活。到抗战结束时，余汉谋还以同窗旧属的名义，吩咐副官一共五次汇款给叶挺，倒也没忘记当年的同窗之情。

5. 陆军总司令

第二次粤北会战后，余汉谋与日军再无大仗，第七战区基本处于与日军对峙的状态。1945年8月15日，日本宣布无条件投降。余汉谋对部下道："这次我们终于可以重返广州了。"余汉谋被任命为第

七战区受降官,在汕头接受日军第二十三军参谋长富田直亮的投降。与此同时,蒋介石任命张发奎为广州行营主任,由广西柳州率新一军及第六十四军开驻广州负责对日军的受降任务。时局稍为安定,蒋介石就撤销了余汉谋的第七战区司令长官部及第十二集团军总部两个单位,将他调去浙江衢州担任绥靖公署主任。而余汉谋所属的粤军嫡系部队,第六十三军留驻广东归广州行营指挥,负责绥靖任务。第六十五军则调往苏北,归别人指挥。部下愤愤不平,余汉谋也只能强颜欢笑:"抗战已经胜利,雪洗了我国甲午以来五十多年的奇耻大辱,我们的任务已经完成。此后大家如能团结一致,遵照总理遗训,做个老百姓也是光荣的。"然后,余汉谋下令将部队公积金和凡可以公开变卖的东西,比如汽车等,都分给各级军官,让他们自谋生路。

蒋介石倒不会让余汉谋只做个老百姓。1945年11月11日,复员整军会议在重庆召开,蒋介石、余汉谋等均出席,会议提出:"三个月到半年,消灭共军。"前线战事一度对国民党方面有利,1946年6月,余汉谋被晋升为陆军二级上将。1948年5月,国民党召开"国民大会",由"国防部长"何应钦、参谋总长顾祝同联名推荐,余汉谋被任命为陆军总司令。这个职务听起来吓人,实则并无实权。余汉谋只是赋闲家中,无所事事。

原计划三个月到半年消灭解放军,谁知两三年过去,国民党军一败再败。余汉谋的旧部与解放军交战,总是输多赢少。1949年1月,蒋介石决定调余汉谋回广东,担任广州绥靖公署主任,守住事关大局的南粤大地。返回家乡,余汉谋固然高兴,但对"党国"命运已存疑心。他在广州对朋友道:"我从前没有做过京官,很少接触党国要人,总以为他们对国家大事会有一套办法。去年我在南京担任陆军总司令,才使我认识到这班官僚饭桶,二三十年来,他们除了培植私人势力,争权夺利,对国家大事确实毫无办法,根本谈不上为国家人民做

第八章 余汉谋

好事。照我看,只要共军渡过长江,势必马上解体,可以肯定是无法再支持下去了。我这次回来为桑梓服务,希望同广西合作,支持李宗仁收拾残局。如果不能成功,只好认输。决不陈兵边境作最后挣扎,使广东同胞重受战祸,加重我的罪责。"

余汉谋与张发奎、薛岳联手,提出"粤军大团结,保卫大广东"的口号。但回粤三个月,余汉谋的粤军与共产党领导的华南游击队武装进行过几

1949年1月,余汉谋出任广州绥靖公署主任

次战斗,都没有取得胜利。1949年4月25日,国民党政府南迁广州,广东局势陡然升温。当年8月下旬,叶剑英率领解放军南下部队,兵分三路向广东进军。余汉谋也以三层防线与叶剑英对应,试图背水一战。余汉谋、叶剑英均为广东人,两个广东人在历史关头拉开了决战的架势。蒋介石亲自从台湾飞到广州,带着余汉谋来到黄埔军校,为他打气。谁知不是黄埔出身的余汉谋并无兴趣,只是敷衍道:"总裁当年练兵兴党,真乃千古佳话。"

10月2日,解放军二十二万大军分三路进攻广东。余汉谋部利用北江及其支流和粤汉铁路节节阻击,以破路炸桥作为手段,但皆徒劳无功。10月14日,解放军摧垮了余汉谋的三层防线,攻克了广州。至12月21日止,广东全境除海南岛外全部解放。广州解放前夕,余汉谋的部队沿着粤汉线节节退却,既不起义,也不抵抗。10月上旬,

余汉谋又自掏腰包，发了三个月的工资遣散广州绥靖公署的人员，自己率残部败逃海南，降职为海南特区行政公署副长官。

之后，解放军又一鼓作气攻克海南岛，兵败的余汉谋只好去了台湾。到台湾后，余汉谋被晋升为陆军一级上将，充任"总统府战略顾问"、国民党"中央评议委员"的闲职。为避免蒋介石的猜忌，他搬到了台湾北投郊区住下，每天以欣赏字画、读书看报打发时日。余汉谋在台湾无事可做，除了偶尔外出旅游一次，基本都是闲居家中，至晚年更是跟随太太上官德贤皈依基督教。从此，余汉谋每天固定的生活是到教堂去唱圣歌，做祷告。前任"国民党中央宣传部"部长梁寒操是余汉谋的小学同学，也搬到北投与其邻居。两位肇庆老乡朝夕相处，结为莫逆。1975年，梁寒操因心脏病发猝死，余汉谋黯然神伤。

1980年，余汉谋被确诊患上肺癌，以后一年多他在三军总医院接受治疗，病情时好时坏。1981年12月27日，余汉谋因癌症不治病逝台湾，终年八十五岁。①

---

① 何明：《国民党四十三位战犯的最后结局》，中共党史出版社2008年版，第575页。

第八章　余汉谋

余汉谋（1896—1981）年表：

1896年9月22日，出生在广东省高要县肇庆镇。

1919年，毕业于保定陆军军官学校第六期步兵科，入北洋军第一师任排长。

1920年，入粤军第三师，任连长、营长。参加陈炯明叛变。

1924年，任广东宪兵司令部副官长。

1925年，粤军改编为国民革命军第四军，余汉谋任第十一师三十一团团长。同年参加粤桂战争。

北伐时随第十一师留守广州。

1927年，历任第四军第十一师副师长、师长、副军长。

1930年，任第一集团军第一军军长。

1931年，率部入赣"围剿"红军。

1931年5月，陈济棠等反蒋，在广州另立国民政府，余汉谋任广州政府军事委员会委员，兼第一集团军军长。

1932年，任赣湘闽粤第六绥靖区纵队指挥官。

1934年至1935年，继续率部"围剿"江西红军。

1936年1月，授陆军中将。8月，任中央军校校务委员会委员。9月，授陆军中将加上将衔，任第四路军总司令。

1936年，陈济棠与李宗仁、白崇禧以抗日名义，再度反蒋。余汉谋通电各广东将领支持蒋介石中央。陈济棠事败出走香港，余汉谋接任广东绥靖主任，取代陈济棠成为广东军政首领。

1937年抗战爆发后，任第四战区副司令长官兼第十二集团军总司令。所部广东军队参加淞沪抗战、南京抗战等战役。

1938年10月，日军在广东大亚湾登陆，两个星期后攻陷广州。余汉谋被革职留任，更被讥讽为"余汉无谋"。1939年，日军从广州

向粤北韶关进攻,被余汉谋所击退,复职,兼任第七战区司令长官。

1946年,任衢州绥靖公署主任,授陆军二级上将。

1948年5月,任陆军总司令。

1949年1月,任广州绥靖公署主任。后任华南军政长官、海南特区行政公署副长官。

1950年4月,撤到台湾,任"总统府战略顾问"、"中央评议委员"等职。

1965年,晋升陆军一级上将。

1981年12月27日,病逝于台北。

第九章 刘文辉

姓名：刘文辉

字号：自　乾

出生日期：1895年1月10日

逝世日期：1976年6月24日

出 生 地：四川邛州大邑县

发迹事由：经比自己大六岁的堂侄刘湘提携，得以逐步发迹。

最后结局："文化大革命"中因癌症病逝于北京。

一生总结：刘文辉是军阀混战中四川争霸战的主角之一，政治上神通广大，人送外号"多宝道人"，主政西康省十年之久，人称"西南王"。

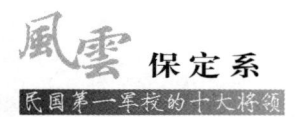

1. 堂侄提携

刘文辉，字自乾，法号玉猷，1895 年 1 月 10 日生于四川大邑一个农民之家。刘文辉的父亲刘公赞是晚清贡生，家境相当于富裕中农。刘公赞有六儿一女，刘文辉在六个兄弟中排行老六。刘氏祖籍安徽徽州，清初移民入川安居名山县，后迁居大邑县安仁镇，世代务农。民国年间，刘氏家族平步青云枭雄辈出，先后出了三个军长、八个师长、十五个旅长，还有一个省主席和一个战区司令长官。县团级以上军政官员有近五十人，素有"三军九旅十八团，营长连长数不清"的说法。刘文辉和刘湘叔侄是刘氏家族最耀眼的将星。刘氏一家权势之盛，可见一斑。

刘文辉小时候，父亲刘公赞对其备加宠爱，在刘文辉年龄稍长的时候就送他到刘家祠堂读书。刘文辉自小聪慧不凡，成绩优异，深受老师的喜爱。十三岁时，为报考成都陆军小学，刘文辉虚报年龄十六岁。就试时，虽对试题一片茫然，但刘文辉并不着急。他眉头一皱，计上心来，另发议论："欲强国必先练兵，兵不强则不能御外侮，将兆瓜分之祸。裕国必先富民，富民之道在兴工固农，救民之道在因势利导……"离题万里，夸夸其谈。校长拍案称奇，特召面试，见他品貌不俗，有心栽培，当场就破格录取。从此，刘文辉开始了他的军旅生涯。后来他被保送至西安陆军中学、北京陆军第一中学就读，直至读到保定陆军军官学校毕业，有了"保定系"的出身。

孙中山发动"护法运动"的那年夏天，刘文辉从保定军校第二期读完炮兵科。毕业后，大哥刘文渊陪他到成都，拜望已经在川军第一

第九章 刘文辉

师当上旅长的嫡亲堂侄刘湘。刘湘，字甫澄，1889年生人。其父刘文刚，乃是刘文辉的堂兄。刘湘家在祖上分居之后，因为人口多，光景要比刘文辉家差一些。所以刘湘只读了两年高小，早早出门投军。1906年刘湘考入四川新军弁目队，后又转入四川陆军速成学堂，与日后同为四川实力派的杨森等人同学。1913年"二次革命"中，刘湘坚决不肯起兵反袁，结果被袁世凯赞赏，提升为团长。"护国战争"中，刘湘又配合北洋军第三师吴佩孚旅偷袭月亮岩、蓝田坝，击败滇军董鸿勋、川军陈礼门两部，受到袁世凯通令嘉奖，从此声名鹊起。尽管如此，刘湘还比刘文辉大上五六岁，却也免不了要吃个小亏，管刘文辉叫"小六叔"或是"幺爸"（四川话称小叔叔）。

热情接待两位堂叔的刘湘在思忖：求职的堂叔年少气盛，如何安置？岂能长期屈就侄儿之下供使唤？想来想去，刘湘觉得，还是让刘文辉另攀高枝，从旁援手为妙。倘若刘文辉日后得意，自己有提携之恩，不难联手对付异姓诸雄。假如刘文辉失意，自己更是问心无愧。于是，刘湘保举引荐刘文辉投奔川军第八师陈洪范，在陈洪范属下任上尉参谋。①

在陈洪范师的五年间，刘文辉由上尉参谋升为营长、团长、旅长，升迁之快与刘湘关照是分不开的。任下级军官的刘文辉对侄子刘湘忠顺不逆，让刘湘对刘文辉大为信任。时任川军第二军军长的刘湘，经过一番策划，让刘文辉由陈洪范师的普通旅长，改任川军第一混成旅旅长。刘文辉明白侄儿的良苦用心，这混成旅旅长能摆脱陈洪范的约束，就可以自立门户、自主发展。他心里更清楚，这是刘湘精心安排的，定然费了不少周折。刘文辉对刘湘颇为感激，此后多年为刘湘出力不少。

---

① 张永久：《刘湘家族：民国四川第一家》，重庆出版社2008年版，第79页。

金沙江和岷江汇流的宜宾,是长江上游的重镇。这里不仅物产丰富,而且为云贵入川孔道、川边和云贵物资集散中心。这里商贾云集,经贸繁荣,为川南税收丰盈地区之一,征税衙门之聚宝盆。从军事角度着眼,可战可守,可进可退。当上混成旅旅长的刘文辉,在刘湘的襄助下驻防宜宾,总揽这里的军、政、财、文大权,在这块宝地上开始了势力突飞猛进发展的新阶段。

率部驻防宜宾后,刘文辉静心细想:要在宜宾站稳脚跟,麾下这点兵是不行的。四川督军熊克武、泸永镇守使杨森敢抢地盘,不就是靠枪杆子吗?我一旅兵力敢和谁拼?敢向谁抢?要扩展防地就得扩军,要扩军就得花钱,这钱如何运作?他眼前一亮:如山的货物,繁华的市场,富饶的沃土,劳作的百姓——正好征税。谁当征税敛财之人?他想到了自己的五哥,日后"恶霸地主"的代名词——刘文彩。于是,刘文辉把这位最擅经商、与自己感情最好的五哥刘文彩请来宜宾,让刘文彩当上了船捐局局长兼四川烟酒公卖第二十分局局长。

忠心耿耿的刘文彩为助六弟刘文辉当四川督军,敛财范围越来越广。从银号到商号,从信用放贷到变相高利贷,从办加工作坊到近代工业企业,从田赋预征到统税杂捐,他都能驾轻就熟,大获成功。为了弄钱,只要有赚头,刘文彩都干。刘文彩弄到的钱,大多支持了刘文辉发展势力,扩大防区,抢夺地盘,提升权位。刘文辉在军政上有刘湘提携援手,在经济上有刘文彩支持,做四川督军、称霸四川的野心不断膨胀。可是,无奈羽翼未丰,不敢轻举妄动,只得等待时机。

20世纪20年代初,川军第二军军长刘湘被川系军阀举为川军总司令兼四川省省长。可是,他在这个位子上还未坐热,川军第一军军长熊克武就在重庆的忠县、合江等地向刘湘的第二军发起攻击。川军第一军、第二军大战由此爆发。一直受刘湘提携的刘文辉投桃报李,自告奋勇倾全旅兵力为刘湘助战。他由宜宾赴重庆,为刘湘守老巢,维护后方秩序。这一战刘文辉押错了宝,刘湘最后败在了熊克武手下。尽管如此,刘文辉毕竟有"重庆卫戍司令"的名义。他与同属"保定系"出身的老同学邓锡侯谈判,最后达成"省军对刘文辉旅在渝维持治安表示慰劳,所部开拔宜宾驻原防,护送既已辞职的刘湘回籍"等协议。刘文辉帮了自己的忙,刘湘心知肚明。但刘文辉未损一兵一卒,刘湘心中同样开始有所防备。

而刘湘的失败,则让刘文辉从这场战事中得到启示——四川军阀间的人际关系无定,联合、倒戈,各有套路。刘文辉思考:怎样应付多变的形势?思考的结论很简单:左右逢源,八面玲珑,四方应付,当"不倒翁"。为此,刘文辉日后得了个绰号——"多宝道人"。①

2. "多宝道人"

第一军、第二军大战后的第二年,由于分赃不均,四川境内又爆发了第一军、第三军、边防军和第三师、第七师、第二十一师之间的大混战。3月下旬,第三师师长邓锡侯突发奇兵,间道偷袭成都,将第二军军长熊克武、四川省长兼四川陆军总司令刘成勋、四川边防军司令赖心辉包围。熊克武、刘成勋、赖心辉困守成都这座孤立无援的空城,一时无法脱困。刘成勋眼见难以解围,便任命自宜宾赶来的刘文辉为川军第九师师长兼成都卫戍司令,将成都城防、兵工厂、造币

---

① 王华:《刘文辉其人其事》,《贵阳文史》2008年第2期。

厂、四门统捐局税收、成都关监督税收等全数交他接收。而交换条件，则是刘文辉出兵将邓锡侯等部隔开，放开东门让刘成勋、熊克武、赖心辉等人带部队撤离成都。

刘文辉率兵抵达成都，本来是支持刘成勋的。这时眼看形势不对，刘文辉马上当起了和事佬。刘文辉人称"多宝道人"，纵横捭阖的本事堪称第一流。刘文辉对刘成勋道，我是来殿后掩护撤退的。另一面，刘文辉却对邓锡侯等"保定系"出身的同学道，我是来帮着打刘成勋的。

刘成勋等人让出成都与刘文辉，刘文辉随即出兵隔断成都东门至龙泉驿一带的交战地域，护送刘成勋等部出城。直到守城军队全部撤完，邓锡侯等人才知道刘成勋等部已经被号称是来帮忙的刘文辉给放走了。刘文辉独霸了对四川局势至关重要的成都兵工厂，下令加班加点生产武器弹药，搞到了足够装备五个步兵团的枪支，实力大为膨胀。

1923年4月初，熊克武、刘成勋、赖心辉等人退出成都后，分头到遂宁、新津、隆昌集结队伍。受熊克武指挥的石青阳也在川东集结边防军，准备继续开战。集结完成后，熊克武兵分三路反攻成都。成都城里的邓锡侯、陈国栋、陈遐龄等人仓促出战，结果邓锡侯部最先溃散，陈遐龄几乎全军覆没。邓锡侯、陈国栋率溃兵退到成都北门，守城的刘文辉见势不妙，立即倒戈，不肯让他们进城。邓锡侯、陈国栋只得率残部北逃。熊克武大军逼城，识时务的刘文辉立刻表态中立，把刘成勋此前交给他的兵工厂、造币厂、四门统捐局税收、成都关监督税收等全数交还给原主，带着部队退回防地宜宾。

接下来，在南北斗争的关键时刻，刘文辉和杨森、邓锡侯等十多位川军将领联衔通电拥戴刘湘出山，推为四川善后督办，攻击孙中山任命的熊克武一系。1924年，刘湘倒熊克武，刘文辉虽没有直接参

第九章　刘文辉

战,但倾宜宾财力相助。大获全胜的刘湘让刘文辉收编和接管熊克武部分残部及防地,作为自己的帮手。

此时,养兵十万的四川督军杨森已经在筹划统一四川。杨森提出口号——"建设新四川",并且公开强调"强国必先强省,强省必先统一军政"。1925年3月初,杨森以执行北洋政府"统拨盐税"的命令为由,派郭汝栋、白驹和第十六师炮兵团吴行光等部开赴川南,逼走了原驻自流井的刘文辉部费东明旅,打算独霸自流井盐税收入。刘文辉火冒三丈,立刻大造声势,调兵遣将准备援助费东明旅。但他清楚,自己羽毛未丰,根本不是杨森的对手,只能向刘湘求助。刘湘不得已,只得出面调解,建议杨森部郭汝栋旅与刘文辉部费东明旅同驻自流井,盐税暂由他负责对各军公平分配。杨森愿意接受,刘文辉力不如人,只得吞下这口气了事。

但杨森已经不给刘文辉忍下去的机会了。4月10日,杨森大举出兵,发动统一四川之战,兵锋直指占据自流井富庶之地的刘文辉。这时刘文辉的兵力已经扩充到四个师之多,但还是抵挡不住杨森的凌厉攻势。刘文辉被迫撤兵重庆,向刘湘靠拢以求自保。7月,刘湘和邓锡侯、贵州军阀袁祖铭组成"川黔倒杨联军",以袁祖铭为总司令,刘湘为副总司令。1925年7月1日,"倒杨联军"下达总动员令,以刘文辉、刘成勋、赖心辉等部出东大道西攻成都;刘湘则率部沿长江北岸攻泸州、富顺,以黔军一部沿南岸扫荡杨森所部,之后两军会攻泸州;邓锡侯部和黔军王天培师则集中于铜梁、大足、壁山等地,作为全军的战略机动部队。谁知道,仗打得相当难看。东大道出师的"倒杨联军"刘文辉、刘成勋、赖心辉三部,于7月2日在荣昌烧酒房、檬子桥、狮子桥等地与杨森所部遭遇。双方激战四天,东大道一路联军大败,刘文辉险些被俘。

不过另外两路总算打赢了。7月21日,"倒杨联军"发起全线反

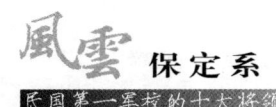

攻,杨森所部败退,据守沱江右岸。杨森的主力第一师师长王缵绪忽然通电反杨,宣布服从刘湘的指挥。杨森最终被打垮,杨森被迫单身出川。不忘"幺爸"刘文辉鼎力支持的刘湘,让刘文辉接管杨森在川东的部分防区,还将他扶上四川军务帮办的交椅。这时,刘文辉与同属"保定系"出身的校友邓锡侯和田颂尧组成联盟,共驻成都。

杨森虽然被打败,川中军阀的矛盾却因分赃不均而继续激化。刘湘在倒杨前向袁祖铭许诺的两万支步枪和大批子弹没了踪影,就连袁祖铭自己从汉口购买的一批军械,运到夔府时也被刘湘的潘文华师郭勋祺旅扣留。1926年,刘湘和袁祖铭终于开战。为对抗刘湘,袁祖铭不惜从湖北请回杨森,重召旧部,局面再度混乱。刘文辉却早早找准了定位——还是要帮助"侄儿"刘湘。刘文辉先将收编不久的杨春芳部调往成都,以突然袭击的方式一举将该部万余人缴械。同年4月,刘文辉以出兵帮助刘湘讨伐袁祖铭为理由,目标对准占据宜宾南六县防区的吕超,给他安上"袁祖铭帮凶"的罪名,迅速将其部击溃,夺占了他的防区。

四川军阀混战不休,四川以外更发生着天翻地覆的变化。1926年5月,国民革命军在广州誓师北伐,北伐战争就此爆发。北伐军总司令蒋介石不打算进军四川,而是要用权谋手腕平定四川。于是,北伐军占领武昌后,蒋介石任命刘文辉为国民革命军第二十四军军长,刘湘为第二十一军军长,加委川康绥抚委员长。此后,四川军阀的代表人物皆为蒋介石收买。表面上看,虽然四川已受南京国民政府领导,但是川军各派系争夺防区和四川最高统治权力的斗争未停片刻。

第九章　刘文辉

3. 合纵连横

　　此时，由于蒋介石发动"四一二政变"，宁汉分裂。四川军阀们也开始各自选择立场，纷纷站队。占据下川东的杨森一面与武汉国民政府虚与委蛇，一面却与蒋介石站在了一起。杨森接受南京国民政府的任命，担任北伐军第五路前敌总指挥。蒋介石随即要求杨森出兵鄂西，进攻武汉国民政府所辖的唐生智部。作为谢礼，蒋介石默许杨森，攻进武汉后汉阳兵工厂归他掌握。杨森出动四万五千大军，一路东进，武汉局面一时甚为吃紧。可惜杨森并不是唐生智的对手。仙桃镇一战，唐生智进攻得手，杨森全线崩溃。杨森对部队失去掌握，只拉得一条磨房的毛驴，穿便装而逃。四川军阀各方势力的均衡被打破，乱局再起。这同时意味着刘文辉又一次发展壮大、扩张势力的机会即将到来。

　　唐生智出身"保定系"，他自然知道刘文辉同为"保定系"出身，更知道与刘文辉合驻成都的邓锡侯、田颂尧全是"保定系"。于是，唐生智派出代表宋福增到成都游说。游说的目的只有一个——策动刘文辉等川中"保定系"三巨头起兵反对刘湘。

　　宋福增向刘文辉等三人晓以利害——此次杨森东进鄂省，尤其是在仙桃镇的失败，导致了万县的空虚。而刘湘螳螂捕蝉东进万县，也同样造成了重庆的空虚。如果此时以刘文辉为首的川中"保定系"三巨头乘虚东进川东，造成黄雀在后之势，则一来唐生智西顾无忧，二来"保定系"也可轻取重庆、万县两大重镇，控制整个四川。彼此有利，何乐而不为？

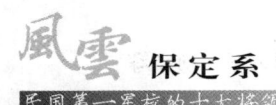

听了宋福增的话,刘文辉反复掂量。自己是刘湘的"幺爸",多年来刘湘有恩于自己,这个暂且按下不表,关键是,刘湘的力量远在自己之上,牵头讨伐刘湘,自己并无胜算。想到这里,刘文辉向宋福增提出:我刘文辉与刘湘有骨肉之亲,我不能公然拆堂侄儿的台。所以,刘文辉拒绝参加东进袭取渝、万之战。不过刘文辉绝对不会白白浪费扩充势力的大好机会。他居然提出——吞掉另一家诸侯作为补偿,他的目标不是别人,正是与自己打过不少交道的老朋友、前省主席刘成勋。

刘文辉的要求听起来有几分荒唐,其实精明得很。1926年至1927年间,刘文辉率军驻成都,据有下川南的眉山、青神、仁寿、宜宾、南溪、屏山、资阳、威远、容县等二十余县,实力日渐强大。他表面看起来低调,其实高视阔步,壮志凌云,早有统一全四川的野心。然而从叙(宜宾)嘉(乐山)至成都的通道,却被西康屯垦使刘成勋所遮断。其实刘成勋在四川军阀混战中屡遭失败,已经暮气沉沉,经营无方,所以只能在川西、南一带苟延残喘。但他盘踞的雅(雅安)属、宁(西昌)属及上川南的彭山、双流、新津等县严重阻碍了刘文辉势力的发展,是刘文辉挥之不去的一块心病。借此机会,刘文辉表示要为东征的"保定系"同窗确保后方安全,一举解决刘成勋。川中"保定系"达成协议,各部立刻厉兵秣马,准备行动。刘文辉提出的此战口号颇有时代感,亦称"北伐"。

1927年6月,刘文辉突然出兵攻击刘成勋,占领西康、邛崃、雅安地区,并收编陈鸣谦、陈献周等部队。刘湘被迫将主力调回重庆,在江北县一带与邓锡侯部相持。杨森也得到机会,率残部撤回四川,据守老巢万县。杨森撤回万县,刘湘撤回重庆,原有的势力真空均被填补,所以东进的"保定系"大军眼见无利可图,只得收手。一切恩怨,遂不了了之。这回全川诸侯大动干戈,除了刘文辉以外,均无所收获。刘文辉的兵力、地盘因此大大扩展,从此俨然成为四川"保定

第九章　刘文辉

系"的头号人物。

1928年12月7日，杨森在涪陵宣布就任"四川同盟各军主席兼前敌总司令"职务。三天之后，杨森再度公开通电讨伐刘湘。因此次战事主要发生在下川东地域，故被称为"下川东之战"。以杨森为首的"八部同盟"联合向刘湘进攻，形势一时危急。刘湘为了取得刘文辉的帮助，干脆将资中、内江、隆昌、荣昌等防地交给刘文辉接手，让他牵制李家钰，自己好腾出手来与杨森决战。刘文辉果然不负刘湘所望，将自己的任务完成得漂亮。事实上，这只是刘文辉要弄手腕的结果。杨森原计划四路攻渝中，三路先后失败或倒戈，只有西线的赖心辉损失不大。原因是刘文辉与赖心辉合演了一出"螳螂捕蝉、黄雀在后"的闹剧。赖心辉按计划从江津出发，沿丁家坳、来凤驿、白市驿一线向重庆进攻。但他出兵后，身后的刘文辉随即乘虚而入，夺占了赖心辉部在永川、江津的防地，并一路尾击赖心辉。赖心辉无计可施，只得撤到川、湘、黔交界的穷乡僻壤秀山、酉阳一带。而李家钰因为害怕刘文辉在他背后下手，从头至尾都没敢动弹。终于，刘湘集中兵力打败了杨森和罗泽洲，统一了下川东。至此，四川基本形成刘湘、刘文辉和邓锡侯、田颂尧分割四川的格局，人称"四巨头"。这一年，南京国民政府指定刘湘为川康裁编军队委员长，刘文辉为四川省主席。

杨森在"下川东之战"中失去全部地盘，罗泽洲也丢掉了大竹、垫江等地。李家钰没有损失，但前途岌岌可危，不比罗泽洲、杨森更好。他们几个深知，必须扩张。扩张还有侥幸存活的可能，而不扩张只有坐以待毙。要扩张，自然要指向害他们落到这步田地的刘文辉、刘湘叔侄。刚刚败在刘湘手下，再度与刘湘对敌，三人心有余悸。而他们对"下川东之战"中刘文辉帮助刘湘极为不满，目标就此锁定刘文辉。1929年4月9日，杨森、罗泽洲、李家钰在顺庆组织"同盟军"，推李家珏为总指挥，以何金鳌、刘苴冰等分三路进攻刘文辉，

"上川东之战"就此爆发。

刘文辉得到消息,知道一场恶战不可避免,便积极着手备战。他委派向育仁为前敌总指挥,夏首勋为副总指挥,将兵力集中在荣昌、隆昌一带布防。另外,他还借自己是四川省主席之便,采取政治手腕,极力拉拢邓锡侯、田颂尧,以达到抑制其部属李家钰、罗泽洲的目的。一切准备好之后,经过五天激战,刘文辉终于将"同盟军"击溃。罗泽洲麾下大将陈光藻将所属部队五个旅约两万人拉去投了刘文辉,刘文辉的力量愈发壮大。第二年3月,刘文辉、邓锡侯、田颂尧三部又联合出兵攻击罗泽洲、李家钰,刘文辉独占了遂宁、南充和顺庆等县。最后在刘湘的斡旋下,此战又是以议和告终。

至此,刘文辉已经拥有七个师,二十多个旅,一百四十个团,合计十二万以上兵员。他更掌握人口稠密、物产丰饶的七十余县防区,占四川过半,与自己的"侄儿"刘湘旗鼓相当。各拥兵十余万的刘湘、刘文辉分霸川东、川西的地位已无人能够撼动。时人将占据重庆的刘湘称之为"渝刘",占据省城成都的刘文辉称之为"省刘"。兵源军需无虞,踌躇满志的刘文辉想起五哥刘文彩在宜宾时说的话:"你未必不能当四川督军!"此时的刘文辉,年仅三十五岁。

其实刘文辉的"宏图"又岂是一个小小的四川督军?刘文辉不愿局促于四川一隅之地,他开始筹划四川之外的世界。刘文辉对未来的规划是:内外并举,一面在川内加紧消灭敌对势力,以实现统一四川的夙愿;一面趁滇、黔军人内讧的机会,扶植亲己势力,为控制西南奠定基础;再往下走,与蒋介石分庭抗礼,图谋天下,亦未可知。为实现自己的"霸业宏图",刘文辉在成都创办起培养军事干部的"国政学校",开设甲级参谋、兵工、炮兵、无线电等培训班。除军事专业课外,刘文辉的军校还讲政治学、经济学和社会发展史等,他比一般川系将领更重视政治、军事理论。

4. "保定系"交恶

时任四川善后督办、第二十一军军长的刘湘则与"幺爸"刘文辉想法截然不同。刘湘老成持重，而且早在1921年就曾率军出川，与吴佩孚大战于宜宾，结果惨败而归。接受了教训的刘湘再无图谋天下之念，只想固守四川，坐稳"四川王"的位子。而且，他也不想让刘文辉出去壮大势力。刘湘自忖在全国大军阀中相形见绌，不得不投靠蒋介石争取支持。他提出的"拥蒋统川"口号，正中蒋介石下怀，因而在政治上比刘文辉先占一着。刘文辉则行动积极，屡屡出招。他扶植滇军胡若愚打回云南，支持王家烈独霸贵州。但刘文辉操之过急的是在这时就已经流露出与蒋介石对抗之意。早在1929年12月，他就和唐生智联名通电，宣布反蒋。1930年"中原大战"爆发，刘文辉又通电拥护汪精卫、冯玉祥，反对蒋介石。当然，刘文辉的良苦用心是威胁刘湘，进而统一四川，控制西南，问鼎中原。但蒋介石对刘文辉怀恨在心，开始着力扶持刘湘与刘文辉对抗。由此，刘文辉和刘湘这叔侄二人在挖空心思、不择手段互相挤压、攻击，旨在削弱、瓦解、整垮对方势力，达到自己控制四川的目的。

另外，刘文辉第二十四军的主要军官都是"保定系"出身，而刘湘本人毕业于四川陆军速成学堂。"保定系"与"速成系"之间一直冲突不断，难以调和。事实上，刘文辉与邓锡侯、田颂尧这些"保定系"人物之间的冲突也一点都不少。

和财源丰厚的刘文辉比起来，邓锡侯、田颂尧显得相当寒酸，有时连军饷都发不出。这给了刘文辉大挖两人部下墙脚的机会。刘文辉

凭借着经济上的强势,大撒金钱收买人心。邓锡侯手下好几支部队都在刘文辉手里"领津贴",田颂尧也同样屡屡中招。1929年冬,田颂尧整顿内部,扣押了教导师师长王惠安,王惠安的妻弟帅国桢惧祸,遂将一团部队拖到第二十四军驻地,投靠了刘文辉,刘文辉立即委任帅国桢为该军第十三旅旅长。还有田颂尧麾下的一个团长寇澄清,是1931年从李家钰部投过来的。投奔之前说好了要晋升旅长,田颂尧却没有兑现。寇澄清心怀不满,刘文辉再加以播弄,寇澄清干脆在训练中趁隙把队伍拖走,也投靠了刘文辉。刘文辉亦如前例,升他为第二十四军宪兵司令并大发奖金。对此邓锡侯、田颂尧恨得牙根痒痒,甚至不惜以倒向宿敌刘湘为手段,他们向刘湘表示——愿意在反刘文辉之战中打头阵!

刘湘并不急于与刘文辉撕破脸,他要逐步削弱刘文辉。当初击败杨森之后,刘湘便控制了整个下川东,从此掌握了川江航道,牢牢扼住了这条四川诸侯外购军火物资的大动脉。刘湘双管齐下,一方面自己大肆购买飞机、军舰等武器装备,一方面严禁其他各军,尤其是刘文辉部输入与扩充军备相关的一切物资。1931年初,刘文辉以二百万元巨资,从英、日等国购进一批武器和飞机散件。这批货物从上海起航,经过万县港时却被刘湘扣留。多次协商无果,刘文辉亲赴重庆交涉,刘湘始终拒绝发还。

你若不仁,休怪我也不义。刘文辉随即以牙还牙,大挖刘湘的墙脚。这年5月,刘文辉以吊唁刘湘母丧名义赴渝,以三十万元和十五万元收买刘湘属下师长范绍增、陈兰亭。范绍增将实情告诉刘湘,结果贿款被刘湘当场发回当做奖励。陈兰亭密受不宣,这又怎能瞒过刘湘?陈兰亭立刻被刘湘撤职查办,沦为阶下囚。另一边,刘文辉手下的张志和、陈鸣谦等师旅长,也收到了刘湘送来的款项。据说仅是陈鸣谦前后就收了刘湘三十余万元。

第九章 刘文辉

白扔了四十五万块大洋的刘文辉不动声色,命其五哥刘文彩派了一个叫胡文鹏的刺客到重庆行刺刘湘。胡文鹏潜入刘湘的宅第,在树上躲了三天三夜,始终没有找到机会下手,第四天饿昏了,从树上掉了下来被活捉。

事情败露后,刘文辉干脆一不做二不休,命令驻防江津的部队截断重庆粮源。叔侄两人的矛盾激化到不可调和的地步,到了唯付诸武力方可解决的边缘。就这样,刘文辉与刘湘这叔侄二人开始为了争夺对四川的全面统治,发动了四川历史上最后一场军阀内战。

这场仗的前奏,是刘文辉和田颂尧在成都城内大打出手。此战经邓锡侯的调停而结束,但四川"保定系"就此彻底分裂。1932年10月1日,在武胜的刘湘部,由罗泽洲带领首先发难,向刘文辉驻南充的林云根部打响了第一枪,揭开了"二刘大战"的序幕。

刘湘以刘文辉第二十四军徐廷秀旅在江津构筑工事为由,于10月下旬发兵西进。他以唐式遵为中路军总指挥,潘文华为南路军总指挥,王瓒绪为北路军总指挥,分三路进攻第二十四军防区。刘文辉亦分派张志和、冷寅东、夏仲实等师分头防御。战争初期,刘文辉的第二十四军鉴于东线防区过大,兵力不足,故战不几日,刘文辉主动收缩兵力,放弃了顺庆、遂宁、永川、江津等十二县,退守沱江防线上的要点泸州、内江、资中、资阳、简阳一线。双方争夺的重点,便是沱江、长江之交的重镇泸州。双方虽兵力相近,但刘湘的第二十一军装备较好,且距己方根据地较近,援补均更为便利。刘文辉的部队则孤悬于外,势态不利。双方攻守约半月,守军终于崩溃。攻下泸州后,刘湘以一个团的兵力继续沿江西去,佯攻刘文辉的重要据点宜宾,而其他各部则纷纷向荣县一带集中,准备迎接即将到来的主力决战。

刘文辉也调整部署,准备反攻。他以夏仲实指挥退到乐山一带的

部队组织防御，同时调自成都撤出的张志和、林泽伯、陈光藻等三个主力师集中于仁寿，另以冷寅东师集中眉山、井研。刘文辉本人则亲赴眉山，坐镇指挥。

5. "二刘大战"

在荣县附近的老君台，冷寅东与潘文华打了一场川军历史上最为激烈的会战。就当冷寅东和潘文华在老君台正面硬碰硬时，刘文辉的第三路总指挥夏仲实也亲率五个旅，由乐山绕道犍为的罗成铺，准备抄袭刘湘第二十一军的左侧背，偷袭自贡，收复富顺、泸州等地。就在刘湘到处抽调兵力堵截南线自罗成铺迂回的夏仲实部时，北线的陈光藻以七个团实施左迂回。12月19日，刘文辉的部队自松峰场一带绕道威远境内五里濠、正西场的山区丛林，乘虚攻入位于刘湘第二十一军战线纵深的荣县城。守城部队猝不及防，大败而逃。所幸刘文辉难以判明刘湘的虚实，当晚就令部队撤出了荣县。

在此情形下，刘湘立刻采取了三项紧急措施——向刘文辉请和，致电邓锡侯、田颂尧二人出兵，分化拉拢刘文辉的部将。刘湘的措施很快奏效。邓锡侯、田颂尧派出三个师约十个团的兵力，由仁寿籍田铺袭击刘文辉后方，在杨柳场一带与刘文辉的第二十四军交火。一向拿刘文辉津贴的邓锡侯部陈鼎勋师，也不顾大洋的情分，自简阳侧击仁寿，在距仁寿三十余里的保珠场与刘文辉战成一团。还有刘文辉收编来的旅长陈鸣谦，也在仁寿东乡白斗镇附近倒戈，宣布停战，将部

第九章　刘文辉

队拉到资中投奔刘湘。而杨森、李家钰、罗泽洲三部也摆出一副要自北道西进略取成都的架势。刘文辉军事上的优势顿时丧失，而且局势于己不利。在迫不得已的情况下，刘文辉只有同意与刘湘讲和停战。

10月21日，双方在老君台签订了停战书。双方以当前战线为基础，重新划定防地。刘湘的第二十一军移驻荣县之属白石沟、老林口、文昌宫一线，刘文辉的第二十四军则移驻乐山之属笋子山及井研一线。刘文辉所部今后仍旧在现防地屯驻，军部仍回驻省城。平心而论，此战是刘文辉的一次大败。刘文辉被刘湘夺去防地近三十县，包括对刘文辉具有重要经济和战略价值的宜宾、泸州等重镇及川南盐场。刘文辉自此防区减半，陷入财政危机之中。①

刚一停战，刘文辉立刻回军对付邓锡侯、田颂尧。刘文辉失去了川北、上川东和川南的众多防地，部属杨尚周、田冠五等将领也倒戈投靠刘湘。他把这一切都归罪于邓锡侯，愤恨邓锡侯不讲信义，决定不惜一切与邓锡侯拼搏一场，以解其恨。况且他必须想办法扩大防区，解决财政危机，邓锡侯正是绝佳的目标。此时的刘文辉，虽有兵力一百个团，但士气不旺，粮饷不充足，而邓锡侯部不足五十个团，防地狭小，弹药缺乏，更不足与刘文辉抗衡。

1933年5月上旬，刘文辉打算"款待"邓锡侯，欲将邓锡侯扣留，然后一举解决邓锡侯的部队。谁知，邓锡侯手下的旅长周绍芝探悉了内情，告诉了邓锡侯。邓锡侯获悉后，赶紧以打猎为名，从成都北门跑到新都宝光寺部下陈离的防区，急令部下加紧战备。陈离立即派出一个团兵力，扼守毗河渡口，阻断刘文辉追击的路线。午后刘文辉率领大军赶到，双方对垒于毗河两岸，沿河交火。刘文辉自认为兵强马壮，对邓锡侯作战是必胜无疑。然而邓锡侯事先炸毁了毗河上

---

① 江上苇：《近代史上的西南军阀》，陕西人民出版社2013年版，第340页。

游的大坝，还将都江堰用于调节水量的马杈部分砍去，以增高内江的水位和流速，导致毗河水势猛涨，成了防守的天然屏障。他们沿毗河构筑工事，并将沿河所有桥梁全部破坏。刘文辉的先头部队没有渡河准备，只好沿河对垒。

　　刘文辉部将领大多数人都和邓锡侯一样同为"保定系"出身，认为"保定系"不打"保定系"，不愿意出战。他们向刘文辉提出，邓锡侯虽然一再耍滑头坑害本军，但毕竟他还没有公然翻脸，当前仍应以团结为主，竭力避免"保定系"的进一步分裂。否则多树敌人，全川皆以我为敌，危险得很。但刘文辉对此置之不理，强调必须消灭邓锡侯。于是，刘文辉手下将领们集体罢战。他们有时按兵不动，有时部队虽然上阵，却一枪不发。甚至出身"保定系"的师长张清平等人暗地里已经同第二十八军师长陈书农计划议和。刘文辉的部队内部产生分裂，再加上刘湘已决定向邓锡侯增派援兵，形势对刘文辉越发不利。刘文辉在毗河和邓锡侯对峙了一个多月，在毫无进展的情况下，只得撤退至新津。①

　　1933年5月26日，刘湘、邓锡侯等在乐至召开所谓的"安川会议"，组建"安川军"，旨在联合消灭刘文辉。刘湘动员了三路大军共一百一十多个团，并划拨现金十万元并子弹十万发支援邓锡侯。6月6日，刘湘挥戈西进，刘文辉遭到了田颂尧从川北调来的军队的进攻。6月下旬，刘文辉扼守犍为、乐山、井研、仁寿一线，与刘湘大战于荣县、乐山之间。7月上旬，刘湘攻占了井研、仁寿；邓锡侯反攻毗河，对成都形成夹击之势。独木难支的刘文辉无奈退出成都，将全军主力集结到灌县与乐山之间，沿岷江建立起一条长达四百里的防线，打算全力守护这条岷江防线。

---

①张永久：《刘湘家族：民国四川第一家》，重庆出版社2008年版，第108页。

第九章　刘文辉

然而岷江防线并非固若金汤。刘文辉的岷江防线只守了不到一个月，旋即被刘湘联军突破。陈光藻的部队再度临阵倒戈，放开一个缺口，刘文辉部迅速土崩瓦解。刘文辉仅带着两万残部退往雅安、西昌、康定一带，其主力冷寅东、夏仲实、张志和等师则分别被各部收编。8月，大势已去的刘文辉退守雅安，凭河防守。第二十八军杨秀春师跟至雅河，炮击雅安。一枚炮弹落在雅安城，正中刘文辉的烟榻，伤亡一人。所幸刘文辉当时不在场，得以幸免。此刻又有人来报告：直属特科团某营长叛变，拖走两营部队。刘文辉听后，呆坐半日无语。①

这时，刘湘的"安川军"兵临城下，炮声隆隆，枪声阵阵，刘文辉的行营已经在刘湘的火网控制中。惊恐万状的刘文辉狼狈撤离雅安，退守汉源。眼见陷入绝境，大势已去，刘文辉一面让大哥刘文渊劝刘湘不要"豆萁相煎"，一面向刘湘通电认错，拥护他统一四川。最终，刘文辉还是失败了。雅安地盘也未保住，第二十四军和川康边防军被刘湘收编，吃掉了大部，一部分也自找出路去了。不过，就在刘文辉唯恐刘湘穷追不舍时，刘湘也在担心一旦邓锡侯等人势力壮大了，也会成为争霸对手。与其如此，不如手下留情，放刘文辉一条生路。

拿定主意的刘湘决定给"幺爸"一点面子。于是，刘湘召见刘文辉好友、下台的川康边防军副总指挥冷寅东，对他道："我幺爸腰杆不能硬，硬就要出事。我不是要搞垮他，主要是压压他的气焰。一笔写不出两个刘字，总是一家人嘛。我还是让他保留部分军队，以待西康建省，由他任省主席。"

9月12日，刘湘发出通电："川局已易危为安，自乾（即刘文辉）亦赞同统一与'剿匪'，并要求嗣后常驻雅安，努力康边国防。"

---

① 江上苇：《近代史上的西南军阀》，陕西人民出版社2013年版，第362页。

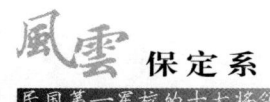

至此,"二刘之战"以刘湘的全胜而告终。此战宣告了全川的统一,也给了失败者刘文辉一条出路——去西康偏居一隅,苟延残喘吧。

6. 经营西康

1933年10月24日,刘文辉返回雅安,开始经营西康,提出了著名的"西康十大建设"。当时的西康治安混乱,政治不稳,经济贫穷,文化落后。不仅如此,西康地理位置上与西藏相连,宗教与拉萨密切,教权在一些地区甚至大于政权,主持宗教的势力渗透社会各层面,甚至掌握有武装。面对这种情况,刘文辉推行"以教辅政,以政翼教"的政策。为改善同少数民族兄弟的关系,他到靖化广法寺皈依佛法,虔诚信奉佛教,府中设经堂,聘请喇嘛讲经布法。经过一番治理,刘文辉总算有了一块立足之地。①

刘文辉刚在西康站住脚,正值被迫长征的红军北上。蒋介石既想通过追击红军清除异己,插手四川,又想利用刘湘、刘文辉等地方实力派出兵截击红军。所以,当红军开始通过西康地区时,蒋介石一面严令刘文辉的第二十四军在大渡河沿岸堵截,一面派同属"保定系"出身的薛岳率中央军跟踪追击。当时的刘文辉,既怕蒋介石趁机吃掉他,又恐红军占领西康不走,实在是头疼不已。事到临头,刘文辉只好奉蒋介石的命令,亲赴汉源督战。结果,红军强渡大渡河,飞夺泸定桥,突破第二十四军防线,胜利通过西康。刘文辉则在与红军作战

---

①张永久:《刘湘家族:民国四川第一家》,重庆出版社2008年版,第270页。

第九章　刘文辉

中遭到重大损失。

　　1937年抗战爆发，为表明抗日立场，刘文辉捐款五十万元。刘湘则主动请缨出川抗日。蒋介石欣然应允，授予刘湘第七战区司令长官之职。1938年1月，出川抗战的刘湘病死于汉口，死因存疑，后人多怀疑是被蒋介石毒杀。刘湘死后，蒋介石立即下令撤销第七战区司令长官部，并任命其亲信张群为四川省主席，川康绥靖公署被列裁除之名。四川地方实力派面对蒋介石的咄咄攻势，人人自危。这种时候，从前的恩怨胜败不值一提。刘文辉主动联络邓锡侯、刘湘旧部组织"武德学友会"等老冤家，公开声明，抵制张群主川。

　　由于四川实力派的联合抵制，蒋介石不得不作出让步。经过一番磋商，刘湘部将王缵绪做了四川省主席。蒋介石被迫同意西康正式建省。1939年1月，刘文辉如愿以偿成了西康省主席。此时的刘文辉虽说军事力量还小了一点，但他又重新恢复了政治舞台上的地位，也更加坚定了自己要与蒋介石周旋到底的信心。

　　刘文辉拿出在四川时的手段，从西康获得了巨大的财政收入。据说当时川康地区年产鸦片六七万吨，大半产于西康。黄炎培曾去西康一游，归途中愤然赋诗道："我行郊甸，我过村店，车有载，载鸦片，仓有储，储鸦片。""红红白白四望平，万花捧出越西城；此花何名不忍名，我家既倾国亦倾。"另外，刘文辉在1939年时，就把1939年到1997年的近六十年税款全部预征。不过，这些钱中很大部分被刘文辉用去办了教育。曾有一则著名的故事：20世纪30年代，摄影师孙明经在西康省考察时发现，当地的学校校舍大都宽敞明亮，一些县政府却破烂不堪。孙明经问一位县长："为什么县政府的房子总是不如学校？"县长答道："刘主席说了，如果县政府的房子比学校好，县长就地正法。"

　　西康置省后，蒋介石设行辕于西昌，派老资格的军统人物徐远举

任专管情报的第二处处长,负责监视刘文辉。同时,蒋介石加快了对四川实力派的封官加爵、分化瓦解。王缵绪就充当了蒋介石在四川的代理人,完全唯蒋介石马首是瞻。此时,西南各省地方实力派都有联合起来抵制蒋介石控制的愿望,于是由刘文辉牵头,约集邓锡侯、王缵绪、潘文华、龙云等在成都密订协议,共同抵制蒋介石控制西南。谁知,密会未结束,王缵绪便向蒋介石报告了。各派将领对王缵绪大为不满,蒋介石不得不同意王缵绪辞去四川省主席职务。王缵绪下台后,蒋介石宣布自兼四川省主席。次年,蒋介石让张群接替自己兼任四川省主席职务,四川从此完全为蒋介石所控制。但西康由于刘文辉的坚持,始终是蒋介石难以插手的省份。

早在抗战爆发之初,刘文辉就与共产党渐渐走到了一起。在重庆,周恩来明确表示支持刘文辉反对蒋介石控制西康。1942年7月下旬,受周恩来的指派,王少春等三名中共党员携带电台来到雅安,帮助刘文辉建立了与延安的直接联系。电台工作了一段时间后,为徐远举手下军统特务所觉察。正在他们想暗中架设电台进行侦察和干扰之际,刘文辉立即派兵没收了军统的电台。刘文辉警告蒋介石安插在第二十四军搞特工活动的政训主任丁国保:"现在有奸人在雅安密设电台,图谋不轨,我已没收,以后发现,定要严办!"①

每天深夜,王少春都和延安联系,抄录新华社电讯稿。王少春每逢收到明码电报,都抄送一份给刘文辉,还请他转给成都、重庆的军政朋友暗中传阅。中国民主同盟成立后,得到了刘文辉的资助,刘文辉本人不久也加入了民盟。此后的几年间,抗战胜利,内战爆发,刘文辉时刻关心外部局势,他自己则大致在平稳中度过。

直到淮海战役之后,蒋介石的嫡系部队基本被全歼,国民政府开

---

①张永久:《刘湘家族:民国四川第一家》,重庆出版社2008年版,第319页。

第九章　刘文辉

始崩溃，蒋介石也更加看重西南这块退避之地。1949年1月8日，蒋介石电促刘文辉飞赴南京"共商国是"。刘文辉到了南京，蒋介石在总统府直截了当地对他道："四川是抗日战争胜利的发祥地，也是中央赖以反共的基地。中央准备最近迁都四川，在那里同中共决战。中央要借重自乾先生……"未雨绸缪，蒋介石先任命亲信王陵基为四川省主席，接着任命张群为西南军政长官。但刘文辉从西康来到成都后，蒋介石却在刘公馆的对门驻了一连兵，四周布满便衣，甚至还想给刘家派佣人。这表明，蒋介石已经公开表示不信任刘文辉。

更有甚者，蒋介石还要张群从速将刘文辉的家眷送往台湾，名义上是关怀，实际上要扣押他们作人质。张群找刘文辉面谈时，刘文辉谢绝道："我的老婆是地地道道的四川本地人，足不出户，更不用说曾去外地生活过。台湾和四川相距万里，水土气候甚有差异，她到台湾难以适应生存，若硬要让她去，还不如赐她一死。"话里软中带硬，可谓说到家了。

1949年4月下旬，解放军发动渡江战役，一举占领南京。紧接着杭州、武汉、上海等城市以及华东、华南等地相继解放，战争的重心转移到西南。中共中央决定进军大西南，摧毁蒋介石在大陆的最后一块基地。而蒋介石调令胡宗南等主要部队集结西南地区，力图以川、康、云、贵为根据地，以重庆为据点，固守西南，作决战大西南的态势。1949年8月，刘文辉通过王少春的电台给周恩来去电："年来受蒋压迫日甚，积怨难言，处境困难。今已与邓锡侯、潘文华约好，决定站在人民立场。今后如何行动，请予指示。"周恩来立即回电："大军行将西征，希积极准备，相机配合，不宜过早行动，招致不必要的损失。"

11月30日，重庆解放，蒋介石来到成都。第二天，蒋介石事先不通知，突然到刘公馆拜访。表面上表示优遇，实则是来观察刘文辉的动静。刘文辉沉着应付，未露破绽。对刘文辉不放心的蒋介石又派

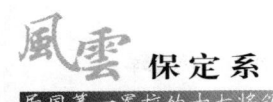

张群、胡宗南约同邓锡侯来刘公馆开会,要刘文辉、邓锡侯与胡宗南"合署办公",再提将各自家属先运台湾。刘文辉趁机大发牢骚,说道:"我们是大军阀、大官僚、大地主、大资本家,共产党搞无产阶级革命,能要我们?"这番话一出,算是堵上了张群、胡宗南的嘴。

蒋介石一看不行,要刘文辉与邓锡侯在 12 月 7 日下午去北校场谈话,准备当场拘捕他们。形势紧急,刘文辉拉上邓锡侯立即逃出城。12 月 8 日,他俩同微服的潘文华相会都江堰。第二天,刘文辉以西康省主席兼第二十四军军长的名义通电起义。邓锡侯、潘文华也与刘文辉一起,在彭县隆兴寺向"毛主席、朱总司令并转各野战军司令暨全国人民"发表通电,宣布起义。通电由刘文辉的参谋长杨家祯交王少春电台转发。刘文辉等人宣布起义后,紧接着又有二十几起川军来电响应的事件发生。刘文辉等人所辖政府也纷纷来电拥护,并宣布脱离国民党政府。解放军兵不血刃解放西康。刘文辉等人的起义使蒋介石"决战川西"的计划流产,只得飞逃台湾。①

1950 年 6 月,刘文辉所部国民革命军第二十四军与中国人民解放军第六十二军合并。刘文辉先后担任西南军政委员会副主席、四川省政协副主席等职务。1959 年,已经六十五岁的刘文辉上调中央,担任林业部部长。

1972 年,刘文辉不小心摔断了腿。1975 年又被发现患癌症,刘文辉住院治疗。1976 年 1 月初,刚出院的刘文辉得知周恩来去世的消息后极为伤心,让人用担架抬着他,前往北京医院向周恩来遗体告别。不久,刘文辉病情恶化,再次住进医院。1976 年 6 月 24 日,刘文辉因患癌症医治无效,在北京逝世,终年八十二岁。②

---

① 张永久:《刘湘家族:民国四川第一家》,重庆出版社 2008 年版,第 320 页。
② 张永久:《刘湘家族:民国四川第一家》,重庆出版社 2008 年版,第 329 页。

第九章 刘文辉

刘文辉（1894—1976）年表：

1895年1月10日，出生于四川大邑。

1916年，在保定陆军军官学校第二期炮兵科毕业后回四川，经族叔刘湘保荐，入川军第八师任上尉参谋。一路由上尉参谋升为营长、团长直至川军第一混成旅旅长，成为四川军阀中的主要将领之一。

1920年，以川军独立旅旅长的身份占领四川东部重镇——叙府，从此开始军阀生涯。

1922年，升任川军第九师师长。

1925年，打败杨森，取得四川军务帮办名义。

1928年，任四川省政府主席，1931年改组后留任。

1932年10月至1933年9月，与族叔刘湘在川中开战，刘文辉战败，被迫退出四川。

1933年9月，刘文辉从成都退到雅安，仍担任第二十四军军长兼川康边防总指挥的职务。

1935年，西康筹备建省，刘文辉任西康建省委员会委员长。

1939年，西康省建立，刘文辉就任第一任西康省政府主席。

1949年12月，刘文辉在彭县宣布起义。

1950年6月，刘文辉被中华人民共和国中央政府委任为西南军政委员会副主席，后又任四川省政协副主席。先后任第一、二、三届全国人大代表、第四届全国人大常委，第一届全国政协委员，第二、三、四届全国政协常委，民革中央常委，民革四川省委第二届委员会主任委员。

1959年，刘文辉任国务院林业部部长。

1976年6月24日，于北京逝世。

第十章 周至柔

姓名：周至柔

字号：百　福

出生日期：1899年11月30日

逝世日期：1986年8月29日

出　生　地：浙江台州临海县

发迹事由：得到保定军校同窗陈诚的提携，逐渐发迹，终成"土木系"二号人物。

最后结局：因心脏病突发在台北逝世。

一生总结：周至柔作为中国空军的创始人，在抗日战争中指挥空军奋勇作战，并积极争取外援方面发挥巨大作用。其指挥中国空军的抗战事迹亦将永载史册。

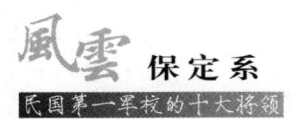

1. "土木系"干将

周至柔,幼名百福,后以"百福"为字,1899年11月30日出生于浙江台州临海县东塍镇一个还算丰裕的家庭。父亲周藤珊在清军中当过下级武弁,后来回乡开中药铺,周至柔是他的第二个儿子。1910年,人过中年的父亲周藤珊不幸去世,周至柔由母亲侯氏抚养成人。所以,终其一生,周至柔侍母至孝。周至柔童年在家乡私塾启蒙,爱好文学,尤喜陆游诗词。在乡间读完书,周至柔考入浙江省立第六中学。等到1918年8月中学毕业,自幼仰慕陆游、一心文武双修、怀有报国之心的周至柔决定投考保定陆军军官学校。1919年,周至柔考上保定军校,为第八期步兵科第四队。在保定军校,周至柔结识了对他一生影响巨大的人物——陈诚。

1922年6月,周至柔从保定军校毕业,与陈诚一起被分配到浙军第二师当见习排长,一年后升任连长。此时陈诚已经南下广东,在黄埔军校任教官,有意将自己的小兄弟周至柔拉来助自己一臂之力。于是,1924年春,周至柔也南下广州,得到陈诚的关照引荐,加入国民党并参与创建黄埔军校。从此,周至柔舍弃了"周百福"的幼名,正式以"至柔"为名。1924年9月,周至柔任黄埔军校上尉兵学教官。在黄埔,周至柔两度随黄埔学生军东征。陈炯明被打垮以后,他升任虎门要塞司令部参谋长。1926年7月,国民革命军誓师北伐,周至柔奔赴韶关,接任第一补充师第三团团附。第一补充师不久后改为国民革命军第二十一师,以严重为师长。第三团随之改为第六十三团,团长即是陈诚。周至柔由此开始了与陈诚搭档的岁月,亦步亦趋沿着陈

第十章 周至柔

诚的脚印前进。

周至柔随东路军转战江西，然后由赣入浙，再一路打进江苏。1927年4月，陈诚已经升任第二十一师副师长，周至柔也当上了第二十一师补充团团长。7月，陈诚接任第二十一师师长，周至柔随即升任该师参谋长。在惨烈的龙潭战役中，两人一起共患难。1928年4月，蒋介石"二次北伐"，周至柔升任南京国民政府军事委员会军政厅处长，6月任长江上游办事处少将主任。1930年4月，周至柔复任第二十一师参谋长。当湖北徐声钰的独立第十三旅被陈诚改编为第十一师独立旅后，陈诚立即向蒋介石推荐周至柔为旅长。①

中原大战中，周至柔随陈诚参加了攻克马牧集、归德、济南、郑州等一系列重要战役，立下诸多战功。1931年1月，教导第三师被改编为第十八军第十四师，军长陈诚兼任师长，周至柔被提升为副师长，代行日常事务。1932年2月，周至柔升任第十八军第十四师中将师长。一个月后，周至柔再升任第五军副军长，马上又改任第十八军副军长。此时的第十八军军长，正是陈诚本人。如前面的章节中所述，陈诚以第十八军第十一师起家，营造出属于自己的军内派系"土木系"。周至柔一路紧跟陈诚的步伐，始终是"土木系"的第二号人物，地位与同出自"保定系"的罗卓英不相上下。这期间，无论何时何地，转战南北，周至柔一直忠于"土木系"，是陈诚的心腹大将。

陈诚和周至柔的升迁，都关系到蒋介石的用人原则。首先，他们都是浙江人，蒋介石一向信任同乡。其次，他们都是"保定系"出身，且都是起家于"黄埔系"，与蒋介石有校友和师生之谊。两人正所谓占有天时地利。周至柔与陈诚一样，在国民党众将中是无条件拥护蒋介石、无条件服从蒋介石的"忠臣"。在"保定系"和"黄埔系"

---

① 胡必林：《民国高级将领列传》，解放军出版社2006年版，第39页。

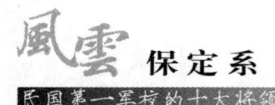

诸将之中,陈诚被称为"比较高明的战术家"和"有才能的指挥家"。周至柔则是出了名的讲求实际,凡事身先士卒,办事认真,且有新点子。日后周至柔能够执掌空军,与此即大有关系。

这段时间里,周至柔两次随陈诚参加对江西苏区的"围剿"。1931年夏天的第三次"围剿",陈诚任第三路进击军总指挥,率第十四师、第十一师等部队长驱直入,结果被红军击败。1933年初的第四次"围剿",陈诚任"赣粤湘边区剿匪军"中路军总指挥,兵多将广,结果又被红军打得大败。周至柔要为陈诚承担一部分责任,于是也被调离第十八军。不过周至柔依然在用其他的方式为陈诚出谋划策。陈诚将蒋介石的战术概括为"封锁围进,配合迫进,逐步稳进,乘虚突进"十六字方针,并把蒋介石的思想编成口号、口诀让部下背诵。1935年6月,陈诚编成六册《"赤匪"反动文件汇编》,作为研究和对付红军的重要资料,被蒋介石视为"剿共智囊"。这其中也有一部分是周至柔的功劳。

2. 创建空军

自"九一八事变"之后,一个更大的侵略计划已经在日本酝酿起来。蒋介石虽忙于"剿共",却也早已嗅到了大战的气味。蒋介石考虑加强空军建设,组建一支空军。众所周知,当时中国的工业基础相当落后,建立自己的航空工业毫无可能。因此要组建一只像样的空军,绝非轻易之事。

第十章 周至柔

为了尽快把空军建立起来,蒋介石自任航空委员会委员长。而一向洋派十足、标榜新风尚的宋美龄,对空军这个新军种也是充满热情,极力支持。这正是蒋介石最愿意看到的。由于没有航空工业来支持国民政府组建空军的宏伟计划,蒋介石只能花大笔款项去国外购买飞机。但在那批贪污成性的幕僚中,蒋介石不知道究竟谁能担起这一重任。他只知道,夫人宋美龄作为"四大家族"之一的千金,不仅有钱,而且也是唯一可信赖的人。于是,蒋介石干脆投夫人所好,将航空委员会秘书长的位置给了宋美龄。可宋美龄对军事一窍不通,身边急需一位志趣相投的助手。这时,身为蒋介石爱将陈诚的心腹,又是"保定系"和黄埔军校出身,同时又是蒋介石浙江老乡的周至柔,被委任为航空委员会主任,协助宋美龄操持民国航空事业的发展。

1933年,蒋介石委派周至柔去欧美各国考察航空事业。对于如何组建空军,当时航空委员会内部分为"亲意派"和"亲美派",意见不一。周至柔的考察,正是要拿出最适合中国的方案,解决分歧。在欧美考察期间,周至柔志向不小,刻苦自学英语。他对别人道:"若不能说英语,对方对我就看低三分。"周至柔对欧美各国,特别是对美国的航空建设与空军训练进行了认真考察研究。在进行了深入的思考后,周至柔初步形成了自己对现代空军的了解和认识。1934年,周至柔完成考察回国,马上向蒋介石呈上了详细的考察报告。在学习借鉴美国的空军和航空事业建设的基础上,周至柔正式提出了发展中国空军的具体计划。看完详尽的材料和切实可行的建军计划后,蒋介石非常高兴,对周至柔愈加欣赏。当年7月,蒋介石任命周至柔为"中央航空学校"(因位于杭州笕桥,简称"笕桥航校")校长,主持空军军官的训练培养工作。1936年2月,蒋介石又调周至柔任航空委员会主任,晋级为空军少将。至此,周至柔正式脱离陆军,开始了其空军生涯。

国民党军队向来派系林立，明争暗斗成风。其实，蒋介石开始创办空军之初，主要负责人并非周至柔，而是黄埔三期的毛邦初。笕桥航校初创时的代校长即是毛邦初，政训处长是蒋介石的亲戚、黄埔四期的蒋坚忍，周至柔只是教育长。三人均是主要负责人，都拥有一定的权势，各自形成派系，彼此互相倾轧，最后扩展到了整个空军。周至柔早年转战南北，积累了丰富的战场和官场经验，加之为了建设空军，他具备顽强的意志，这让他开始想办法在与毛邦初、蒋坚忍的争斗中赢得了上风。蒋坚忍为了在空军中提高政治地位，要求在航校第六期学习飞行，遭到毛邦初的部下王叔铭、毛瀛初等人抵制。周至柔却坚决支持蒋坚忍的要求。在第六期毕业时，蒋坚忍不仅取得毕业证书，还取得空军军官头衔。由此，周至柔、蒋坚忍之间矛盾有所缓和，孤立了毛邦初一系。

蒋介石之所以信任毛邦初，很大程度上是因为毛邦初是蒋介石原配妻子毛福梅的弟弟。因为这个缘故，宋美龄对毛邦初很不满意。周至柔看准了这一点，去走宋美龄的门路。因而长期以来，宋美龄对周至柔评价很高，两人关系密切也是出了名的。这点颇令毛邦初、蒋坚忍等人嫉妒，以至于当时留下不少真假难辨的故事。时人传言，在外表上周至柔和一般的老粗没有什么分别，说起话来，也是嗫嗫嚅嚅的。可是对于拍马屁这一套功夫，周至柔却有独到的地方。有一天，蒋介石夫妇由他陪同前去检阅空军。空军人员在蒋介石从他们面前走过时，照例高呼："委员长万岁！"紧跟在蒋介石和宋美龄身后的周至柔一看宋美龄的脸色有点不对，立刻举起手来喊一句"夫人万岁"。听到他这么一喊，空军人员也照样喊起来了。从这次起，宋美龄不由得更加赏识周至柔。宋美龄事后对她的左右提起这件事，还压抑不住脸上的笑容。还有一次更妙的，抗战中，周至柔陪宋美龄到重庆附近的一个空军基地参观。他们一行几个人在飞机场上走着走着，宋美龄

第十章 周至柔

的皮鞋带松开了。周至柔眼睛尖,而手脚更快,不假思索蹲下身去,替宋美龄把鞋带系好。在场的一些人对周至柔这种讨好蒋夫人的举动很看不上眼,连宋美龄也感觉相当尴尬,只有周至柔神色不变,显得非常自然。

这些故事真假难辨,但周至柔与宋美龄的关系密切无人可以否认。最初蒋介石还将周至柔列在毛邦初之下,可是禁不住宋美龄日夜念叨,逐渐将周至柔提高到和毛邦初平行并列,最终反让毛邦初做了周至柔的副手。抗战中,有人将毛邦初徇私枉法的证据密报蒋介石,毛邦初因而被撤职。直到那时,毛邦初还认为只有蒋坚忍可以与蒋介石直接讲话,因而怀疑是蒋坚忍所为,居然没有怨恨到周至柔头上。周至柔的手段,由此可见一斑。

其实早在1928年,国民政府就在南京陆军军官学校设立了航空班,训练飞行人员。1931年春,国民政府于杭州笕桥成立了中央航空学校,南京航空班的全部人员、设备迁杭并入航校。笕桥航校首先开办了一个高级班,主要收训中国各地航空学校的毕业生和留学外国的航空人员,包括毕业于南苑航空学校、东北航空学校、云南航空学校和留学苏联、法国、日本、美国等国的航空人员——结业后担任中央航空学校教官或空军军官。同时招收第二期学生百余人。1933年上半年招收第三期学生一百五十人,下半年招收第四期学生三百人。第一期至第三期专学飞行,学习期限为两年半左右。从第四期开始,学生分作飞行科和机械科,两科每期各招生一百五十名,学习期限为三年。而1935年,随着时局发展,中日两国大战已经在所难免。为了加快空军建设的步骤,应对风雨欲来的中日战争,周至柔先后将各地区、各派系的航空队统一于国民政府领导,将各地航空学校纳入笕桥航校校籍,大力训练空军飞行人员。所以,中央航空学校先后在洛阳、广州开办过两所分校。其中广州分校即是1936年7月广东空军

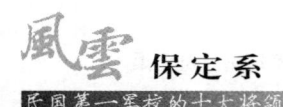

北飞投蒋、改建中央航校时由周至柔主持建立的。

担任校长期间,周至柔总结欧美考察期间的深刻感受以及多年的军事经验,把空军教育看成决定空军建设成败的重要因素,提出——要建设空军,首先要大力培养航空人才。他把在黄埔军校的教学经验与十几年的实战经验结合起来,总结了两条空军教育的要素。周至柔认为:"一是精神,二是技术,两者皆以能战斗为宗旨。"周至柔强调教育者必须为人师表,他曾道:"如果我想开饭店,就必须先学做厨子,否则,厨子可以骑在我头上,饭店就得关门。"为此,周至柔与学员一起学习飞行,多次亲自驾机升空,练习飞行技术,培养自己的实际操作技能。周至柔与学员们一起摸爬滚打,使自己成为飞行学员的学习表率。

为了尽快培养出合格的飞行员,周至柔奉行"训练至上主义",提出了"训练重于作战"的口号。根据多年的从军经验,他认为训练必须注重培养飞行员的战斗素质,空军飞行员需要的具体精神是"智、仁、勇"三者。周至柔道:"精神的有无钝锐,实决定了最后之成败。"他对空军飞行训练中不注意培养攻击精神的做法十分不满,指出"攻击精神是军队的灵魂,是发挥战斗力的基本条件",而这种精神也正是献身为国的精神。

单靠献身报国精神还不能战胜敌人。要打败敌人,还必须拥有有创意的战术思想。鉴于当时中国空军在世界空军中的落后状态,周至柔立足于以弱胜强,在空军战术上,提出"若以弱敌强,为免消耗过大,须多行奇袭,为人之所不敢为,能人之所不能"的战术思想。他认为行动时,要有灵敏新锐的头脑,讲究科学的精神与方法,不可古板。在战斗心理上,要不畏不惧,勇于牺牲,不畏失败,胜而后已。为了保持军队完整的战斗力,周至柔十分重视严肃纪律,提出"整饬重于训练",航校的教育方针应该为"忠勇—精诚—德性—纪律"。周

第十章 周至柔

至柔的这些教育理念,对当时空军的发展具有重要贡献。①

在周至柔的主持下,到抗日战争爆发前,笕桥航校共招生九期,招生对象为十八至二十二岁、具有高中文化程度、身体健康的青年。考试录取后,先进行六个月入伍训练,分学科、术科两门。学科除政治课程外,有步兵操典、射击教范、阵中要务令、战术学、兵器学、地形学等;术科有班、排、连制式教练,班、排、连战斗教练以及阵地勤务、射击教练等。入伍训练期满后转入本科(飞行科、机械科)训练。飞行科训练分为初级、中级、高级三个阶段进行。每一阶段训练四个月,实习飞行时间平均六十个小时。初级阶段训练主要学习一般驾驶。中级阶段训练主要学习编队飞行、夜间飞行。高级阶段训练主要进行专业飞行训练,分为驱逐、轰炸、侦察三个组进行。飞行科学生除进行上述训练外,还学习学科知识,如空军战术、飞机学、航空机械学、兵器学、航空地图学、气象学、照相术、轰炸术、侦察术、政治课程等。不适合飞行或不能升级的学生即行淘汰。被淘汰的学生可转入机械科继续学习,也可转入中央军校继续学习。机械科训练亦分为三个阶段。第一阶段主要学习基础课,如数学、物理、化学、机械学、力学等;第二阶段主要学习航空机械和航空兵器,如飞机学、航空机械学、发动机学、航空力学、航空兵器学、飞机检修操作、兵器装置及拆卸、故障排除等;第三阶段主要是实习,并加深理论学习。笕桥航校学生毕业后,即分配到空军部队任见习官。见习六个月后,以空军少尉军衔任用。

与此同时,周至柔加紧向外国订购作战飞机。当时订购的飞机,主要为美国飞机,其次为意大利货。同时,周至柔还指挥空军秘密在全国各地建设军用飞机场,从国外买进大批航空汽油、航空炸弹等物

---

① 胡必林:《民国高级将领列传》,解放军出版社 2006 年版,第 40 页。

资,分储各机场;训练大批的场站地勤人员和空军机械修理人员,分派各场;在南昌成立训练总队,由毛邦初任总队长,下设驱逐、轰炸两组,严格训练从航校毕业后的飞行员,提高他们的飞行战斗技巧。在南昌集训的空军使用美制飞机,有第二轰炸大队,第三、四、五三个驱逐大队和支援地面部队作战的第九攻击大队。1936年10月,在蒋介石五十寿辰之日,空军机群在南京上空编成"中正""五十"四个字形,以展示训练成果。蒋介石与宋美龄看到后,兴奋不已。这意味着中国空军已经初具规模。

另外,周至柔还著书立说,以此表达对航空教育的重视。1936年4月,南京正中书局出版了长达171页的《国防与航空》一书。当时作为国防教育丛书,正是周至柔考察欧美等国航空事业回国后所作。1940年,周至柔又编著了长达186页的《世界空军军备》一书,作为国防科学丛书,由青年出版社出版。这两部书,前者重在航空教育,后者重在了解当时世界空军的概况。后世多认为,这是民国时期空军战术研究的最主要的研究成果。

3. 航空抗战

至1937年抗日战争爆发时,日本陆军航空队约有飞机1480架,海军航空队约有飞机1220架。日本工业基础较坚实,能够生产各类飞机和技术装备,作战损耗后能及时得到补充。日本陆、海军航空队的空地勤人员训练有素,作战指挥关系明确,各项保障有力。日军装

第十章 周至柔

备的飞机性能较好,其中1936年投产、1937年参加侵华战争的96式舰载战斗机,最大飞行速度435公里/小时,航程1267公里,以后又衍生多种改进型,先后生产1094架。而日军96式轰炸机,最大飞行速度达372公里/小时,航程1300公里,机上装有4挺机枪、1门航炮,可载800公斤炸弹,先后生产了1100架。这两种飞机是侵华战争初期日军装备最多的飞机。此外,日军还装备有96式舰载轰炸机428架、96式舰载鱼雷攻击机200架等。[1]

相比之下,经过周至柔的努力,中国空军虽然在抗日战争爆发前,先后将各地区、各派系的航空队统一于南京国民政府的领导,但兵力仍十分有限,且飞机陈旧,机型杂乱,性能落后,机种配备比例失调。国民政府30年代初期和中期从美国先后购买了霍克Ⅱ、霍克Ⅲ、波音-281型战斗机以及雪莱克A-12型攻击机,诺斯罗普-2E、马丁-139WC型轰炸机,数量都很有限。中国国内由于工业基础薄弱,虽也仿制了部分作战飞机,但主要部件仍依赖进口。截止到1937年8月14日,中国空军正式与日机交战时,列编的9个大队和5个独立中队,装备各型飞机296架,不及日军的1/9。其中轰炸机148架,占50%;战斗机101架,占34%;侦察机41架,占14%。飞行员620名,能参战的人不足半数,且战斗机飞行员训练重点是对地攻击,更无空战经验。而且,抗战初期,中国空军装备的主要战斗机是霍克Ⅲ,其最大飞行速度387公里/小时,航程625公里,装备数量最多的轰炸机为道格拉斯02M,其最大飞行速度为238公里/小时,航程524公里,均不及日军当时装备的同类型作战飞机。所以,抗日战争初期,中国空军在兵力兵器上完全处在敌强我弱、敌优我劣的状态。

为了适应抗战作战需要,中国空军领导机构做了必要的调整。

---

[1] 张燕萍:《中国空军抗战纪实》,《文史天地》,2012年第1期。

1937年7月，蒋介石在航空委员会下新设前敌总指挥部，担负空军的作战事宜，周至柔任总指挥，毛邦初任副总指挥，石邦潘任参谋长，并正式下达抗战动员令。空军前敌总指挥部下设轰炸司令（张延孟）、驱逐司令（高志航）、侦察司令（晏玉琮）。周至柔还主持制定了中国空军"以奇袭敌空军基地，轰炸敌舰船，并担任重要城市之防空为原则"的作战概要。

按照这个作战概要，1937年8月5日，中国空军第二大队进驻信阳，警戒中原，相机对上海作战；第三大队进驻句容，警卫南京；第五大队进驻江都，对津浦路与上海作监视作战；第四大队进驻周家口，监视中原；第九大队进驻信阳，相机进驻蚌埠，支持地面部队作战。日军在进攻华北的同时，重兵向华东地区发动进攻。为此，日本海军航空队在台湾等地布置了许多远程轰炸机和战斗机，对中国军队构成了严重威胁。周至柔奉命立即改变原作战计划，将空军力量全部转至京、沪、杭地区阻止日军在上海登陆，以策应南京之安全。首先，他批准了东海岸的渔山、大陈等地设立六个对空监视电台的计划，要求准确报告敌机来袭时间、架数，为空战提供可靠情报并及时发出空袭警报。其次，在一些重要城市设立防空部队，并预先制定空袭时军民疏散的详细计划，以防患于未然。8月12日，第二大队从信阳调到太湖南岸天目山下的安徽广德机场；第九大队调到蚌埠机场；其他大队原地待命，做好一切战斗准备。

与此同时，1937年7月11日，日本陆军参谋本部与海军军令部也订立了《陆海军航空协定》，其主要内容是：在开战之初就要一举歼灭中国空军主力，夺取制空权，同时策应地面部队和舰艇作战。进攻华北以陆军航空队为主，进攻华南以海军航空队为主，进攻华中由陆、海军航空队协同作战。陆军航空队投入兵力28个中队、240架飞机，海军航空队投入各型飞机220架。

第十章 周至柔

1937年8月13日14时，国民政府航空委员会在周至柔主持下颁布了《空军作战命令第一号》，要求中国空军主力南下，配合淞沪地区陆军部队作战并保卫南京的安全。各部队要于8月14日前均到达指定位置，做好作战准备。

战斗终于打响了。1937年8月14日，日军18架96式轰炸机袭击杭州笕桥机场。当日中国空军第四大队的第21、

周至柔

22、23队霍克Ⅲ型战斗机奉命从河南周家口机场转场笕桥机场，准备参加淞沪作战。当第21、23队飞机刚转到笕桥机场，即接到报告有日机入侵。大队长高志航旋即率队升空迎击敌机。在这次战斗中，高志航与李桂丹、谭文、柳哲生、王文骅、郑少愚先后共击落日机3架，击伤1架（该机返航至台湾基隆以北海面坠毁），加上日机在到达笕桥前失踪2架，实际日军损失飞机6架，而中国空军则"零损失"。这是进行全面抗战后中国空军对日军航空队空战取得的第一个胜利，以6∶0的辉煌战绩载入空军史册，打破了日本空军不可战胜的神话。为庆祝中国空军的首战胜利，国民政府将8月14日定为"空军节"。①

8月15日至10月下旬，中日双方为争夺上海、杭州、南京等地的

---

① 高平平，李雅茹：《抗战时期中日空军争夺制空权的殊死搏斗》，《军事历史研究》1996年第2期。

制空权，进行了一系列空战，战斗打得极为惨烈。淞沪战役中，周至柔连续组织空军部队向日军突击，试图迟滞日军地面部队的进攻速度。1937年8月14日，中国空军一天中出动飞机8批76架次，集中轰炸日军在上海的军械库、码头、军舰等目标。8月17日，中国空军第五大队飞行员阎海文驾驶霍克Ⅲ型飞机袭击日军陆战队司令部，不幸被日军高射炮击中，跳伞后落入日军阵地附近。日军迅速将其包围，并蜂拥而上。阎海文毫无惧色，掏出手枪先后击毙靠近的数名日军士兵，而后自尽。8月19日，第二大队分队长沈崇诲、轰炸员陈锡纯驾驶诺斯罗普－2E型轰炸机，轰炸长江口处日军军舰。因飞机机械故障，他们放弃跳伞生还的机会，驾驶飞机撞击日军"出云"号护卫舰。虽未成功，但这种视死如归的精神震撼了日军，同时也鼓舞着抗战中的中国军民。到10月22日，中国空军仅剩飞机81架，其中许多是战伤和故障待修的，基本上丧失了作战能力。

　　一边是与日军拼到底，一边周至柔还要想方设法为中国空军保留火种。在他的主持下，抗日战争开始后，笕桥航校迁离杭州至昆明，广州分校也来昆明并入本校，更名为空军军官学校。飞行训练仍分为初、中、高三级进行。因机场不敷应用，初级阶段的训练曾在云南楚雄机场进行。因油料困难，1943年，中、高级训练送往美国进行，昆明本校只进行驱逐机的专科训练。随着空军在抗战中的发展，原有训练机械已满足不了需要，1939年后又建立了空军参谋学校、空军机械学校、空军通信学校和空军军士学校。此外，周至柔还派出1224名军官留学美国受训。

第十章 周至柔

4. 轰炸日本

1937年11月，中国空军开始获得苏联的援助，先后装备了苏制伊-15、伊-16型战斗机和爱司勃-2、特勃-3型轰炸机，作战实力有了恢复。在随后的南昌空战、武汉空战、南雄空战中，中国空军都取得了出色的战绩。1938年4月29日，日军出动24架轰炸机，在18架战斗机的掩护下空袭武汉，中国空军和苏联志愿援华飞行队出动60余架伊-15、伊-16型战斗机，经过30分钟激战，共击落日机21架，己方损失12架。在这次战斗中，中国空军第四大队飞行员陈怀民在击落1架日机后，被5架日机围攻，当自己座机多处负伤时，他毅然驾机与附近1架日机猛撞，与敌同归于尽。陈怀民英勇的献身精神被誉为"中华之魂"。当时在武汉的周恩来等人都参加了追悼大会，并致挽联："为五千年祖国英勇牺牲，功名不朽；有四百兆同胞艰辛奋斗，胜利可期"。

而且，为了打击日本的民心士气，打乱日军战役部署和作战计划，削弱其作战实力，中国空军在周至柔的指挥下曾多次出动轰炸机，远程奔袭日本本土、日占台湾机场等战略目标。早在抗战初期，蒋介石就想用飞机去轰炸日本本土，以示报复。1937年9月，他派军事代表团去莫斯科作购买武器的秘密谈判。蒋介石特别指示代表团，一定要争取购买远程重型轰炸机和500公斤以上的大炸弹，并明确要代表团告诉苏方，这是为了反击日本，准备去轰炸日本本土的。但苏方出于种种考虑，无论如何也不肯卖给中国。以中国空军当时拥有的轻型轰炸机而言，如携带炸弹则无法飞到日本本土。

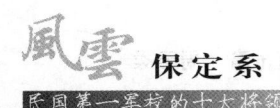

1938年2月武汉大空战，日本飞机突破中国空军防线，飞入武汉上空，成吨的炸弹倾泻而下，在市区造成很大的破坏。当时，蒋介石偕夫人宋美龄刚刚离开官邸，就有两颗炸弹在庭院中间爆炸。蒋介石怒极，立誓此仇必报。他拿起桌上的电话机，要空军马上拿出对策。

飞机携带炸弹无法飞到日本本土，周至柔却想出了另外一个办法。周至柔找到时任航空委员会秘书长的宋美龄，向她提出了自己的计划。但是，宋美龄认为"把炸弹扔到日本人头上，固然会在全世界引起轰动，对日本也是一次小小的告诫，只不过……把炸弹扔到无辜的平民头上，似乎有点不够人道"。于是，周至柔根据宋美龄的意见，经蒋介石同意，指挥空军第14大队大队长徐焕升率领两架"马丁"轰炸机从西南调到了江北崇山之中，投入了紧张的训练。为了迷惑日军，他指示通信部门故意把一些空军准备出动飞机支援津浦线作战的情报让日军破译。各轰炸机大队也不定期出动，迷惑日军。

1938年5月19日下午3时23分，随着三发绿色的信号弹划破天际，中国空军第14大队大队长徐焕升、副中队长佟彦博率机组驾驶两架马丁B-10型轰炸机从四川凤凰山机场转到宁波栎社前进机场。当晚23时48分从栎社机场起飞，20日2时45分飞抵日本长崎上空，而后到福冈，几乎飞遍日本九州全岛，沿途投下20万份传单，4时左右返航，安全降落在玉山和南昌机场。这次作战行动在日本国内和国际上引起强烈反响。第二天，日本就决定充实日本本土的防空设施和防空力量。美国《生活》杂志曾指出：中国空军飞行员徐焕升是先于美军飞行员杜立德中校轰炸日本本土的第一人。此战后，中共领导人董必武等代表中共中央和八路军驻武汉办事处，赴中国空军领导机关慰问并敬献锦旗。中共中央敬献的锦旗上写着"德威并用，智勇双全"。八路军驻武汉办事处敬献的锦旗上写着"气吞三岛，威震九州"。这些都表示了对中国空军的敬意。

第十章 周至柔

其后，在 1938 年 12 月 23 日，中国空军和苏联志愿援华飞行队出动 40 架轰炸机袭击日占台湾松山机场，共投弹 280 枚，炸毁日机 40 架、营房 10 栋、机库 3 座，焚烧大量航空油料等物资。1939 年 2 月 12 日，日军 29 架轰炸机从山西运城起飞空袭中国西北重镇兰州，先头 9 架因看错地标，将甘肃省靖远县城误认为兰州而轰炸了靖远机场，后面的 20 架飞机未到兰州上空即遭中国空军拦截。经空战，日机多架被击伤后逃离。20 日，日军 20 架轰炸机再次从山西运城起飞，分批轰炸兰州。中国空军第 3 大队和苏联志愿援华飞行队共起飞 29 架驱逐机分头拦击，共击落日机 9 架，击伤多架。23 日，日机 20 架又从运城起飞空袭兰州。当日，中国空军 6 架战斗机预先升空警戒，发现日机来袭，再起飞 25 架飞机拦击，击落日机 6 架，其余日机均被击伤。此三次空战，中国空军共击落日机 15 架。

1939 年 2 月 5 日，中国空军第 10 中队中队长刘福洪率 4 架轰炸机对日军所占山西运城机场进行袭击，投弹 40 枚，炸毁日机 10 架。1939 年 10 月 3 日和 14 日，苏联志愿援华飞行队在中国空军的协助下，两次空袭日占汉口机场，空战中还击落日机 3 架，己方仅轻伤 1 架。

美国志愿援华航空队主要由美国退休飞行教官陈纳德所创立。陈纳德于 1937 年到中国，获委任为顾问，协助发展中国空军及训练飞行员。1940 年，苏联与日本关系出现缓和，原本在中国作战的苏联志愿援华飞行队被撤走。陈纳德受蒋介石所托，成立以美国飞行员组成的美国志愿航空队。1941 年 12 月，航空队在昆明上空第一次作战取得胜利。此后，中国空军在美国的援助下，支援地面军队作战的行动十分频繁，而且战果卓著。1943 年 5 月至 6 月的鄂西会战中，中国空军 4 个大队和美国第 14 航空队有 165 架飞机参战，共出动 53 批 406 架次，袭击汉口、宜昌、荆门、沙市等日占机场、前沿阵地，共击落

日机 41 架，毁伤机场 5 处，炸毁飞机 6 架，炸毁军事设施 6 处，炸沉炸伤舰船 23 艘。1943 年 11 月至 12 月的常德会战中，中美空中力量共出动 216 批 1747 架次，主要袭击常德、藕池口、石首、华容等地日军阵地，空战中击落日机 25 架、击伤 19 架、炸毁日机 12 架。

1944 年 4 月 18 日至 6 月 10 日的豫中会战，中美共出动飞机 312 批 1918 架次，主要袭击洛阳、郑州、陕县、灵宝、宜昌等地日占机场、黄河大桥、日军阵地。共击落日机 87 架、炸毁 79 架、炸毁日军坦克、各种车辆 1000 多辆，炸沉船只 36 艘，其中中方击落日机 32 架、炸毁日机 11 架，牺牲飞行员 24 名。以后在长衡会战、桂柳会战中，中美方都出动大批飞机，支援地面军队作战，袭击日军前沿机场、交通枢纽、仓库等目标和日军阵地，为抗日战争最后胜利作出了贡献。到 1944 年底，经过中美空中力量联合对日打击，中美已经取得中国战场上的空中优势。1945 年初，中美连续三次袭击日军主要基地——武汉，使其航空队主力受到重创，4 月间被迫撤出华中。当年，中美机群进一步对日占运城、太原、青岛、上海、南京、徐州、杭州等航空基地进行袭击，加速了日本的最后崩溃。

整个抗日战争期间，中国空军在周至柔的指挥下，凭借苏联志愿援华航空队、美国志愿航空队以及美国陆军第 14 航空队的配合，给日军以沉重打击。在抗战中，中国空军涌现出许多英勇善战、捐躯沙场的英雄，如高志航、李桂丹、刘粹刚、沈崇诲、阎海文、乐以琴、陈怀民等。还有不少飞行员智勇双全，创造出优异战绩，如柳哲生击落日机 11 架，王光复、谭鲲、袁葆康、高又新各击落日机 8 架，周志开、周庭芳各击落日机 6 架。他们均可称之为中国的王牌飞行员。[①]

作为中国空军的创始人，周至柔指挥中国空军的抗战事迹亦将永

---

① 周斌、田双喜：《中国的天空——中国空中抗日实录》，《现代兵器》2004 年第 3 期。

载史册。从 1933 年起,周至柔为蒋介石的空军建设尽职尽责。八年抗战中,除钱大钧担任过一段时间的航空委员会主任外,其余时间都是周至柔统率着空军。尽管飞机不多,装备落后,器材缺乏,成立时间不长,经验不足,周至柔作为中国空军的创始人,多次指挥空军对日作战,并取得了一些重大空战的胜利,确实十分不容易。

5. 在台岁月

　　蒋介石一直对周至柔大加赞赏。1943 年 11 月,蒋介石任命周至柔为顾问,陪同自己出访埃及,参加中英美三国首脑会议。在国民党上层官员中,这确实是重要荣誉。1943 年 11 月 22 日至 26 日,蒋介石和美国总统罗斯福、英国首相丘吉尔会晤于埃及首府开罗,议题是反攻缅甸和战后日本之处理。这是蒋介石首次以"国家元首"身份出席国际会议,也是他外交生涯的顶峰。《开罗宣言》最后签字时,蒋介石指定由商震(代表陆军)、周至柔(代表空军)和杨宣诚(代表海军)签署。1945 年 5 月,在国民党第六次全国代表大会上,周至柔当选为中央执行委员会委员,并被授予胜利勋章。抗战胜利后,1946 年 6 月,航空委员会改建成空军总司令部,周至柔担任第一任空军总司令。

　　国共内战爆发后,蒋介石继续把周至柔用作对解放军轰炸的指挥者。不过,周至柔在解放战争中最出名的还是他在战场之外的新闻。比如,周至柔侍母至孝,1947 年亲自驾机回乡为母亲祝寿并竞选"国

大代表"。再比如,周至柔当了空军司令以后,在空军里实行陆军的纪律。他的理由是——空军一向过于散漫,没有军人的气息。为了笼络全体空军人员,周至柔想出了利用女人的办法。1947年的南京,周至柔在空军总部内设立了"新生社"——事实上是个变相的夜总会。在这所灰色的建筑物里,楼下是一个十分宽敞的舞台兼餐厅,楼上则是一间间的房间。

任国民党空军总司令的周至柔

每个星期六的晚上,在"新生社"里露面的不仅有各级的空军军官,还有南京的交际花和舞女。他们的节目向来通宵达旦,更方便的是,楼上又有那么多的房间。据周至柔自己对外人表示,军人的性欲问题必须有适当的解决,不然的话会闹出乱子。据说周至柔说这些话时,对于自己的考虑周到颇为得意。有一个到"新生社"领略过全套经验的军官曾道:"从现在起,空军基地应该改一个字才对,简直可以叫作'空军台基'。"

　　周至柔的治军之道,难掩国民党军在战场上的节节败退。1948年11月6日,淮海战役开始,周至柔指挥空军配合地面部队作战,最终五十五万大军依然难逃全军覆没的命运。在中共中央公布的战犯名单中,周至柔名列第三十三位。在国民党政府撤台后,周至柔一面指挥空军掩护其他部队撤退,一面对大陆沿海地区实施轰炸,给大陆造成

第十章　周至柔

了不小的损失。1949年，随着国民党军队的败退，周至柔将空军军官学校连同空军机械学校、空军通信学校，迁至台湾高雄县冈山。空军参谋学校于1946年9月由成都迁至南京，1948年11月迁至台湾东港。如此，他将空军的全部家底都带到了台湾。

周至柔撤到台湾后，他凭着与陈诚的关系及蒋介石对陈诚的宠爱，迅速走上了高级军官的位置——周至柔到了自己军事生涯的尾声。他清楚，台湾已经进入了一个政治压倒军事的时代。

1950年3月24日，周至柔接替顾祝同就任"参谋总长"，仍兼"空军司令"，并晋为二级陆军上将。蒋介石亲自主持交接仪式，并训话道——要奋发图强，复仇雪耻，要总结失败教训，完成"反共复国"大业。周至柔上任后，首先，着重整饬军队的腐败现象，核实发饷制度，杜绝长期以来形成的"吃空缺"和虚报、冒领饷银、装备的弊病。他还创立军储优息制度，改善士兵生活，使士兵安心服役。周至柔又提出"三军一家如兄如弟，三军一体如手如足"，以团结全军、鼓舞士气。另外，他号召士兵"助民爱民"，要求军队自己割草伐竹盖房为营，种菜养鸡鸭为食，并帮助老百姓整理村落，修建道路、堤坝、桥梁。

总之，周至柔尽力减轻当局财力负担。他将国民党政府原分给空军的大批黄金全部献出，同时决定把在台三军的八十四万人，核实为五十九万七千人，以六十万为目标予以冻结。1951年5月，周至柔晋升为一级陆军上将。

为清除军队长期存在的派系矛盾，削弱军中"山头主义"，周至柔提出推行"主管官任期制度"。1952年，他率先辞去"空军总司令"的职务，以开风气之先。3月13日，台湾当局宣布，在军队中实行任期制和职业军官退役制——"参谋总长"周至柔任期已满，请辞本兼各职，但被蒋介石慰留连任一次。1954年6月，连任一次期满后，周

 保定系
民国第一军校的十大将领

至柔主动提出辞呈。蒋介石批示特准其再连任一次。周至柔道，自己系提案立法之一，应当守法，否则无以服人。坚决拒绝再任。蒋介石只得批准，另派桂永清继任。同年7月，周至柔奉命筹组"国防会议"，任秘书长，蒋经国为副秘书长。1956年4月，应美国国防部邀请，周至柔奉命组织率领"星云考察团"，经日本去美国考察军事。参加人员均为高级将领，号称"一百将星"。

1950年，周至柔把母亲接往台湾。到台后，周至柔侍候得十分周到，其母很是高兴。每逢过年，周母还要包二十元钱红包给儿子压岁，周至柔为此感到很兴奋。每逢有人来访，他便会得意地拿出红包，道："这是姆妈给的压岁钱！"周至柔的母亲晚年过得十分幸福，以九十三岁高龄逝于台北。周至柔披麻戴孝，甚为悲哀，赢得世人的好评。此后，周至柔就与夫人、儿子、儿媳、孙女五人生活在一起，彼此和乐融洽，尽享天伦之乐。

周至柔一生爱好体育活动，特别是他在笕桥航校很重视体育，这对他一生影响都很大。他曾亲率笕桥航校足球队至昆明，与云南大学足球队比赛。赛前，周至柔与时任云南省主席的龙云相约，二人一起下场开球。在台北，周至柔常打高尔夫球，其球技甚精，并热心教别人打。无论对方的地位和球技如何，周至柔都会认真地教。以后，不少被他教过的人都成了闻名的职业高尔夫球名家，周至柔则博得了"中国高尔夫之父"的美誉。

周至柔倡导在三军中建立球场，聘请江良规博士为军中"大鹏"篮球队教练。该球队赴菲律宾参赛，曾获第一名。对"围棋神童"林海峰，周至柔悉心加以培植。周至柔还被推举为岛内"中华全国体育协进会"理事长兼"中华奥委会"主席。

1985年11月30日是周至柔的最后一个生日，这个生日是以一场别开生面的高尔夫球比赛来度过的。这天参加"至公杯"高尔夫球比

第十章 周至柔

赛的,有宋长志、郝柏村、蒋仲苓、郭汝霖、温哈熊等十八位岛内上将,堪称冠盖云集。这是周至柔最后一次出现在公众面前。1986年8月29日,周至柔因心脏病突发在台北逝世,终年八十八岁。①

---

① 何明:《国民党四十三位战犯的最后结局》,中共党史出版社2008年版,第657页。

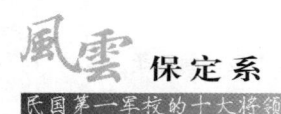

周至柔（1899—1986）年表：

1899年11月30日，出生于浙江台州临海县东滕镇。

1922年6月，从保定陆军军官学校第八期步兵科毕业，与陈诚一起被分配到浙军第二师当见习排长，一年后升任连长。

1924年春，南下广州，得到陈诚关照引荐，参加国民党，参与创办黄埔军校，任黄埔军校兵学上尉教官。

1925年2月，参加第一次东征。10月，参加第二次东征，升任虎门要塞司令部参谋长。

1926年7月，国民政府誓师北伐，周至柔赴韶关接任第一补充师（后改为国民革命军第二十一师）第三团（后改第六十三团，团长陈诚）团附，随东路军转战江西。

1927年4月，任第二十一师（副师长陈诚）补充团团长。7月，陈诚接任第二十一师师长，周至柔任该师参谋长。8月参加龙潭战役。

1928年4月，继续北伐，周至柔任南京国民政府军事委员会军政厅处长。6月，任长江上游办事处少将主任。

1930年4月，复任第十一师参谋长，旋继任第三十一旅旅长。5月，参加中原大战。8月，升任第十八军第十四师副师长。

1932年2月，任第十八军第十四师中将师长。3月，升任第五军副军长。6月，改任第十八军副军长，成为陈诚的心腹大将。

1933年5月，赴欧美各国考察空军教育，从此脱离了陆军系统，开始空军生涯。

1934年4月，周至柔回国，向蒋介石呈上考察报告和建设空军计划书。7月，任"中央航空学校"校长。1934年5月，蒋介石成立"全国航空建设会"，自兼委员长，周至柔为常务委员。

1936年1月，周至柔晋升陆军中将，任国民党航空委员会主任。

第十章 周至柔

5月,航空委员会改组,蒋介石兼任委员长,周至柔为主任委员。

1937年5月,划全国空军军区,再改组航委会,周至柔为常务主任委员兼第一厅厅长。

1938年,任昆明"中央航校"校长。

抗日战争时期,兼任"空军前敌司令部"总指挥,率中国空军对日作战。

1946年航空委员会改组为空军总司令部,周至柔任空军总司令。

1949年去台湾,任台湾"国防部"参谋总长、"行政院设计委员会"委员、"国防部兵工委员会"主任委员。

1954年,任"国防会议秘书长"。

1957年,任"台湾省主席",兼任"台湾保安司令"、"民防司令"。

1962年,改任"总统府"参谋长。

1966年9月以后相继任"总统府"战略顾问、"总统府侍从室"主任、"国家建设研究委员会"主任委员、"中国高尔夫球协会"理事长等职,并获授一级上将军衔。国民党第七届中央委员,第八、九、十届中央常委,第十一届"中央评议委员会"委员,第十二届"中央评议委员会"主席团主席。

1986年8月29日,病逝于台北。

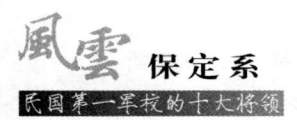

后 记

一座保定军校,堪称半部民国史。凡是中国近现代历史进程中的重大变革及重要事件,无不有保定军校毕业生参与。激荡的时代风云中,"保定系"将领们分道扬镳,人生际遇各不相同。有人成为蒋介石的心腹,终生为国民党效犬马之劳,最后终老于孤岛台湾;有人在抗日战争中为挽救民族危亡,维护中华民族的独立和领土完整而英勇作战,成为抗日名将,流芳千古;有人与蒋介石为敌半生,在最后的抉择时刻转向共产党,成为起义功臣……命运不同,结局各异,一切原因只能归结为时代。孙中山有言:"历史大势,浩浩汤汤,顺之则昌,逆之则亡。"面对历史的洪流,每个人做出的决定,选择的道路,早已成为其命定的结局。

曾有人说,近代中国的战场上活跃着三批人:日本陆军士官学校毕业生、保定军校毕业生和黄埔军校毕业生,即人们口中的"士官系"、"保定系"与"黄埔系"。民国军界,惯于按照出身哪一所军校来划分辈分,所以"士官系"辈分最大,"黄埔系"辈分最小,而"保定系"起到了承上启下的重要作用。将三者一以贯之的人,正是蒋介石。光绪三十三年(1907年),二十岁的蒋介石来到保定,进入陆军部速成学堂留日学生预备班,习炮兵,可算是"保定系";留日之

后 记

后，蒋介石的学习经历一直存疑，但他后来一直声称自己毕业于日本陆军士官学校，也算有了"士官系"的出身；后来，蒋介石担任黄埔军校校长，成为"黄埔系"的开创者，他与自己的黄埔师生成为近代中国继"北洋系"之后最庞大的军事集团，统治中国达二十二年之久。所以，提及"保定系"便必须谈及"士官系"和"黄埔系"，而研究"士官系"和"黄埔系"则无法回避至关重要的"保定系"。

蒋介石一生最主要的依靠力量是"黄埔系"，而早年黄埔军校的教学与管理人员基本都是"保定系"。无论是东征时的黄埔学生军、党军，还是北伐时的国民革命军第一军，以及后来南京国民政府的百万大军，主要指挥官不少是"保定系"人物。蒋介石一生自称是保定军校的毕业生，对保定军校这一清末以来培养现代军事将领的摇篮极为看重。因此，1927年至1937年的内战十年中，蒋介石往往重用"保定系"人物统兵，由"黄埔系"人物担任中层军官。在重用"保定系"的同时，"士官系"也是蒋介石倚重的另一支力量。如蒋介石的左膀右臂何应钦，即是日本陆军士官学校的毕业生。在逐步成为国民党内最大实力派的过程中，"保定系"和"士官系"是蒋介石最基本的支持力量。他们与蒋介石保持高度一致，在蒋介石的指挥下南征北讨。应该说，"保定系"和"士官系"基本帮助蒋介石实现了自己的目标，"黄埔系"也在此时成长起来。抗日战争全面爆发，"黄埔系"全面接班，但"保定系"与"士官系"依然没有退出历史舞台。在蒋介石授衔的名单中，"保定系"、"士官系"和"黄埔系"一直将星灿烂。

全面内战时期，"黄埔系"势力达到了顶峰，也逐渐走向衰落。陈诚、顾祝同、刘峙这批来自"保定系"却在"黄埔系"平台上起家

的人物依然执掌权柄。这些"保定系"的教官还在支撑局面，指挥自己的"黄埔系"学生为勉强算"士官系"出身的蒋介石效犬马之劳。最终，江山易手，"士官系"、"保定系"与"黄埔系"的故事均归于终结。而其中纠葛之复杂，故事之精彩，就要另开专书加以讲述了。

宋　毅

2014年12月于上海